ARSÈNE HOUSSAYE

LES CONFESSIONS

SOUVENIRS D'UN DEMI-SIÈCLE

1830-1880

> *Il y a en Arsène Houssaye dix hommes pour le moins, et sur le nombre il n'en est pas un dont on ne désirât être l'ami.*
>
> EDMOND ABOUT

TOME PREMIER

PARIS
E. DENTU, ÉDITEUR
LIBRAIRE DE LA SOCIÉTÉ DES GENS DE LETTRES
PALAIS-ROYAL, 15-17-19, GALERIE D'ORLÉANS

1885

LES

CONFESSIONS

I

ARSÈNE HOUSSAYE

DE L'IMPRIMERIE PAUL DUPONT.

ARSENE HOUSSAYE

LIMINAIRE

Mesdames et messieurs : chercheurs et chercheuses d'inconnu, buveurs d'idéal, affamées de réel, comédiens et comédiennes du théâtre de la vie, Athéniens et Athéniennes de Paris, — salut!

Mais ce salut est un adieu. Oui, celui qui s'est appelé Arsène Houssaye, qui a fait son entrée dans le monde à ce bal célèbre du duc d'Orléans où on a dansé sur un volcan, — celui qui, hier encore, traversait, souriant et barbe blonde, les fêtes mondaines, — s'est condamné à la plus austère thébaïde. Il s'est retiré du monde à peu près comme Charles-Quint, parce qu'il commençait à s'ennuyer de lire le livre de la vie. Vanité des vanités, tout homme peut dire à la fin : « Je suis venu. J'ai vu. J'ai été vaincu. » A quoi bon s'obstiner à jouer un rôle quand la passion va dire son dernier mot : il n'y a plus qu'à quitter la scène et même la coulisse. Je me suis donc retiré du monde, presque dans l'autre monde. Je me suis bâti une solitude impénétrable pour m'habituer aux sombres avenues du tombeau. Ma première station hors du monde a été mon livre qui a pour titre : Les Destinées de l'Ame. *Si je ne croyais à une autre vie, je vivrais mes cent ans, plus ou moins, sans perdre une heure pour la rêverie, tout aux joies de la terre, car j'ai encore bon pied, bon œil et bonnes dents ; mais je crois au lendemain. Mes contemporains, pour la plupart, sont déjà partis par l'express. Je veux prendre le tems de faire mon testament politique et littéraire, aussi vais-je commencer par publier ces Mémoires, Mémoires des autres, mais aussi Mémoires de mes passions et de mes idées. Tout homme de bonne foi doit la vérité à son tems. Depuis un demi-siècle, j'ai tout vu, placé au théâtre du monde dans un fauteuil d'orchestre ou de balcon, au voisinage de gens de cour, d'hommes d'esprit et de femmes railleuses ou romanesques qui m'ont dit leur secret, quand j'ai voulu le savoir et que je ne l'ai pas surpris.*

Ces Mémoires, vous le voyez, sont presque des Mémoires d'outre-tombe, puisque je ne suis plus de ce monde, ce monde qui lui-même va s'abymer sous l'invasion des barbares de tous les pays — des barbares de Paris ! — N'entendez-vous pas le hennissement des cavales sauvages qui ont le mors aux dents !

J'ai toujours vécu à livre ouvert, aussi suis-je connu de ceux qui savent lire. Mais combien peu sont assez clairvoyans pour juger la vie d'un homme d'après ses actions !

Le moi *est haïssable; mais le* moi *qui va se dévoiler devant vous n'est plus moi-même : l'homme d'hier n'est déjà plus l'homme d'aujourd'hui. Je suis si loin de ma jeunesse que je ne m'y retrouve plus; le* moi *d'hier est mort, c'est à peine si je saisis le* moi *d'aujourd'hui, car nous ne vivons pas, nous passons. Celui qui s'appelait Arsène Houssaye au tems du romantisme est tombé en poussière; il a aimé des femmes à qui je n'ai jamais dit un mot, il a écrit des livres que je ne lirai jamais. Si tous les sept ans nous nous renouvelons corps et âme, les métamorphoses d'Ovide ne sont rien en comparaison de nos métamorphoses à nous-mêmes.*

Voilà pourquoi, quand on a été jeté dans une vie romanesque, on peut parler de soi dans le passé sans être accusé d'égotisme. Et puis, après tout, il n'y a pas grand mal à frapper les trois coups et à lever le rideau pour se montrer dans son rôle si on a joué un rôle, quel qu'il soit, dans la comédie humaine.

Il est bien entendu que ce n'est pas un sentiment d'orgueil qui m'inspire ici. Non plus un sentiment d'humilité, car ce n'est pas pour faire une confession chrétienne que je prends la parole. Toutefois je dirai de moi tout le mal que j'en pense. Je sors du salon de la vie, et j'aime mieux m'exécuter moi-même que d'être exécuté par ceux qui restent.

Le sage doit sortir du salon de la vie, comme un homme d'esprit sort d'un salon mondain — sans faire de bruit — mais il y a des gens qui ne savent pas s'en aller. Gozlan et Morny avaient admirablement peint cette situation dans les Lundis de Madame, *une petite comédie jouée au Théâtre-Français en 1854.*

Les hommes d'esprit, qui ne sont pas des sages, ne veulent pas quitter le monde sans le mot de la fin. Sainte-Beuve ne sortait jamais d'un salon avant d'avoir tenté une saillie. On savait cela; aussi disait-on, quand il avait trouvé quelque chose : Sainte-Beuve va s'en aller.

Mais cela l'obligeait quelquefois à sortir plus tard qu'un autre, car l'esprit c'est comme l'argent, on le laisse souvent chez soi. Or, un soir, chez Mme Émile de Girardin, Sainte-Beuve, qui n'y venait que de loin en loin, attendait son mot pour disparaître. Le mot ne venait pas. Il fouillait dans toutes ses poches : pas d'argent comptant! Enfin, il croit tenir son louis d'or; hélas ! ce n'était qu'un sou. C'est égal, il le risque sur le tapis vert de la conversation. Il s'incline et veut s'esquiver. Mais Mme Sophie Gay, qui avait eu de l'esprit sous tous les régimes, ne manqua pas de lui dire : « Monsieur de Sainte-Beuve, vous n'avez pas encore le droit de partir. »

Pour moi, j'ai médité de quitter le monde sur ces quatre volumes de Mémoires, mais j'ai bien peur qu'une autre Sophie Gay ne me crie : « Vous n'avez pas encore le droit de partir. »

Après tout, je ne serai pas fâché d'attendre encore.

Juillet 1885.

En cette nouvelle édition j'ai retouché à quelques pages — simple travail de style ; — mais je ne me suis pas soumis à beaucoup de menaces ou de prières en effaçant des figures, des actions, des mots qui appartiennent à l'histoire intime d'une période. Les demimondaines et les comédiennes qui se sont refait une virginité s'imaginent que toutes leurs frasques tapageuses sont passées au bleu de ciel. — Pareillement des hommes politiques familiers à toutes les injures voudraient qu'on les représentât sous le masque auguste des sauveurs du monde. Mais pour les faux apôtres et pour les faux caractères, l'histoire c'est l'Enfer du Dante

LIVRE I

LA CHARMEUSE

POURQUOI J'AI ÉCRIT CES MÉMOIRES

I

Avant de faire ma confession générale en racontant chacune des scènes de la comédie parisienne dont j'ai été si longtemps le spectateur, j'avais déjà donné — mais à un seul exemplaire — le roman de mon cœur à une étrange créature, gourmande de toutes les curiosités, une insatiable et une affolée sur le chemin de l'absolu.

Pourquoi ? C'est ce que vous dira cette première histoire.

En 186—, le duc de Morny donna un bal masqué qui fut la plus belle fête de l'hiver. C'était au palais de la

Présidence. Les illustrations et les célébrités de la veille ou du lendemain, la politique, la diplomatie, les arts, le journalisme, ce quatrième pouvoir de l'État, se pavanaient sous le manteau vénitien devant toutes les beautés mondaines et archimondaines, qui jouaient des yeux et des lèvres à travers le masque. C'était au meilleur tems du second empire; pas de points noirs à l'horizon; la quiétude du luxe et de l'argent : on vivait pour vivre — au jour le jour. — On ne parlait à la Chambre que pour prouver son éloquence. On n'avait peur de rien, on croyait dominer le monde, jamais Paris n'avait été si hautement reconnu pour la capitale universelle.

Les journaux ne s'occupaient, dans leur partie officielle, que de la chevelure des duchesses et des chevaux des comédiennes.

Tout le monde était au bal de Morny : l'empereur, l'impératrice, madame de Metternich et madame de Galliffet, le lorgnon d'Émile de Girardin et la culotte courte de Darimon, le flot tumultueux des Parisiens et des Parisiennes de la décadence. Les hautes mondaines jetaient plus que jamais les rubans de leurs cheveux par-dessus les moulins — les derniers moulins de Montmartre. — C'étaient peut-être les dernières duchesses !

On s'en donnait donc à cœur joie sous la présidence en domino de Napoléon III, qui s'amusait comme un écolier.

Je connaissais depuis longtems le duc de Morny; je l'avais vu pour la première fois dans un salon célèbre, le salon de la comtesse Le Hon, au rond-point des Champs-Élysées, ce salon jaune que j'ai revu une dernière fois à un gai et docte dîner chez Nigra. Je me suis retrouvé seul des anciennes figures.

Il y a une jolie aquarelle d'Eugène Lami qui représente ce salon en 1850; le très spirituel peintre y a dessiné M. de Morny vu de dos, mais la touche est si fine qu'on le reconnaît du premier regard à son geste décidé, à sa désinvolture, à sa précision. Il y a des hommes de précision, comme il y a des armes de précision. Ces hommes-là frappent toujours juste jusqu'au jour où la mort, une autre arme de précision, les frappe dans leur œuvre.

De tous ceux qui posaient plus ou moins dans cette aquarelle d'Eugène Lami il n'y a plus qu'un seul vivant, c'est moi; je m'y reconnais encore à ma barbe, quoique bien des années me séparent de cette soirée charmante où tout le monde avait de l'esprit même sans le vouloir, parce qu'il y a des salons où l'esprit est de rigueur.

Un moraliste a dit que rien n'est plus embarrassant pour un homme d'esprit que la compagnie des sots. Mettez un homme de génie au milieu de vingt imbéciles, il deviendra tout de suite un peu plus bête que les autres; mettez une bête, — je ne dis pas un sot, — au milieu de vingt hommes d'esprit, cette bête en bonne compagnie deviendra soudainement plus spirituelle que les gens d'esprit, parce qu'elle aura plus d'imprévu dans sa riposte. Tout cela est une affaire de contagion. Il y a des épidémies d'esprit, comme il y a des épidémies de bêtise. L'homme n'est vraiment absurde que devant la femme qu'il va aimer.

Quand le duc de Morny donnait son bal masqué, en 186—, il avait bien changé de monde. On en était au tems où un mari bien connu disait à sa femme en lui parlant de son amant : « Je t'avais toujours dit que cet homme-là nous tromperait. » Ce qui n'empêchait pas la belle dame, tout éplorée comme une Élégie en habits de deuil à traîne, de garder dans son oratoire, c'est-à-dire dans son cabinet de toilette, le portrait de M. de Morny en face du portrait du duc d'Orléans, car elle avait dit en ses belles années comme une comédienne célèbre : « L'un me fait aimer l'autre. »

Mais autre temps, pareilles mœurs !

Les jeunes filles qui chercheraient ici un cours de littérature feront bien de fermer ce livre*.

II

A peine étais-je arrivé au bal de Morny, une femme se jeta à ma rencontre. C'était un domino de satin blanc tout épanoui de violettes. Je me penchai

* On s'est donné la peine, pour le lecteur qui croirait à un roman, de réunir un millier d'autographes de tous les personnages de ce tems-ci : hommes d'État et hommes de lettres, mondains et mondaines, le dessus du panier — çà et là le dessous du panier — des trois dernières générations. Après moi, ces lettres seront publiées ou données à la Bibliothèque nationale où le premier venu pourra les feuilleter à loisir, ce qui l'obligera à reconnaître que ces confessions sont l'œuvre d'un homme qui se souvient et non l'œuvre d'un rêveur qui croit à son imagination. On ne manquera pas de crier au roman, parce que je suis un romancier; mais ne connaît-on pas mes théories sur le roman : Je n'ai jamais conté que ce que j'ai vu, — ou vécu, à l'exemple d'un de mes maîtres, l'abbé Prévost.

J'ai aimé les aventures sans les avoir cherchées ; souvent même j'ai voulu vivre dans les régions silencieuses, épris de solitude et de méditation ; mais j'étais bientôt rejeté dans tous les imbroglios.

sur son cœur pour respirer comme dans un paradis retrouvé ; car je ne doutais pas que cette femme ne me fût bien connue. On ne se jette pas ainsi dans les bras des gens si l'on n'a pas déjà voyage ensemble dans la vie.

Elle commença par me débiter des impertinences. Par la raison qu'elle m'accusait de tous les crimes, je lui reconnus toutes les vertus. « Toutes les vertus, me dit-elle, vous allez être bien attrapé, vous qui cherchez des femmes demi perdues, de ne trouver en moi qu'une femme impeccable : mon domino est le symbole de ma vertu. — Alors pourquoi vous jetez-vous dans mes bras ? — C'est parce que je n'ai pas peur. On m'a dit tant de mal de vous que je veux faire des fouilles dans votre cœur. — Je n'en ai pas. — Dans votre esprit. — J'en ai encore bien moins. Vous savez bien que les gens d'esprit font courir le bruit qu'ils ont de l'esprit, mais c'est pour cacher leur bêtise. »

Ce fut à peu près ainsi que s'engagea la guerre. Je voulais toujours respirer les violettes, mais le domino me battait à coup d'éventail, pour me contenir dans les limites légendaires.

La dame était charmante, — d'autant plus charmante que je ne la voyais pas bien, — charmante par la désinvolture ; par ses yeux qui brûlaient le masque ; par ses dents qui éclataient sur ses lèvres rouges. On a beau être dans un bal masqué, — masqué pour les femmes, — on voit toujours la bouche avant de s'aventurer. Et ici la bouche, dents blanches, lèvres rouges, senteur de vie, jetait les plus jolis mots. De l'esprit en diable et à la diable. « Est-ce que c'est votre habitude d'avoir tant d'esprit ? Ou bien n'est-ce qu'un accessoire de carnaval ? — Pourquoi cette impertinence ? — Parce que je connais beaucoup de femmes qui n'ont pas d'esprit chez elles et qui s'en donnent à cœur joie dès qu'on ne les connaît pas. — Vous voulez dire que je débite des choses risquées ? — Oui, risquées, mais je n'en rougis pas. »

Et autres causeries de carnaval.

La dame se montrait de plus en plus, jouant avec fureur de son éventail, parlant à tort et à travers. Mais je comprenais bien qu'elle jouait à tous les masques. J'avais beau la regarder de face, de profil, de trois-quarts, soulever le masque de son cœur comme celui de sa figure, j'étais ébloui et aveuglé. « Voyons, reconnaissez que vous ne me connaissez pas ? — Non. Je ne vous connais pas, c'est pour cela que je vous aime. — Oh ! voilà une déclaration de guerre. — N'êtes-vous pas mon ennemie ? — Ni ennemie ni amie. Je veux m'amuser : Voilà tout. — Moi aussi, je veux m'amuser : Voilà tout. »

La belle avait pris mon bras. Nous rencontrâmes le comte Walewski qu'elle arrêta en lui portant les armes avec un bouquet de violettes. « N'est-ce pas, lui dit-elle, que je ne connais pas Arsène Houssaye ? — Je ne sais pas, répondit le comte, mais je sais bien qu'il ne vous connaît pas, car, moi qui vous rencontre souvent dans le monde à visage découvert, je n'ai pas deviné votre énigme. — Vous voyez, me dit la dame, mon nom c'est le *sphinx*. Et je suis d'autant plus le sphinx, que je ne me connais pas moi-même. »

Nous étions au buffet, où j'eus presque une affaire avec un de mes amis qui voulait cueillir des violettes : « C'est bien, me dit-elle, d'avoir défendu mon jardin ;

mais la vérité, c'est que ce n'est pas pour moi : c'est pour vous. Vous vous figurez déjà que vous escaladez le mur mitoyen. Mais, halte-là ! je vous laisserai peut-être un jour cueillir des violettes, quand j'aurai déchiré votre masque. Car vous êtes bien plus masqué que moi-même. — Allons donc. Mon âme est dans une maison de verre. — Oui, mais c'est du verre de Bohême : on ne voit pas au travers. Quand je pense qu'il n'y a pas un homme au monde qui ose se montrer tel qu'il est. — Nous laissons ce plaisir-là aux femmes. — Vous riez. Les femmes se laissent surprendre quand elles nagent dans leur passion, mais les hommes se tiennent toujours au rivage. Ils ont beau verser des larmes de crocodile, ils ne se démasquent jamais. — Je vous jure que je n'ai rien à cacher. Pas plus les orages que les arcs-en-ciel. Qu'est-ce que l'homme ? un violon plus ou moins sonore qui rit et qui pleure quand cette vieille folle de Destinée joue l'air connu. — Oh oui ! l'air connu ! c'est toujours la même chanson. »

Nous allions, nous venions. On avait beau nous parler deci delà, nous restions bras dessus bras dessous, heureux de ne pas nous connaître et de nous trouver ensemble.

Le maître de la maison, qui s'amusait comme s'il ne fût pas chez lui, vint un instant nous dire des folies. Quoiqu'il connût presque tout le monde, puisque les femmes s'étaient démasquées pour lui à leur entrée dans le premier salon, il ne savait pas bien à qui il avait affaire, tant les dames étaient malicieuses pour jouer aux métamorphoses. Naturellement, l'imprévu et l'inconnu, ces deux attractions irrésistibles, m'avaient pris le cœur, j'étais comme un condamné qui va rentrer dans sa prison; car à chaque instant mon sphinx m'avertissait que l'heure était venue de ne jamais nous revoir, — moi qui ne l'avais pas vu!

J'avais gagné du tems, à force d'éloquence. Je finis par le décider à souper. J'aurais bien voulu que ce fût au café Anglais, ou à la Maison-d'Or, — ou chez moi, — ou chez elle, — mais elle n'accepta que le souper debout chez l'amphitryon, — le souper avec le masque.

Quoiqu'elle se défendît bien, toujours avec un éventail, — car je ne la prenais pas au mot quand elle me rappelait à l'ordre, — j'avais fini par faire quelques découvertes géographiques. Un cou adorable, des cheveux blonds, ruisselans de lumière dans leurs ondes soulevées, une épaule tombante doucement nourrie de chair, deux seins fiers d'eux-mêmes, comme des jeunes chevaux qui savent leur beauté et qui lèvent orgueilleusement la tête.

Que vous dirai-je? Nous soupâmes gaiement. Ce qui mit un peu de gaieté dans notre passion improvisée; car est-il rien de moins rieur que les passions? Nous avions toujours l'air de nous moquer l'un de l'autre. Mais nous nous étions pris à ce feu de paille des aventures parisiennes. Quand la dame demanda ses chevaux, je me hâtai de lui dire que je n'en avais plus. « Eh bien, vous figurez-vous que je vais vous reconduire chez vous? — Chez vous si vous voulez. — Rien que cela! Me prenez-vous pour une soupeuse? — Je sais très bien qu'il y a soupeuse et soupeuse. Vous me permettrez au moins de vous conduire jusqu'au marchepied de votre coupé? — Non. Vous savez bien que je vous connais. — Vous me connaissez mal. Emmenez-moi chez vous, je vous ferai ma confession. — Non. Faites-moi votre confession extra-muros. — Pourquoi me mettre à la porte? — Écrivez un livre pour moi : Le livre de votre vie. — Je perdrais mon tems. Car le roman de ma vie serait le seul roman de moi qu'on ne lirait pas. » Le domino me regarda comme une pyramide : « L'orgueilleux! je le lirai, moi. Voyons, faut-il vous le payer d'avance, comme font les libraires de Lamartine? — Oui. — Combien? j'ai ma bourse de jeu : il y a bien sept ou huit mille francs. — C'est toujours ça. Mais ce n'est rien : je ne voudrais pas être payé de cette monnaie-là. — Eh bien, si vous voulez, je vous paierai comme vous voulez être payé. Seulement, le livre sera écrit pour moi, à un seul exemplaire. — C'est dit. »

Voilà pourquoi les chapitres trop intimes des *Confessions* ont été écrits. Pourquoi les avoir publiés? Parce qu'ils ont été écrits.

III

Morny vint à passer dans un cortège de curieuses; il me fit un signe, pour me dire que j'étais bien tombé. Quoique je ne voulusse pas me séparer de la dame, même pour une seconde, j'allai à Morny pour le questionner. « Non, non, dit-il en raillant, tout masque ici est sacré ; c'est à vous à dénouer le masque. — Pourquoi me laisser perdre mon tems ? — Vous appelez ça du tems perdu, vous ! Dieu merci ! prendre feu pour une femme quand on ne la connaît pas, c'est l'idéal. » Il avait passé. Je me retournai vers la belle ; elle-même avait passé, mais je la retrouvai bientôt accaparée par trois ou quatre amoureux. « Ce n'est pas de jeu, lui dis-je, ces messieurs repasseront. » Et je l'entraînai. « Si tu veux mes Confessions, il faut pourtant bien que tu me dises où tu les liras. — Oui, je te vois venir, tu voudrais que ce fût chez toi. — Tu y viendras quoi que tu fasses. — Jamais, jamais, pas plus que tu ne viendras chez moi ; mais nous nous rencontrerons, tu vas à Trouville, tu vas à Venise, tu vas aux Lundis de l'Impératrice; dis-moi où tu ne vas pas ? — Oui, mais soyons pratiques. Si tu veux que je m'imprime pour toi à un seul et unique exemplaire, dis-moi où je te porterai ce livre, cet oiseau rare, car un livre est un oiseau ? »

Un silence. La dame sembla chercher, de bonne foi. « Je t'écrirai, mais je t'avertis que c'est ma femme de chambre qui tient la plume. — Cela s'est vu. Après tout, je ne suis pas tant affolé de tes pattes de mouche que de toi-même, pourvu que tu ne m'envoies pas ta femme de chambre un jour de rendez-vous... — Oh ! non, je suis loyale : pas de fausse monnaie. — Mais si je veux t'écrire, moi ? — Eh bien, tu m'écriras au nom de ma femme de chambre, Mlle Élisa, bureau restant n° 3. — J'ai bien envie de ne pas t'écrire du tout. — Il faut bien commencer par le commencement. — J'aime mieux commencer par la fin. »

Alors je tentai de me moquer de ses airs mystérieux : je lui représentai qu'il n'y avait plus que les bourgeoises qui fissent gravir à leurs amoureux les stations de la croix. Je lui rappelai que nous étions dans une maison où on ne donnait pas dans ces bêtises du monde antédiluvien. « Morny, voilà l'homme. — C'est mon opinion. A la bonne heure, celui-là n'y va pas par quatre chemins. Dans le mauvais chemin, je vois bien que c'est ton maître. — J'ai eu deux maîtres dans l'art de vivre, Morny et d'Orsay, comme j'ai eu deux maîtres dans l'art d'écrire, Hugo et Musset. — Tu as frappé aux meilleures portes. — Mais c'est à ta porte que je veux frapper pour te prouver que Morny m'a donné de bonnes leçons. Tiens, tu es si jolie que si je savais où est ta porte je passerais par la fenêtre. — Eh bien ! Morny qui m'a aimée pendant vingt-quatre heures... plus longtems que toi... n'a passé ni par la porte ni par la fenêtre. — C'est étonnant, lui qui ne procède que par coup d'État. »

La dame ne se fâcha pas. « Oui, dit-elle, c'est bien là son école. — La vie est si courte ! Si tu étais une vraie femme, tu ne me remettrais pas au lendemain. — Oui, mais je suis une vraie femme, qui n'a pas la liberté de ses mouvemens. Si tu me regardais moins, tu verrais passer de tems en tems des yeux jaloux. — Je ne vois que toi, je n'aime que toi, je ne veux que toi. Est-ce que tu t'en vas seule ? — Oui et non. — Eh bien, oui. Je vais t'attendre au bas du perron, je te jetterai dans ma voiture ou dans la tienne. — Oui, comme tu me jetterais dans un lit nuptial. Mais non, ce n'est ni l'heure ni le moment, tout ce que je puis te dire aujourd'hui, c'est que je t'aime ! Sur ce mot-là il faut tirer le rideau, car je n'ai plus la force de parler. »

Et ses deux beaux yeux parlèrent plus haut que la voix. « Oui, je t'aime ! parce que tu as parlé à mon cœur, à mes lèvres, à ma curiosité. »

Elle dit cela si bien qu'elle me brûla l'âme, je me voyais dans une flambée amoureuse.

Son cœur était si près du mien que je le sentais battre violemment.

Elle se leva : « Adieu ! adieu ! tu m'écriras au nom de Mlle Élisa. »

Cette fois elle s'envola comme un rêve. Je me demandai pendant quelques secondes si j'étais bien éveillé. Je devinai qu'elle ne resterait pas plus longtems à la fête. J'essayai de la rattraper dans les antichambres pour tenter de me jeter dans sa voiture ; mais quand je la revis, elle était avec une de ses amies, un domino noir qui lui passait sa pelisse. Alors je compris que je n'avais pas le droit de faire un pas de plus. En effet, les deux dominos s'en allèrent ensemble. Je ne connaissais sans doute pas plus le domino noir que le domino blanc ? Je retournai dans les salons ; mais j'eus beau vouloir me remettre au diapason, cette femme m'avait pris du même coup le cœur et l'esprit.

Plus d'une fois dans ma vie j'avais passé par là : je compris que j'étais sérieusement retombé dans la gueule du loup.

Morny me voyant seul vint à moi. « Eh bien ! Et la femme aux violettes. — Envolée ! — Vous savez que je ne sais pas qui. — Et moi donc. — Alors c'est un roman. — J'espère que ce ne sera pas une histoire. — Vous me conterez cela. »

C'était le plus beau moment de la fête. On se jetait éperdument dans toutes les belles folies de la jeunesse amoureuse et de la gaieté insouciante.

IV

Aussi ce bal masqué est une page de l'histoire intime du tems *.

On demanda au duc de Morny si l'empereur était de la fête. « Je crois bien, dit-il, l'empereur, la cour et les ministres. Il n'y manque guère que le gouvernement, car l'empereur est déguisé en socialiste, l'impératrice en Marie-Antoinette, le prince Napoléon en sans-culotte et les ministres en orléanistes. Vous les reconnaîtrez bien vite. »

Morny était la sentinelle avancée de la société française ; il n'avait peur d'être surpris ni par les barbares du dehors ni par les barbares du dedans ; il ne les défiait pas, mais il les bravait, le sourire sur les lèvres et l'éclair dans les yeux. Aussi Paris l'avait reconnu pour son maître, comme la France avait reconnu le nom de Napoléon pour souverain. Je ne parle pas des hommes qui se croyaient humiliés parce qu'ils n'étaient plus en République. Je crois que s'il y avait eu une scission sérieuse entre le président du Corps législatif et l'empe-

* Cet hiver-là, toutes les nuits du beau monde furent panachées par des mascarades de tous les styles. Ces folies enseignent la sagesse. La plupart des gens à la mode n'apprennent ou ne réapprennent l'histoire qu'en s'encarnavalisant, ce qui ne les empêche pas de faire les plus beaux anachronismes — comme la célèbre Mme d'A—t qui se déguisait en Frédegonde, avec des cheveux poudrés à la maréchale et des mouches assassines. Il est vrai qu'elle donna une raison aux pédans : la poudre à la maréchale indiquait l'esprit de conquête de Frédégonde, et les mouches assassines, ses armes déloyales ; toutefois cette nuit-là Mme d'A—t n'eut pas le prix d'histoire de France.

reur des Français, la situation fût devenue périlleuse pour Napoléon III, car Paris voyait le chef de l'État trop embrumé dans les rêveries socialistes. On aimait donc Morny, comme on aime l'esprit armant la raison. Les mondains étaient pour lui parce qu'il était gentleman; les mondaines parce qu'il était gentilhomme; les bourgeois et les bourgeoises, parce qu'ils dormaient sous son égide ; le peuple lui-même l'aimait pour ses crâneries.

Il y avait bien quelques nuages ; on l'accusait d'aimer l'argent et d'en prendre dans les coffres de l'État comme si on pouvait prendre de l'argent dans les coffres de l'État ! On l'accusait aussi d'avoir envoyé nos soldats se battre au Mexique pour sauver une de ses créances, parce qu'on ne comprenait pas l'idée de l'Empereur qui voulait le triomphe des races latines, pour tenir en échec toutes les puissances du Nord qui ne combattront jamais avec nous.

On était donc en toute quiétude chez Morny. Aussi les jours de fête on s'en donnait à cœur joie. Ne croyez pas que tous les convives fussent des bonapartistes. Morny aimait le talent et le savoir-vivre dans tous les partis. On rencontrait chez lui en toute liberté de causerie des légitimistes, des républicains et des orléanistes. Il était trop Français pour ne pas saluer toutes les opinions; il disait lui-même : « Eh ! mon Dieu, qui donc d'entre nous n'a été quelque peu légitimiste, républicain et orléaniste avant d'être napoléonien! » Il disait encore : « La France aime trop le spectacle pour qu'on ne lui change pas l'affiche quatre fois par siècle. » On est pour tous les gouvernements nouveaux, à la condition qu'ils ne vieillissent pas.

On aimait peut-être un peu trop la musique d'Offenbach, les opéras d'Hervé, et les décamérons de Winteralter, mais on aimait aussi beaucoup les comédies des deux Dumas, d'Alfred de Musset, de Barrière, d'Émile Augier, de Jules Sandeau, d'Octave Feuillet, les opéras de Gounod; les tableaux de Ingres et de Delacroix qui vivaient encore, de Baudry, de Decamps, de Millet, de Meissonier, de Cabanel, de Diaz, de Gérôme. On lisait beaucoup Lamartine, Hugo et Sand. En un mot, les chandelles n'étaient pas éteintes à la rampe du théâtre du monde. Ceux qui aiment les nuées n'étaient pas contens, mais ceux qui aiment la lumière ne demandaient pas encore que l'heure des tempêtes sonnât aux Tuileries. Paris s'amusait donc par les belles passions de l'esprit, tout en se jetant à l'aventure dans les belles passions du cœur.

C'était avant l'ère des petits crevés; il y avait toute une génération d'hommes bien trempés, qui en montant l'escalier des Tuileries pour les Lundis de l'Impératrice, ne s'offensaient pas — non plus que les femmes — de la belle architecture des Cent-Gardes *.

* Quelques ombres au tableau : le duc de Caderousse jouait mal les Lovelace, ne se doutant pas que le gentleman mis au monde par Richardson fût un homme qui savait tout. Beaucoup d'endiablés de ce tems-là; Saint-Sauveur, Yrisson, Komar, Fitz-James, Rougé, Saint-Maurice, Espeleta, Rivoli, Massa, Feuillant, Heckereen, de Caux, Vogué, Jollivet, Montmorency, Wilson, Choiseul auraient pu bien mieux conduire ce cotillon où dansaient les passions et les fortunes. Par malheur ce fut Caderousse qui fit école : tous les petits crevés sortirent de la cuisse de ce Jupiter des Olympes. Les petits crevés ont discrédité l'empire, mais ils ont payé leurs folies en se battant pour la France en 1870.

V

Je reviens à mon histoire. Le domino avait emporté ma gaieté. Dans mon désespoir je soupai une seconde fois. J'étais effrayé de mon affolement soudain. Quand je fus sur le quai d'Orsay, je respirai tout autour de moi comme pour retrouver les enivrantes senteurs que j'avais humées sur le cou de l'étrange et adorable créature

Ses lettres ne se firent pas longtems attendre : la première m'arriva le matin, à mon réveil. Ce fut une vraie joie, car ce n'était pas l'écriture ni la signature de Mlle Élisa : c'était la grande écriture, déjà à la mode, des femmes de Louis XIV, écriture *héraldique* et fière qui dispense les femmes de faire des phrases, parce que la page est tout de suite remplie. Mais voici ce billet :

Je me couche et je vous écris. Le croirez-vous? c'est mon cœur qui ne veut pas s'endormir sans vous avoir dit un mot; ce mot, vous le savez déjà : « Je vous aime! » Que cette lettre s'en aille vous chanter cette chanson comme l'oiseau du matin. Si la chanson ne vous plaît pas, ne la chantez pas : tout sera dit et tout sera fini.

LIA.

P. S. Si vous ne m'avez pas oubliée, pensez bien vite à vos Confessions. N'ayez peur, je n'attends pas de vous un livre comme la Morale en actions, *vous pouvez me confesser vos crimes, car ce n'est pas par ses vertus qu'un homme se fait aimer.*

Par exemple, ne me cachez rien si vous voulez être absous. Je ne vous demande pas la litanie de vos sept

cents femmes, enfant perdu de Salomon! ces créatures m'importent peu, mais je veux au moins une page sur celles que vous avez aimées et qui ont eu la bêtise de vous aimer : n'en oubliez pas une seule ; d'ailleurs il n'y en a pas tant de celles-là!

Je répondis sans perdre cinq minutes :

Oui, je chante votre chanson tout à la fois joyeuse et triste, un amour nouveau c'est un renouveau, c'est le mois d'avril avec ses coups de soleil et ses ondées. Comme vous allez vous moquer de moi, mais j'ai du carreau dans mon jeu.

Pourquoi me reparler de mes Confessions? On n'écrit pas un livre comme on boit une coupe de vin de Champagne! Vous êtes une Salomé et vous voulez que je vous serve mon cœur sur un plat d'argent.

Pourquoi ce pseudonyme de Lia? Je sens que ce n'est pas votre nom; or cela trouble mon cœur, car j'ai déjà aimé une Lia; il est vrai que ce n'était pas non plus son vrai nom; c'est égal, je ne veux pas vous confondre avec elle: il serait si simple de signer tout simplement : La Charmeuse.

Le lendemain, seconde lettre :

Oui, La Charmeuse, oui, Salomé, mais je vous avertis qu'il me faut ce livre à tout prix, — à tout prix, entendez-vous le français? Vous ne me reverrez qu'à la fin du premier volume. Si vous avez peur que je ne vous aime pas longtems, dépêchez-vous : une page blanche de ma vie ne vaut-elle pas deux cents de vos pages noires?

LA CHARMEUSE.

Cette Charmeuse m'envoyait l'enfer dans ses lettres;

je n'étais qu'à moitié affolé à la fête de Morny, je l'étais tout à fait maintenant. J'avais commencé un roman : *Mademoiselle Cléopâtre*, je jetai le roman de côté, parce que pour moi le vrai roman n'était pas là : l'homme de lettres s'était abîmé sous l'homme. Tout mon esprit était dans mon cœur; j'avais beau me railler et m'appeler triple bête, j'étais pris et emprisonné dans le château des féeries amères.

C'est en vain que je voyais la folie d'écrire un tel livre sans rimes ni raison ; peu à peu mon cœur me prouva que ce livre n'était pas plus bête qu'un autre. Je pensais à saint Augustin et à Jean-Jacques qui ne connaissaient pas mieux que moi le cœur humain, à tous les faiseurs de Mémoires qui ne savaient pas mieux que moi les choses de leur tems. « Après tout, me dis-je, ce livre ne me coûtera pas plus à faire qu'un autre livre. Je vais l'imprimer à un seul exemplaire qui me donnera l'air d'un amoureux magnifique. L'amour est généreux de sa nature, mais au fond cette prodigalité ne sera peut-être pas perdue, si la dame me fait faillite, car qui dit un exemplaire dit deux exemplaires : un pour elle, un pour moi ; mon exemplaire me servira d'épreuve pour publier un jour le livre, si cela m'amuse. » Tant il est vrai que dans toutes les actions des hommes il y a presque toujours l'addition et la soustraction. Je commençai donc ce livre en me promettant de le faire très petit; mais le tems m'a manqué. J'y allai à toute plume, voulant donner chaque jour vingt-cinq pages à l'imprimeur.

Alexandre Dumas, au Théâtre-Français, m'avait fait deux comédies de cinq actes en dix jours : je jurai de ne pas être plus longtems à écrire mes Souvenirs, d'autant plus que ce n'était pas si difficile. Il y a la même différence entre un simple conteur et un auteur dramatique qu'entre un joueur de dames et un joueur d'échecs.

Je connaissais un calligraphe très rapide qui écrivait comme Lamartine. Il me détourna de l'idée de donner mes pages à un imprimeur. Dès que j'avais écrit un chapitre, il l'écrivait lui-même sur parchemin végétal avec les titres et les grandes lettres en rouge et en bleu, comme les anciens manuscrits.

Voici ce que je griffonnai à la Charmeuse en lui envoyant le premier cahier, à peine deux cents pages :

En vérité, madame, je ne sais si j'irai plus loin. A quoi bon?

Quand je suis amoureux, — par malheur je le suis encore, — je n'ai garde de poser un point d'interrogation, car j'aime l'inconnu, — aujourd'hui c'est l'inconnue. — Si vous vous confessiez à moi, je prendrais mon chapeau. — Si vous vous avisiez de m'ouvrir votre cœur, je le refermerais tout de suite à triples verrous. Adorable vous êtes si je ne sais rien, mais vous n'êtes que la première venue si je sais tout. — Oui, la première venue, traînant les passions qui s'éteignent comme une procession de fantômes. Il y a là de la fosse commune.

Si je ne sais rien, si vous avez le sourire pénétrant qui masque les larmes séchées, je puis baiser vos yeux et vos lèvres ; mais si les battemens de votre cœur me disent vos amours défunts, je vous rejette avec horreur sur le lit de vos chutes sans vouloir y respirer un instant. La volupté elle-même a ses fiertés.

Donc vous me faites jouer un rôle absurde. Pourquoi

voulez-vous que j'évoque toutes ces ombres attristées qui ont été mes passions, mes orgueils, mes amitiés? Dites-moi d'en finir et venez vaillamment vous jeter dans mes bras.

A cette lettre-là, la dame répondit :

Non, monsieur, je vais lire le livre, je l'ai déjà entrelu avec joie. Continuez donc si vous m'aimez : c'est un sacrifice que j'impose à votre cœur. Qui vous dit que ce n'est pas moi qui souffre de l'abyme qui nous sépare, mais les mauvaises passions aiment les larmes!

Jusque-là j'avais eu l'esprit de ne me prendre qu'à des femmes prenables. Cette fois c'était l'inaccessible, la vision, l'insaisissable; j'ouvris les bras pour les refermer sur mes colères.

En vain, comme l'alchimiste, je jetais mon cœur au creuset pour me prouver qu'il n'y avait point d'or. Mais l'analyse qui tue tant de passions ne pouvait tuer la mienne; j'avais effleuré des flammes de mes lèvres le cou et les bras de cette femme; j'avais mordu ses cheveux en révolte; j'avais senti battre son cœur; j'avais respiré tous les parfums enivrans des pêches mûres sur l'espalier ; elle s'était presque donnée dans cette fête où les âmes jetaient des flambées : Je mourais de ne plus la voir, — de ne l'avoir pas vue!

J'étais bien résolu à ne pas continuer mes *Confessions :*

Je n'irai pas plus loin, ma belle amie, vous savez que je dicte et que je n'écris pas. J'ai horreur de l'encre et de la plume. Si vous voulez la suite au prochain numéro, venez bien vite, je vous promets de vous dicter le second volume en quelques jours qui seront les plus beaux jours de ma vie, car je vivrai du passé et du présent.

VII

Tout en écrivant ces pages du passé, tantôt sous le rayonnement, tantôt dans les demi-teintes, tantôt dans la nuit où les fantômes aimés de ma jeunesse me reprenaient le cœur et m'enlevaient par instans aux charmeries de la Charmeuse, je lui écrivais tous les jours un billet de quatre lignes, croyant qu'au lieu de répondre par quatre lignes elle viendrait elle-même me dire : « Finissons cette comédie ! » Mais il était écrit là-haut que la plume jouerait un grand rôle dans cette étrange passion. J'avais pourtant juré depuis bien longtems que je n'écrirais plus de lettres. Quand on n'est pas amoureux, on trouve qu'il n'y a rien de plus naïf que les romans par lettres, on n'a pas assez de commisération pour ces pauvres diables des deux sexes qui se jettent à la tête des phrases à dormir debout ; mais dès qu'on est repris à cette ivresse adorable jusque dans ses tourbillonnemens, on prend sa harpe ou sa lyre comme Sapho.

Cela, toutefois, ne m'empêchait ni de boire ni de manger, ni de continuer ma vie à la diable, car dans ce tems-là je n'étais pas un saint ; mais j'avais beau faire, mon cœur était toujours à la Charmeuse. Je courais tous les mondes les plus mauvais et les meilleurs, — les extrêmes se touchent, — pour interroger çà et là, mais très discrètement, ceux ou celles qui pouvaient me mettre sur la voie de ma mystérieuse adorée. Rien, rien.

rien. Philippe de Saint-Albin, un curieux bien renseigné parce qu'il se renseignait par ses yeux et par ses oreilles, parce qu'il aimait toutes les femmes platoniquement, me dit un jour : « Je la connais. » Ce fut tout ce qu'il me dit, je faillis le tuer. Je lui dis des injures jusqu'à l'appeler *Pièce de cent sous*. Car il était petit-fils de Louis-Philippe et il ressemblait à une pièce de cent sous. Rien ne put l'émouvoir, il me répondait avec sa placidité : « J'ai du bon tabac dans mes tabatières. » Je ne sais pas si son tabac était bon, mais tout le monde sait qu'il avait les plus belles tabatières du dix-huitième siècle dans son cabinet de curiosités.

Je voyais souvent M. de Morny qui s'intéressait de loin à mon aventure, mais qui, en fin de compte, ne connaissait pas la dame, quoiqu'il eût toujours l'air de la connaître. Il riait sous sa moustache et me disait : « Tant pis pour vous ! Quand vous étiez directeur du Théâtre-Français, vous nous promettiez longtems d'avance une première représentation, vous pouvez bien attendre vous-même la première représentation de votre comédie. » Je lui dis un matin : « Nommez-moi vingt femmes, je la devinerai. — Non, je ne veux pas, après tout, que cette comédie devienne un drame. » Il se renferma stoïquement dans cet habit boutonné.

J'étais d'autant plus furieux que je m'accusais de manquer de malice. Paris est grand, mais le « Tout Paris » n'est qu'un salon où tout le monde se connaît : comment ne pas mettre plus vite la main sur le secret ? Roqueplan me disait : « Tu es amoureux d'un éventail. »

Mais après les colères de mes impatiences, je savourai ma passion en disant qu'il ne fallait pas imiter les enfans qui tuent les rossignols pour savoir ce qui les fait chanter.

J'étais pourtant bien décidé, un jour, à ne pas aller plus loin. J'écrivis à la Charmeuse :

Madame, décidément je ne peux plus jouer les rôles de Werther, c'est trop vous aimer dans le bleu, je suis descendu depuis trop longtems de ces pays-là. J'y suis remonté pour vous parce que vous m'avez ensorcelé. Mais la plume m'échappe des mains, je ne finirai pas le second volume, le livre sera coupé en deux comme mon amour. Adieu donc, je donne un corps à mon âme pour vous embrasser jusqu'à l'étreinte.

C'est tout et ce n'est rien ! Bonsoir ! Célimène.

La réponse me vint quelques heures après :

Monsieur et cher impatient, ne dirait-on pas que je vous condamne au supplice de Pétrarque ! Il a attendu vingt ans, — pour rien. — Il n'y a pas si longtems que vous attendez, — pour quelque chose.

Et encore, qui vous dit que ce n'est pas moi qui attends? Votre ami Sainte-Beuve a écrit qu'il fallait un sacrifice à l'amour. Le sacrifice! ce n'est pas vous qui comprenez ce mot, car je sais comment vous vivez le soir ! — les petites dames vous font oublier les grandes dames. — Je vous ai vu hier, au Bois : vous n'aviez pas l'air de M. Werther : des œillades à toutes les passantes, hormis à moi. J'avais loué un fiacre tout exprès pour n'être pas regardée. Et pourtant je cherchais vos yeux. Il ne faut donc pas croire au langage des yeux.

CELLE QUI FUT LA CHARMEUSE.

Je ne répliquai pas à cette lettre. « Tant pis, dis-je, qu'elle aille se promener au Bois en fiacre ou en carrosse, je ne veux plus jouer mon jeu, les cartes me sont mauvaises, je brûle les cartes. »

Le lendemain, nouvelle lettre de la dame :

C'est vrai que j'ai un avantage sur vous, puisque je vous connais et que vous ne me connaissez pas ; puisque je vous vois tous les jours et que vous ne me voyez jamais, c'est peut-être pour cela que je n'ai pas vos impatiences d'enfant gâté.

Vous vous figurez, monsieur mon amoureux, que vous êtes au bout de vos peines ; mais on ne connaît jamais l'amour, même quand on en parle. Vous mettez pourtant bien la main sur le cœur... au bal masqué...

Je viens de lire un roman de vous qui m'a prise : l'histoire d'une étrangère bien née qui va échouer dans une maison infâme avec la vertu de Lucrèce. C'est beau, parce que c'est simple. Voilà la vengeance comme je la comprends : Se frapper mortellement pour jeter la mort dans le cœur d'un traître ! Luciana Mariani est mon héroïne ; je suis contente de ce livre si sérieux dans la passion; vous avez un défaut agaçant, c'est de rire même quand vous voulez pleurer : là, au moins, vous ne riez pas. Bonsoir, ma lampe s'éteint !

Quoique je fusse fort agréablement chatouillé dans cette lettre comme faiseur de romans, je ne répondis pas davantage, résolu de jouer un autre rôle. Mais deux jours après :

Vous vous imaginez, monsieur l'esprit-fort, que je ne

braverai pas votre silence; je veux vous prouver que je vaux mieux que vous, puisque je brise mes fiertés en révolte. Hier encore je vous ai vu, je ne vous dirai pas où. Vous avez couru le monde jusqu'à aller dans trois soirées. Cherchez bien, vous ne trouverez pas. Et pourtant mon cœur m'a dit que vous pensiez à moi quand je vous ai regardé.

Ce billet fut pour moi un casse-tête chinois; ma mémoire me représentait beaucoup de femmes vues la veille, mais chacune qui passait sous mon souvenir semblait me dire : « Ce n'est pas moi. »

Tout en ne voulant pas continuer mon livre, je me laissai reprendre. Je m'étais remis à *Mademoiselle Cléopâtre,* mais j'avais peur de brouiller les figures, d'autant plus que *Mademoiselle Cléopâtre* a déjà deux figures. J'étais trop dans le monde réel pour créer la vie dans le monde de l'imagination : je continuai à portraiturer mes contemporains et mes contemporaines.

Le second cahier fut mis le vendredi suivant à la poste, relié comme le premier dans une couverture en parchemin, papier de soie entre chaque page, pour que l'écriture, toute fraîche encore, ne donnât pas de contre-épreuve.

Elle envoyait plusieurs fois par jour à la poste; aussi le volume n'y fit pas une longue station. Le même jour elle me crayonnait ceci :

Hosanna ! vous ne savez pas comme je suis heureuse. J'étais morte ce matin, déjà je me sens forte comme un charme. J'ai embrassé votre livre des lèvres, je le brûle des yeux. Je suis touchée au vif du cœur. Devant Dieu, je vous jure que dès que je pourrai mettre le pied dehors, ce sera pour aller à vous ; mais jurez-moi devant Dieu que vous ne me briserez pas sur votre cœur, car cette fois j'en mourrais.

. . . .

O noble bête ! chercheur de tout, trouveur de rien ; vous n'avez donc pas deviné ? Si je vous ai demandé votre histoire, mon bel ami, ce n'était pas pour savoir comment vous aviez aimé Manon ou Ninon, Nini yeux noirs ou Nini yeux bleus, cette comédienne ou cette princesse. Qu'est-ce que cela me fait ! Ce que je cherchais dans vos Confessions, ô aveugle que vous êtes, c'était moi, moi-même, rien que moi, entendez-vous ? Enfin j'ai dévoré les pages qui content notre petit roman :

Ah ! grand oublieux, vous ne m'avez pas reconnue, ni à mes cheveux ni à ma main, ni à mon pied ! Maintenant, je ne veux plus jouer à cache-cache. Vous me verrez peut-être arriver un de ces soirs vers dix heures. Je vous ferai moi-même une tasse de thé comme Mme d'Entraygues, votre ci-devant amie.

Une tasse de thé ! Et puis ce sera tout.

Cette lettre fut un petit coup de théâtre : elle brisait mon rêve, elle brisait les vitres, je reprenais ma liberté. Je m'envolai par la fenêtre de cette prison qui s'appelle l'amour.

La Charmeuse vint le soir — mais ce n'était plus la charmeuse !

J'avais trouvé — et je n'aimais plus !

Je l'admirai dans sa beauté fuyante. Et pourtant celle que j'avais tant aimée sans masque, celle que j'avais tant aimée sous le masque... je ne l'aimais plus...

C'est que ce qui est brisé ne se renoue pas. C'est que

j'avais voulu lire un livre nouveau, et je ne trouvais plus à feuilleter qu'un livre ancien. On ne relit que les chefs-d'œuvre.

Nous nous mîmes tous les deux sur un canapé où nous avions conté nos meilleurs contes.

On s'imagina que le tems n'avait pas marché, on parla même du lendemain, mais sans y croire.

Elle me dit tout à coup : « Vous ne m'embrassez pas pour me dire adieu ? » Je me penchai vers elle et je l'embrassai comme une sœur. C'est que ce n'était plus une femme.

Je ne l'ai point revue.

Elle avait parlé de l'oubli comme d'un doux et chaste linceul : La mort l'a-t-elle prise ? Elle est déjà bien oubliée aujourd'hui, car son monde a passé comme un orage, orage sans arc-en-ciel !

Si Blanche vit, je la crois plus morte que dans un linceul. Le devoir est quelquefois un tombeau.

Si le domino blanc tout épanoui de violettes n'est plus qu'un suaire : *Ci-gît qui a aimé.*

VIII

Les pages amoureuses que j'ai écrites pour Blanche sans avoir deviné sa fantaisie, on les retrouvera éparses dans ces quatre volumes.

Naturellement en écrivant pour elle, je ne m'étais mis en scène que dans les aventures de sentiment ou de passion.

A quoi bon faire pénétrer la Charmeuse dans tous les détours du sérail de la bohême dorée et du château ruiné du romantisme ? Que lui importaient les révélations politiques? Que lui importaient à elle, qui n'avait pas la curiosité des écoles, les batailles littéraires de toute la période radieuse! Je n'écrivais alors que pour une femme, j'écris aujourd'hui pour tout le monde.

Comme le Molière de Geffroy voyant sur le grand escalier de Versailles s'agiter avec leurs passions vivantes tous les personnages de sa comédie, il me faut, moi qui ai vu la comédie de mon temps, représenter aussi tous les personnages qui ont joué leur rôle sur la scène du monde, rois ou poëtes, hommes d'État ou artistes, femmes du monde ou femmes de théâtre, grandes dames ou demi-mondaines.

Les historiens politiques, toujours passionnés, ont violé la vérité dans toutes leurs pages, même quand ils ont parlé de l'histoire intime. Je suis au-dessus de toutes les politiques. On trouvera donc aussi les figures et les mœurs du tems peintes d'un pinceau moins amer ou railleur que sympathique par un homme qui a bien vu ses contemporains, — et ses contemporaines.

LIVRE II

L'ÉCOLE BUISSONNIÈRE

I

Prologue

J'ai frappé les trois coups à la première page; mais j'ai encore quelques mots à dire avant ma confession.

La vie est une comédie que Dieu se donne, mais il nous permet d'être au parterre. C'est un beau spectacle que je n'ai pas assez admiré. Mais c'est fini : de nouveaux venus me demandent avec impatience ma stalle ou mon rôle, car j'ai été spectateur et acteur dans ce drame inouï.

J'arrive sur l'âpre montagne aux neiges implacables; je me retourne pour voir, dans le chemin parcouru, les images déjà pâlissantes des choses de mon tems; je puis juger les hommes qui étaient à l'œuvre sous mes yeux et qui, presque tous, se croisent les bras dans le tombeau. Ils sont si loin de leur vie qu'ils ne me demandent pas même un souvenir, mais à chacun selon son œuvre : L'histoire moissonne ses gerbes et ses fleurs jusque dans la mort, jusque dans l'oubli.

De tous les livres, le livre de la vie est le plus difficile à faire; aussi beaucoup d'hommes veulent-ils garder l'anonyme.

Par malheur pour ceux que le démon des arts a entraînés, il n'y a pas à se cacher. La renommée même la plus discrète oblige les orgueilleux à passer au confessionnal de l'opinion. Et ils le font volontiers pour que leurs ennemis les calomnient un peu moins.

Pour moi, que m'importent mes ennemis, puisque pas un seul ne serait digne d'être mon ami !

Je signe mes livres et mes actions sans forfanterie, mais sans me dérober. Par exemple, ce livre de ma vie, j'aurais pu le publier sous le masque de la mort, comme tous les mémoires d'outre-tombe, mais j'ai toujours vécu à visage découvert. J'aime mieux être debout pour répondre à qui voudrait me parler. Je veux bien qu'on trouve ce dernier livre mauvais, mais j'ai mes témoins aussi vivans que moi pour dire que c'est ici un livre de bonne foi. Non seulement j'ai parlé des morts avec la sympathie de l'histoire pour toutes les grandes figures, mais je ne les ai jamais mis en scène sans savoir qu'un des personnages qui ont joué avec eux un acte important de la vie, est encore de ce monde pour affirmer la probité historique.

On reconnaîtra au premier alinéa un curieux qui n'écrit pas ; mais il y a tant de manières d'écrire que peut-être la plus mauvaise n'est pas celle de ceux qui ne savent pas écrire. J'ai traversé, comme tout le monde, le jardin des racines grecques et des fleurs latines. Je n'ai pas plus compris qu'un autre la Rhétorique d'Aristote, ni le *Traité du sublime* de Longin, ni l'*Art poétique* de Despréaux. Je crois fermement que c'est le tempérament qui fait l'écrivain. Si on sent fortement, on écrit avec une mâle éloquence ; si on n'a que des battemens de cœur anémiques, on écrit avec de l'encre blanche. Si la pensée n'habite pas le front, on joue au mot, comme on joue aux cartes : le roi retourne quelquefois. Ce qui m'enhardit dans mon ignorance, c'est l'exemple de Saint-Simon, qui n'ayant peur de rien parce qu'il ne s'était pas enchaîné dans les règles, disait ce qu'il pensait sans souci de la grammaire, créant le mot, si le mot lui manquait, osant le barbarisme, si le barbarisme donnait du montant à sa pensée. Il y a certes de grands écrivains qui sont parfaits comme Racine dans la tragédie ; mais n'oublions pas, nous qui ne sommes que des infiniment petits, que le savant abbé d'Aubignac fit mathématiquement la plus mauvaise des tragédies d'après Aristote.

Je me risque donc, quoique déjà j'entende dire que j'aurais mieux fait, moi aussi, de mourir sans confessions.

Ma vie ne m'apparaît que comme une vision impersonnelle, aussi puis-je juger la comédie de mes passions comme la première comédie venue que je verrais jouer au Théâtre-Français, sans aucune des émotions d'un auteur qui sera applaudi ou sifflé. Il y a en nous plusieurs hommes qui se succèdent fraternellement, parce qu'ils sont de la même famille. Mais que de contrastes ! De même qu'après vingt-cinq ans d'absence vous ne reconnaissez pas un ami, de même vous avez toutes les peines du monde à reconnaître les diverses physionomies de votre âme. Conter sa jeunesse quand on traverse l'été de la Saint-Martin, c'est donc conter la jeunesse d'un autre. Et d'ailleurs ce livre qui renfermera le portrait ou le profil ou le crayon de tous mes contemporains d'un demi-siècle, aura sa raison d'être, parce qu'il sera moins encore les Mémoires d'Arsène Houssaye que les Mémoires des autres.

Saint Augustin a fait ses Confessions dans un sentiment d'humilité et de repentir ; Jean-Jacques Rousseau a écrit les siennes dans un esprit d'orgueil. L'auteur de la *Nouvelle Héloïse* s'est voulu montrer dans le bien et dans le mal pour accuser avec plus de relief et plus de couleur sa glorieuse personnalité. Si j'ose me mettre en scène à l'ombre de ces deux figures immortelles, moi qui ne dois vivre qu'un jour, c'est bien moins pour me peindre que pour faire le tableau des personnages, des physionomies, des curiosités de mon temps.

Le hasard des choses m'a jeté à travers tout. Soldat, comédien de rencontre, bûcheron, surnuméraire dans un moulin à vent, poëte en action, romancier, historien, directeur du Théâtre-Français, inspecteur général des Beaux-Arts, architecte, créateur du pays de Beaujon, directeur de journaux, j'ai vu passer les plus belles passions et les plus belles vanités du siècle, dans tous les mondes, depuis le meilleur jusqu'au plus mauvais.

« Le moi est haïssable*. » Ce qui n'a pas empêché Pascal de peindre les agitations de son âme. Et moi

* Ce n'est pas dans Montaigne, j'imagine, non plus que dans Sterne — ni dans Chateaubriand, ni dans Lamartine.

aussi j'ai horreur du moi. On ne m'a jamais surpris dans le monde à parler de mes livres ni de mes aventures. Si je me hasarde ici, c'est que je crois parler à moi-même. Ma conscience est au confessionnal et je lui dis mes péchés ou mes impertinences : qu'est-ce qu'un péché, sinon une impertinence ?

Il ne m'en coûte pas pour dire la vérité, même pour m'accuser devant le tribunal sévère de l'opinion, mais n'est-on pas toujours puni par où l'on pèche ? Avant que les juges ne condamnent on se condamne soi-même, — et on recommence. — Je suis né poëte, c'est-à-dire rêveur, curieux, fragile, flottant toujours entre le bien et le mal — tombant plus d'une fois à gauche quand je veux tomber à droite, finissant par croire qu'il faut traverser le mal pour arriver au bien. Je suis né aussi quelque peu directeur de théâtre — du théâtre de la vie. J'aime le faste, le luxe, la mise en scène. Quand je donne à festoyer, je crois que c'est une première représentation ; mais dès qu'on se met à table ou dès que la fête commence, je ne suis plus qu'un simple convive et je m'amuse ou m'ennuie chez moi, comme si j'étais un invité : c'est peut-être pour cela que chez moi tout le monde est chez soi. Il m'est arrivé plus d'une fois, — on en riait beaucoup, — de prendre mon chapeau quand chacun s'en allait, convaincu que je devais rentrer chez moi — ailleurs que chez moi.

Et alors je ne rentrais pas.

II

Le sculpteur sur bois

Vous ne vous attendez pas, bien entendu, au mot à mot de mon histoire. Il n'y a que les grands personnages, qui imposent la lecture de toutes les pages de leur vie. Je veux faire l'école buissonnière dans ce second livre, m'arrêtant où il me plaira pour saisir une des expressions de ma jeunesse. Que vous importe la date de ma naissance, à moins que vous ne trouviez curieux de savoir que j'ai vu se succéder en France vingt gouvernemens authentiques. Je suis né sous le premier Empire. C'est à peine si je sais où, puisque ma mère m'a mis au monde dans les vignes, frappée d'un coup de lance des Cosaques.

J'étais bien jeune encore quand je descendis ma montagne couronnée de bruyères roses et de genêts jaunes, toute étoilée de marguerites et d'églantines, toute chargée sur le flanc de vignes généreuses aux beaux tons d'émeraude, d'or et de pourpre. On avait jugé que l'étude était impossible à la maison paternelle, grande ruche en travail. Mon père m'avait d'abord confié à son père, autre maison bruyante où l'on s'amusait beaucoup. C'étaient tous les jours des repas homériques, des veillées patriarcales, de gaies processions de bouteilles qui chantaient la chanson de l'hospitalité. Je descendis donc à Bruyères où j'aimais mieux l'intérieur plus reposé, plus simple, presque pauvre, de mon grand-père Mailfer, qui habitait au beau milieu de la ville. Il était du peuple, du peuple qui travaille, « qui laboure, comme dit l'Écriture, son sillon d'angoisses ». Il avait fait son tour de France, un livre et un ciseau sous le bras. Il excellait aux boiseries à ornements des châteaux et des églises. Il n'aimait pas le confessionnal, mais il en a sculpté plus d'un de formes sévères et charmantes.

George Sand dit du père de son père : « Il était excellent violon et faisait ses violons lui-même, car il était luthier, outre qu'il était horloger, architecte, tourneur, peintre, serrurier, décorateur, cuisinier, compositeur de musique, poëte, menuisier. » J'en pourrais dire autant du père de ma mère, qui avait en plus commencé par être soldat. Était-ce pour tous ces talens qu'il fut appelé par les Dames de France, filles de Louis XV, au château de la Bove, qui est au voisinage de Bruyères, et où pendant plusieurs années il demeura dans l'intimité de Mesdames Victoire et Sophie qui ne pouvaient pas se passer de sa gaieté, ni de son esprit, — ni de son violon, — au désespoir de ma grand'mère toute hérissée de jalousie.

Les Dames de France l'emprisonnaient doucement en ce château de la duchesse de Narbonne, ce qui causa un grand scandale dans la noblesse du pays, laquelle trouvait souvent porte close.

Un jour un La Tour de je ne sais quoi trouva spirituel, — forcé de déjeuner avec Mailfer, — de lui parler à tous propos de son ciseau. Si Mailfer disait un mot malin : — Bien ciselé, monsieur, — ou bien : — Voilà un joli coup de marteau, monsieur. — A la fin le sculpteur lui dit avec la grâce d'un talon rouge : « Monsieur le marquis, vous me parlez de mes armes, puis-je vous parler des vôtres? Ne sont-elles pas rouillées depuis la dernière bataille ? » Le marquis n'avait jamais quitté sa province. Furieux, il dit avec un sourire de travers : « Et les vôtres, monsieur ? — Moi, s'écria Mailfer en montrant un coup de sabre sur son front, j'ai déposé les armes, mais voilà mes armoiries. »

Depuis ce beau mot d'un soldat, ces Dames de France appelèrent toujours le marquis de La Tour de je ne sais quoi : *La Tour-prends-garde !*

L'ami des filles de Louis XV sculpta sur bois toute une chapelle dont les débris sont aujourd'hui dans l'église de Bruyères. Cette intimité ne l'empêcha pas de devenir un ardent révolutionnaire, croyant à la terre promise. Il était le camarade de Potaufeu, député à l'Assemblée nationale; l'ami de Saint-Just et de Camille Desmoulins; il était le cousin de Condorcet, tous hommes de notre pays. Il eut les honneurs de l'habit rouge comme commissaire extraordinaire du Directoire, ainsi que le témoigne son portrait à l'Hôtel de Ville de Bruyères.

Potaufeu non plus que Mailfer n'est devenu illustre comme les autres. Il faisait pourtant bien les choses ; écoutez ce joli conte : Il fut dépêché à Laon pour terroriser sa ville natale ; or, vous ne devinez pas comment il procéda. Il avait rapporté de Paris une petite guillotine en argent, un bijou à mettre sur une étagère. Dès son retour à Laon il s'installe devant la Tour de Louis d'Outre-mer, à l'hôtel de la Hure qui s'ouvre sur la place de l'ancienne capitale de France. Il demande un poulet, il se met à la fenêtre et le guillotine pour son déjeuner devant tous les curieux effarés. « Et c'est ainsi, dit-il d'un air tragique, que je guillotinerai tous les ci-devant qui ne feront pas leur soumission à la sainte République. » Il n'en fallut pas davantage pour mettre tout le monde au pas. Il n'y eut guère que le marquis de Veslud qui fut guillotiné pour n'avoir pas voulu être appelé citoyen. « Bonjour, citoyen ! » lui cria Potaufeu. Et comme il ne saluait pas : « Pourquoi es-tu si fier ? — C'est donc à moi que vous parliez ? Je croyais que vous parliez à mon chien. » Voilà pourquoi le marquis fut guillotiné. Ce n'était pas le moment de jouer sur les mots.

Mailfer joua un rôle de conciliateur. Président du district, il le pacifia par la douceur et le pardon. Il sauva trois ou quatre royalistes de la guillotine de Potaufeu, entr'autres le marquis de La Tour-prends-garde. Bien lui en prit, car au retour des Bourbons il fut arraché de la mairie de Bruyères pour être jeté en prison sur la dénonciation de ceux qu'il avait sauvés. On se venge du bien comme du mal. La *Revue démocratique*, de Félix Pyat, a conté cela sous ce titre *Le républicain Mailfer*. Quand on reprochait à l'ami des filles de Louis XV d'avoir mis la main à la Révolution, il répondait que Louis XV et Louis XVI y avaient mis les deux mains.

Il mourut pauvre sans autre revenu que la moisson d'une petite terre de sa femme et le vin de quelques arpens de vignes, qu'il avait plantées au mont de Parmailles. Il se disait heureux et parlait de son superflu. Son superflu, c'était sa bibliothèque, c'était surtout la nature, ce livre des livres, dont il savait presque toutes les pages. C'était aussi le verre de vin dont, seul peut-être dans tout le pays, il arrosait le morceau de pain réservé aux pauvres. Aussi, quoiqu'il fût oujours montré du doigt comme de la queue de Saint-Just, il était respecté par tout le monde, même par mon grand-père paternel, dont il avait pris violemment l'autorité dans la Révolution; car tous les deux s'étaient succédé au gouvernail de Bruyères pendant le flux et le reflux de l'opinion républicaine et royaliste.

Il protesta toujours contre la Restauration. Il s'en allait jouer du violon sur le versant de la montagne le *Chant du Départ* ou la *Marseillaise* avec des larmes dans les yeux. C'étaient les chansons d'amour de sa jeunesse, car sa vraie maîtresse, ç'avait été la République. « Pourquoi pleurez-vous, grand-père ? » lui demandai-je un jour d'un air distrait, tout en cueillant des roses sauvages dans la montagne : « Je pleure, dit-il, parce que Napoléon nous a pris la République pour l'étouffer dans son lit impérial ! Je pleure, parce que celui qui, au moins, nous consolait de la République, est enchaîné sur un rocher anglais ! »

Cet ancien soldat qui n'avait peur de rien, — sinon de devenir riche, comme il disait, — tint fièrement les Prussiens et les Cosaques en respect pendant les deux invasions. Il échappa vingt fois à la mort. Un ennemi avait insulté une femme, Mailfer le jette à terre et le souffleta du pied. Une heure après, le soldat revient à lui avec son fusil. Il le met en joue. « Oui, dit-il, mais donne-moi le temps d'embrasser ma femme. » Le fusil se relève. Il se précipite, désarme le soldat et le met en joue à son tour. Un officier survient furieux. « Capitaine, dit Mailfer, est-ce que ce n'est pas bien joué ? » — « Bien joué, » dit le capitaine, qui était un véritable homme de guerre. Mon grand-père se tira de là avec cinq cents bouteilles de vin. Hélas ! c'était du vin de la comète.

III

La Bibliothèque

Mesdames de France avaient donné à Mailfer leur bibliothèque du château de la Bove, bibliothèque qui se vendrait aujourd'hui cent mille francs pour ses reliures. Mon grand-père l'enrichit encore. C'était un fouillis alléchant pour l'esprit. Dès que je sus un peu lire, ce fut la forêt vierge du nouveau monde où je m'aventurais. Beaucoup de broussailles et de branches envahissantes, peu d'arbres vigoureux s'élevant dans le ciel de l'intelligence, à part Montaigne et Voltaire. L'édition de Voltaire renfermait une lettre autographe de Condorcet. Pareillement dans les *Révolutions de la France* se trouvait une lettre de Camille Desmoulins. Je pénétrai peu à peu avec un de mes oncles dans cette forêt touffue où il avait la coutume de s'asseoir à l'ombre du premier arbre venu. Que lui importait le livre ? Tous ont leur raison d'être, depuis les sentences des sept sages de la Grèce jusqu'à l'*Éloge de la Folie*. Quel est le mauvais livre qui ne renferme pas le coup de l'étrier ? Quand j'ouvre un dictionnaire, mon imagination ouvre ses mille portes d'or. Pour un homme d'esprit, un livre n'est qu'un point de départ. Pour un sot, c'est la Tour de Babel.

Quand je ne bataillais pas avec les écoliers de mon âge, je m'enfermais donc dans la bibliothèque où s'ennuyaient les livres, car ils étaient à peine feuilletés, deçà delà, par des mains profanes. On ne permettait pas à mes cousins de franchir le seuil de la chambre bleue, parce qu'ils avaient traité les livres en barbares, découpant les gravures de *Daphnis et Cloé* ou barbouillant de couleur celles des *Contes* de La Fontaine. On avait reconnu que j'avais l'amour des livres, on ne craignait pas de tels sacrilèges avec moi. J'ai peut-être autant étudié là qu'au collège où je n'ai jamais été cité à l'ordre du jour, hormis pour ma passion Ronsardisante.

Mon écriture hiéroglyphique désespéra mon premier maître. C'était un diable d'homme, qui chantait à l'église et buvait au cabaret « à pleine gueule », comme disait sa femme. A l'école, sur son estrade de sapin, il enseignait ce qu'il ne savait pas : la grammaire. Comme on ne le comprenait pas, il empanachait sa phrase d'un mot latin, il fronçait le sourcil et nous disait que nous étions des ânes. Et tout était dit. Son opinion n'a pas changé sur mon compte. Quand on lui apprit que je faisais des livres, il s'écria d'un air hautain : « Autrefois j'enseignais cela. » Pour moi, je le porte dans mon cœur. Je vous remercie, ô mon premier maître, pour ce que vous ne m'avez pas appris : la géographie qui borne le monde, l'histoire qui le déshonore, la philosophie qui doute de Dieu. Je vous remercie d'avoir voulu éloigner de mes lèvres cette coupe amère de la science qui est faite comme le tonneau des Danaïdes : on y verse toutes ses larmes et elle ne s'emplit jamais.

Est-ce la peine de me souvenir de mes premières gamineries? Je me jetai un jour tout désespéré dans la fontaine de Parmailles. Pourquoi? Le mal de vivre. Je n'avais lu ni Werter ni Obermann : J'avais cinq ans! Un dimanche à la messe je montai en chaire et je débitai des paroles d'Évangile avec tout autant d'onction que monsieur le curé. Un soir je me cachai si bien sous les jupes de ma tante Olympe qu'on me chercha par toute la montagne avec des lanternes. Ma tante, toute confuse — il y avait beaucoup de monde — n'osait se lever et n'osait dire que j'étais là. Enfin, je vais avouer un sacrilège : une dévote faite au tour, surnommée Mme Futaille, s'agenouille au confessionnal. Le confesseur se promenait devant le parvis. Je m'improvise confesseur, sans lever le volet. La dame s'accuse d'un péché que je ne connaissais pas. Je lève les mains au ciel et je m'enfuis épouvanté.

Ovide fut mon maître en philosophie, car c'est en lui que j'ai puisé cette croyance en la nature vivante renfermant l'âme des dieux. Je n'ai jamais, sans battement de cœur, vu la hache du bûcheron frapper un arbre. Je n'ai jamais troublé une source ni une fontaine comme si j'eusse reconnu que c'était la coupe de Dieu.

Les soirs d'hiver, mon grand-père, qui avait jusqu'à douze petits-enfans de mon âge à son feu, nous donnait des leçons d'histoire et de dessin sur la plaque de la cheminée. Il la blanchissait avec des cendres et il y dessinait du bout de son bâton des figures, des monumens, des portraits, quelquefois même des scènes historiques, pendant qu'un de ses voisins, voltairien persistant, lui lisait le *Constitutionnel* avec passion. Ma grand'mère, tout en filant au rouet du lin cueilli par elle, interrompait le lecteur par quelque violente sortie contre les aristocrates, contre mon grand-père paternel, qui était un peu vain de ses parchemins et de sa fortune, qui se permettait d'aimer Dieu, le roi et les femmes du prochain.

Dans la bibliothèque je découvris des poëtes du seizième siècle : Saint-Amand et Théophile. Si j'appris la poésie dans l'*Iliade* et dans le *Cid*, j'appris les vers dans ces poëtes aux rimes sonores, panaches colorés qui enchantaient mes yeux. Mon grand-père, qui n'était pas familier avec les poëtes, me conseillait Boileau et me mettait en garde contre Saint-Amand et Théophile; mais je ne trouvais rien dans Boileau et je respirais dans ses victimes je ne sais quelle sève et quel parfum de la forêt primitive. Une strophe de Théophile, un sonnet de Saint-Amand m'ouvraient des échappées lumineuses sur des chemins inaccessibles; tandis que les vers de Boileau m'ennuyaient comme une grande route invariablement belle, mais sans imprévu. Si j'admettais la pluralité des dieux, j'élèverais un autel à l'Imprévu.

Mon second maître fut mon oncle le Seigneur. Nous l'appelions ainsi, non parce qu'il possédait des terres, mais parce qu'il avait une figure de Christ. Peut-être aussi parce qu'il redisait souvent ces paroles bibliques : « Seigneur, vos jugemens sont élevés comme les montagnes et profonds comme les abymes ; » ou encore : « Ne désespérons pas, le Seigneur change la roche en fontaine. »

Il admirait Bernardin de Saint-Pierre et passait la moitié de sa vie dans les bois, adorateur de la nature, dans son silence fécond. C'était un philosophe s'il en fut : il écrivait tous les jours les impressions de son âme sur des feuillets épars, mais il les cachait, comme si cela fût indigne de voir le jour. A peine si j'ai pu les feuilleter par surprise trois ou quatre fois. J'espérais les lire un jour, ne fût-ce qu'à sa mort, mais il se vit mourir, et la dernière fois qu'il alluma son feu, ce fut avec toutes les œuvres de son esprit. Que cette fumée lui soit légère!

Vous voyez que c'était un sage : il avait éprouvé la joie innocente de peindre ses pensées, de fixer un instant le nuage qui passe, la source qui coule, le parfum qui s'envole. Il ne s'était pas donné, comme tant d'autres, l'inquiétude de la publicité ni les amertumes de la critique; un peu plus tôt, un peu plus tard, ces rêveries d'un promeneur solitaire fussent tombées dans l'oubli; il les a condamnées lui-même et il a pu dire comme le philosophe ancien : « Ci-gît le bruit du vent. »

J'eus aussi pour maître un archéologue que Napoléon III a récompensé de son travail sur l'ancienne Bibrax des *Commentaires* de César. Comme j'avais tous les jours un quart de lieue à faire pour arriver à son école, une ancienne léproserie qui semblait bâtie tout exprès pour loger un archéologue, je m'attardais aux buissons du sentier, chasseur d'oiseaux et de papillons. Dans la saison des cerises, je grimpais aux cerisiers comme un chat, pareillement aux pruniers, Quand j'eus huit ans, on me transplanta malgré moi dans une école aristocratique, ouverte par un sieur de Merval qui se disait ruiné par la Révolution et qui secouait pour les autres l'arbre de la science, car pour lui il ne s'était jamais assis sous cet arbre-là. J'étudiais déjà les hommes : l'archéologue qui savait beaucoup avait l'air de ne savoir rien, tandis que le gentillâtre qui ne savait rien parlait comme s'il savait tout.

Plus tard j'eus un maître singulier, un chercheur de méthodes impossibles, qui s'était passionné pour Jacottot. Il nous plantait devant l'*Iliade* en grec, en latin et en français, en nous disant : « Il n'y a ni grammaire ni dictionnaire, cherchez et vous trouverez. » Nous avons beaucoup cherché, nous n'avons pas beaucoup trouvé. En toutes choses, il faut commencer par le commencement. Il est pourtant des esprits subtils qui peuvent commencer par la fin. Mais j'étais trop joueur et trop paresseux pour trouver ainsi le secret des dieux. Je n'en ai pas moins gravi avec passion l'Olympe d'Homère, mais par les sentiers abrupts et non par le grand chemin. Trois années de collège m'ont désappris ce que je savais mal, sans bien m'apprendre ce que je ne savais pas. Mais heureusement mon amour de l'antiquité m'a conduit à l'école suprême de la Grèce. Les dieux ne m'étaient apparus dans Homère que comme des visions supernaturelles. Les figures de Phidias me rappelèrent toute la grandeur, tout l'héroïsme, toute la poésie des Olympiens. La Grèce fut à jamais ma seconde patrie, comme elle fut la première patrie de Henry Houssaye.

Mon esprit trop variable m'a toujours conduit par quatre chemins. Je revins à la vieille France, courant du XVIe au XVIIIe siècle, avec passion. J'y retrouvais tout un monde connu ou pressenti. Shakespeare a dit : « La vie est un conte qu'on a déjà lu. »

IV

Pages familiales

Apprendre à vivre c'est apprendre à mourir. Il n'y a pas dans la vie de spectacle plus vivant que l'image de la mort. La figure spectrale m'est apparue à moi plus qu'à tout autre, hormis dans mon enfance, où j'ai vu ma famille heureuse et riante. Mais le jour vint où ma grand'mère disparut du coin du foyer. Bientôt après, deux de ses enfans la suivirent au tombeau, deux têtes charmantes. Mon grand-père fut frappé à mort; il survécut, mais il était atteint. Je ne dirai pas ici tous les *De profundis* qu'on chanta dans ma famille où on comptait cinquante enfans et petits-enfans; de tout ce monde-là nul n'était debout après un demi-siècle hormis mon père et ma mère. Et la branche paternelle n'a eu que moi, mon frère et mes fils pour rejetons. Qui donc se serait douté, en nous voyant, vers 1830, à nos festins homériques, que tout cela serait fauché en si peu d'années?

J'ai voulu revoir le nid : je ne saurais dire quel *Miserere* chantait en mon âme à la vue de ces murs abandonnés où ne retentit plus nulle chanson de vie et d'amour. Il me semblait dans mon évocation voir passer par les cours désertes des ombres errantes et plaintives. Pas un foyer qui flambe, pas une lampe qui brûle. La table est renversée comme en un jour de deuil éternel. Où sont les gais convives, où est la cordiale hospitalité ? J'ai à peine retrouvé un chien qui mordait sa chaîne et qui ne me connaissait pas. Quelques chats effarés couraient sur les toits. Je me demandais si moi-même je n'étais pas mort; je me croyais un revenant dans une maison abandonnée. On dirait le château de la Belle au bois dormant; mais qui donc la réveillera ? Pourquoi cet abandon ? c'est la loi humaine : toute maison a ses jours de joie, de travail, de fortune et de misère. Celle-ci n'est plus qu'une maison ruinée.

Mon premier chagrin fut la mort de ma grand'mère. Elle m'aimait comme les grand'mères aiment leurs petits-enfans. Pendant la saison des fruits, les merveilles de son jardin étaient immolées à ma gourmandise : casser une branche toute empourprée à un cerisier, cueillir à l'espalier la pêche la plus veloutée, me soulever dans ses bras pour me faire mordre l'or de la grappe à quelque berceau de vigne, c'était pour elle une vraie fête.

Elle mourut un matin, sans y penser et sans avoir le tems de dire adieu aux siens. J'arrivais comme les autres jours au seuil de sa porte, quand mon grand-père, qui conduisait le médecin, me dit de ne pas entrer et de retourner chez ma mère. « Pourquoi ? grand-papa. — Parce que ta grand'maman vient de mourir. »

Je ne compris pas bien; on m'avait dit souvent que mourir c'était aller vers Dieu. Aussi demandai-je à mon grand-père pourquoi grand'maman était partie : il ne me répondit pas. Je lui demandai alors quand elle reviendrait : il m'embrassa en pleurant.

Et le jour des funérailles : « Pourquoi tout ce monde ? — C'est qu'on va coucher ta grand'mère dans le cimetière. — Et quand elle se réveillera ? — Elle ne se réveillera jamais. »

Jamais ! c'était encore un mot que je ne comprenais pas ; je m'imaginais vaguement que les funérailles étaient la cérémonie du sommeil ; que grand'maman avait beau s'en aller à l'église et au cimetière, elle n'en reviendrait pas moins le soir dans sa maison.

Mais le lendemain, au déjeuner, ma tante Caroline avait pris la place de sa mère. « Je viens voir si grand'maman est revenue. — Non, mon enfant. » J'allai vers ma tante Caroline : « Pourquoi as-tu pris la place de grand'maman ? Si tu veux qu'elle revienne, il faut lui garder sa place. » Et je me mis à pleurer. Hélas ! je ne savais pas alors qu'il faudrait garder trop de places dans la maison à ceux qui sont partis !

V

L'Arche de Noé

Ma famille avait deux domaines : la Tour et Montbérault. Dans mon enfance, Montbérault n'était qu'une dépendance de la Tour, mais mon père porta toutes les forces vives à Montbérault. Mon frère Édouard Houssaye, qui possède aujourd'hui les deux domaines, n'a gardé la Tour que pour y faire reposer ses troupeaux et y engranger le trop-plein ; si bien qu'on y voit à peine passer dans le jour un pâtre ou un moissonneur. La nuit, les troupeaux n'y sont pas, il n'y a pas une âme qui vive, la maison se garde toute seule.

Il n'y a plus aujourd'hui que les bâtiments de ferme. La Tour, démolie il y a dix ans, portait la date de 1598. Après avoir servi de point de défense tantôt aux catholiques, tantôt aux huguenots, cette tour devint l'enceinte d'un moulin. Montbérault fut aussi autrefois un château, là même où l'on a bâti l'an passé le fort de Bruyères.

Mon frère a couru vaillamment les hasards du journalisme, après avoir commencé par la diplomatie : il a dirigé l'*Artiste*, il a créé la *Gazette des Beaux-Arts*, il a fondé le *Courrier de l'Aisne*, éveillant partout de vives amitiés. Pendant dix ans il fut un des Parisiens du Tout-Paris, gai et beau cavalier, ami d'Albéric Second, de Roqueplan, de Théo, de Xavier Aubryet et de quelques philosophes mondains qui vivaient pour le plaisir de vivre. Il est retourné à son premier amour, l'amour des bêtes, après avoir pratiqué les hommes. Quelle belle occasion j'aurais là de citer Virgile ou Théocrite.

Aujourd'hui ressemble à hier comme demain ressemblera à aujourd'hui : Mon frère est, naturellement, maire de Bruyères, comme le furent mon père et mon grand-père. Il y a pourtant cela de changé que la vie était plus gaie autrefois. La vapeur a dispersé toutes les familles ; où qu'on aille, où qu'on reste, on est seul ou à peu près.

Pour moi qui ne suis pas né agriculteur, je ne m'amusais pas du tout dans cette maison, qui n'était pas précisément un musée. Aucun ornement, aucun tableau, aucune superfluité. Une cheminée gigantesque, avec un manteau sculpté par mon grand-pére, attirait tout d'abord les regards ; on voyait de chaque côté d'une crémaillère hollandaise une douziane de jambons enfumés.

Dans les cendres, les chats et les chiens vivaient en famille, se tirant à tour de rôle les marrons du feu. Sur le dessus de la cheminée mes yeux s'arrêtaient avec amour sur un beau fusil et sur un beau violon, car mon père était aussi bon chasseur que bon musicien.

Cette maison, environnée de moulins babillards, qui chantaient la chanson du travail, était une vraie ruche au soleil, toujours voletant et bourdonnant. Il y avait là tout un monde. Mon père qui aimait le mouvement, ne pardonnait pas à ses gens et à ses moulins d'avoir les bras croisés. On ne le voyait jamais que passer ; il avait un cheval arabe très connu dans le pays, qui allait comme le vent aux quatre coins du terroir. C'était la plus folle et la plus fine bête de la création. Quand revenait mon père, si j'étais à la maison, il me lançait sur le cheval, me donnait la bride et me disait : — Va ! — et j'allais.

Ce cheval, c'était l'image de ma destinée fantasque, qui m'a toujours emporté sans me dire où. Avec elle comme avec le cheval, j'allai sans peur des casse-cou, lâchant la bride, tout plein de confiance dans l'éperon invisible de la destinée, car il y a une destinée, même pour les infiniment petits.

On avait surnommé notre maison l'arche de Noé, parce qu'on y voyait, bruyantes ou silencieuses, toutes les bêtes de la création.

Aux festins des dimanches * j'ai vu apparaître toutes les anciennes coutumes : La fête du vin aux vendanges, avec une grappe monumentale suspendue au plafond.

* Il y avait des jours de gala quand venaient l'évêque de Soissons et le préfet de Laon, ou à l'ouverture de la chasse ; c'était la chanson des fleurs et des bouteilles.

Et la fête du cidre avec une pyramide de pommes où chaque convive devait prendre la sienne avec ses dens sans renverser cette pyramide. Et le dîner du blé nouveau : la gerbe dressée au milieu de la table, épis retombans, toute parée encore des bleuets et de coquelicots, formait le plus beau surtout qu'on puisse imaginer. La gaieté courait sur la nappe, on chantait au dessert, après quoi la société se coupait en deux pour danser et pour jouer aux cartes. Le curé de Bruyères, un vrai curé nourri dans les vignes de Rabelais, était si content qu'il allait des deux côtés.

Le peintre David disait de Mme de la Reynière : « C'est une femme charmante mais un peu attaquée de noblesse. » On pouvait dire à peu près la même chose de mon grand-père. Il était entêté de sa parcheminerie et prenait ses moulins pour des ancêtres*. Aussi à travers toute la Révolution, il tenait fort pour le roi, tandis que mon grand-père Mailfer jouait son jeu dans la République. Tel était d'ailleurs l'ascendant du premier qu'il demeura presque toujours maire de Bruyères jusqu'en ses dernières années. C'était un homme de feu et d'enthousiasme,

* Le baron Walckenaër l'avait présenté à Charles X qui passait à Laon ; il avait dîné avec le roi et il se croyait de la cour. Ce fut alors qu'il secoua la poussière de quelques parchemins auxquels on ne pensait plus depuis la Révolution. Il avait droit au titre de comte et même de marquis avec cette devise : *Plus loin !* François Housset se fit tuer en commandant une compagnie sous Charles IX. Ainsi firent plus d'un autre sous Henry IV. Claude Housset, marquis de Trychâteau, fut conseiller secrétaire du roi et intendant des finances sous Louis XIV. Il a été peint par Tallemant, chansonné par Scarron, et célébré en vers enthousiastes par le petit de Beauchâteau, l'enfant sublime de ce tems-là : *Homme le plus loyal que le soleil éclaire.* Ainsi commence la dédicace de Beauchâteau.

Mais passons : — quand on n'est ni un Montmorency, ni un

pratiquant la fraternité évangélique sinon républicaine, mais s'insurgeant contre le fantôme Égalité. Mon grand-père Mailfer, pour se moquer de lui, disait gaiement : « Ma noblesse remonte à Noé. Cela est écrit sur toutes les feuilles de mes vignes. » Son vin était renommé. On lui a souvent acheté sa vendange pour faire du vin de Champagne. C'était le vin rosé « pierre à fusil » que m'ont rappelé le Bouzy et le vin du Rhin ; aussi quelle fête pour lui que de le faire boire !

Il ne me faut qu'une page pour écrire la vie de mon père. Il avait été soldat en 1814. Il revint content de lui pour se faire agriculteur. En 1830, il commanda la garde à cheval des communes avoisinant Bruyères, disant : « Je n'ai pas de quoi m'enorgueillir de mon commandement, c'est mon cheval qui a été nommé. » En effet, s'il commandait bien, c'est qu'il montait une admirable bête fraîchement débarquée d'Alger. Jamais cheval arabe n'avait mieux porté sa crinière et balayé la poussière de sa queue opulente. Aussi les spectateurs des manœuvres et des évolutions disaient-ils : « En voilà un qui fait ses poussières ! »

Je n'ai jamais vu mon père ouvrir un livre ni re-

Turenne, ni un Condé, ce n'est pas la peine de retourner le valet de pique.

Il n'y a que les grands noms qui soient dignes des Croisades de l'esprit humain. Molière, Voltaire, Beaumarchais se sont donné du *de* parce qu'ils savaient bien qu'ils étaient entrés de prime saut dans la noblesse de plume, une épée étincelante. Saint-Simon lui-même ne tient plus que cette épée-là !

Housset, *alias* Houssaye, de par d'Hozier, parce que les aïeux ne savaient pas bien l'orthographe de leur nom. J'ai retrouvé jusqu'à six variantes. Je suis né Housset, mais j'ai signé Houssaye, parce qu'on a le droit de prendre son nom où on le trouve, quand c'est le sien.

garder un tableau. On ne pouvait pas dire de nous : « Tel père tel fils. » Mais il avait le sentiment de la musique et jouait bien du violon. Il se disputait sur ce chapitre avec Théophile Gautier et tous ceux qui disent que la musique n'est pas un art. Sa figure était celle d'un mathématicien : tête carrée, front large, profil romain, gravité pensive, yeux vifs, cheveux noirs, car il était aussi brun que ma mère était blonde : c'était le Midi et le Nord qu'on avait mariés ensemble, ou plutôt qui s'étaient mariés ensemble, car il n'avait pas fallu pour cette hyménée féconde et bénie s'adresser aux entremetteuses qui marient les dots : mon père et ma mère s'étaient mariés tout seuls, ils furent heureux tout seuls. On dit le jour de la cérémonie : « C'est la fortune qui épouse la pauvreté ! » J'ai toujours admiré mon père pour cette belle action, car il se dégagea d'un mariage avec une fille noble et riche, pour épouser ma mère.

Ce que mon père aimait le mieux après ma mère, ses enfans et son violon, c'étaient les bois. Dès qu'il avait une heure à perdre, il allait à pied ou à cheval voir ses amis les arbres.

Il avait un caractère altier : tel le fer poli, très doux au toucher, mais inflexible. Il fallait le briser pour en avoir raison, à moins que ma mère n'en triomphât par les larmes. Je l'ai vu ne pouvant maîtriser ses colères de lion. Un jour, un bouvier qui avait ouvert son couteau pour le frapper, fut à deux secondes de sa mort, car mon père le désarma, le saisit par les cheveux et le renversa pour le frapper, mais le couteau lui tomba des mains. Avec un pareil caractère, il fallait se soumettre ou s'en aller : ne voulant pas toujours me soumettre, je m'en allais. La musique qui adoucit les mœurs l'avait pourtant adouci ; sans doute par amour de la mélodie, sa voix naturellement haute prenait des diapasons en harmonie avec celui, mais surtout avec celle qui l'écoutait. Je n'avais pas peur de ses colères contre moi, mais contre les autres; toutefois, après le premier éclat, sa haute raison le calmait et il montait à cheval, car son cheval était presque toujours sellé et bridé; quelquefois même il prenait son violon pour se prouver à lui-même que rien n'est sérieux et que ce n'est pas la peine de prendre le mors aux dents pour arriver plus vite au tombeau.

Il n'y avait que mon père qui fût plus ignorant que mon grand-père. Entendons-nous : Il savait par cœur le grand livre de la nature; nul n'avait mieux étudié les richesses des montagnes, des vallées, des bois, des prairies; nul n'était meilleur cavalier, nul n'était meilleur astronome. Encore une chose qu'il connaissait bien, c'était la femme ; mais en dehors de la vie en action, il ne fallait pas vouloir remuer en lui beaucoup d'idées. Il n'était pas plus familier avec la littérature qu'avec les arts. Il eût été fort embarrassé de trouver un beau vers dans les poëtes, ou un chef-d'œuvre dans un musée. Mais il n'était pas embarrassé du tout de trouver une compagnie de perdreaux ou de courre un sanglier.

Savoir c'est perdre. Avec cette ignorance quel amour profond de la famille et de la maison — et des bêtes ! — Pour lui c'était un monde, c'était tout le monde !

VI

Profil d'une mère

Le père est un père, mais c'est un maître. Quelle que soit sa bonté pour l'enfant, l'enfant n'oublie jamais que sous le regard attendri il y a l'œil sévère. Mais la mère ! Si l'image de Dieu est visible sur la terre, c'est dans la figure d'une mère. Quel abandon dans l'amour ! Elle donne son âme, elle donne son cœur, elle se donne toute à son enfant, sans autre pensée que de vivre et de mourir pour lui. C'est plutôt la mère que la maîtresse qui a le droit de dire : — *Toi, c'est moi.* — La mère abdique les joies de la femme pour les joies de la mère. Ce qui donne à la religion chrétienne un si profond caractère humain, sous l'auréole de sa divinité, c'est la présence de la mère de Jésus, c'est son culte pour son fils, c'est sa douleur, c'est sa transfiguration. Je n'ai jamais compris pourquoi les protestans avaient supprimé cet admirable symbole de divinité dans la Mère. Quel mauvais lait Luther avait-il donc bu au sein de la sienne ! Pour moi, j'ai toujours adoré Marie parce que je ne l'ai jamais vue dans ses images sans penser à ma mère.

Et je n'ai jamais regardé ma mère sans lui trouver, dans sa douceur pour ses enfans, je ne sais quoi du sourire de Marie jouant avec *il bambino*. Une femme qui vous regarde, même si c'est une femme qui vous aime, ne dévoile jamais par ses yeux les derniers horizons de son âme, comme si elle pressentait les jours d'abandon; tandis que la mère n'a pas un masque pour son enfant, elle l'aime jusqu'à l'infini, jusqu'au ciel, jusqu'à Dieu.

Si on a trouvé un symbole admirable pour la charité, c'est qu'on a mis l'image de la mère allaitant un enfant, en portant un autre sur son bras, en traînant un troisième à son manteau, mère pour tous les trois, mère pour ceux qui sont venus, mère pour ceux qui viendront.

J'ai vu ma mère dans cette adorable attitude : elle n'avait que quatre enfans, mais elle regrettait de n'en avoir pas treize comme sa mère. Ici le chiffre treize n'a pas porté malheur, puisque ma mère était le treizième enfant et qu'elle a passé très vertement sa quatre-vingtième année, ayant encore sur le front toute sa couronne de cheveux blonds, tant son amour pour ses enfans et ses petits-enfans avait perpétué sa jeunesse. Et pourtant, avec quelle prodigalité elle nous a donné son lait et son tems! Et quel bon lait nous avons bu! Les médecins lui disaient qu'elle mourrait à ce régime. Mais elle disait gaiement : « Que m'importe de mourir, si je vis en eux*! »

* Je n'ai jamais eu pour mes enfans l'œil sévère du père, parce que j'ai toujours voulu leur faire oublier que leur mère n'était pas là. Ils n'ont pas eu comme moi les adorables caresses, les douces paroles, la riante sollicitude d'une mère. Ils n'en ont vu que l'image. Mais ils ont la religion de la tombe qui se rouvrira. Henry n'a pas fait une seule action sérieuse dans sa vie sans aller demander conseil au tombeau. La veille de partir pour la guerre, il a fait tout un voyage pour aller s'agenouiller dans la chapelle de Bruyères. Quand il a eu la croix pendant la guerre, il n'a pas voulu la porter avant d'avoir fait le même voyage. Ne pouvant embrasser sa mère, il a embrassé la mienne.

Elle s'est évertuée à nous donner aussi la vie de l'âme. C'est elle qui nous a appris à lire dans les *Contes* de Perrault : elle pensait qu'il faut du merveilleux dans l'imagination pour traverser les réalités brutales. Comme elle avait raison ! Rivarol disait : « L'histoire de ma vie est si ennuyeuse que je crois être à la représentation d'une pièce de Mercier. » Et il se mit à lire les *Contes* de Perrault. Quand on a commencé par là, on s'obstine à courir les chemins romanesques. C'est toujours cela de gagné, car si les autres sont plus sûrs, on y meurt d'ennui.

Quoique ma mère craignît tout pour nous, elle avait la hardiesse d'esprit qui brave le danger et qui le détourne à force de vaillance. Ainsi je n'avais pas six ans qu'elle me plantait sur un petit cheval ardennais qui m'emportait, sans que je songeasse à le conduire, jusqu'à l'école de Bruyères à près d'une lieue de Montbérault. Le cheval qui était plus intelligent que moi, et qui ne faisait pas l'école buissonnière, s'arrêtait devant la *Pierre de la reine Blanche*, ainsi nommée parce que la mère de saint Louis était là descendue de cheval en allant en pèlerinage à Saint-Pierre-en-Valbon. Je descendais, tout comme la reine Blanche, sur le marchepied traditionnel, sans risque de me casser le cou. Et pendant que je dévalais vers Bruyères, le cheval retournait gaiement à Montbérault ; par exemple, il lui arrivait çà et là de s'attarder un quart d'heure dans un champ de luzerne ou de sainfoin ; le plus souvent il regagnait sans perdre de tems l'écurie, où l'attendait un picotin d'avoine. Ma mère allait à sa rencontre pour lui faire des caresses et pour lui donn.r du sucre. Elle le questionnait du regard, comme pour s'assurer que j'étais arrivé à bon port. Il vaut souvent mieux confier son fils à une bête qu'à un homme ou à une femme : l'homme pourrait entrer au cabaret et la femme pourrait s'attarder avec son amoureux. Ma mère confia ainsi mon frère à un autre petit cheval tout aussi bon messager. Elle lui confia même mes sœurs, mais mon père veillait, lui qui courait toujours la montagne. Mes sœurs n'avaient peur de rien. La plus jeune a payé cher sa hardiesse devant le danger. C'est elle qui, bravant l'Océan sur le rocher de Penemarck, fut enlevée à tout jamais,jeune encore, belle toujours, par une vague légendaire.

Ma mère était debout la première et la dernière. Je ne sais, en vérité, où cette femme svelte et délicate trouvait cette force toujours renouvelée. Que de fois nous la surprenions prêchant ses gens d'exemple. Et quel amour pour ses enfans ! La muse de la famille, c'est la mère. Nous arrivions souvent à point pour rompre une de ses exquises galettes, qu'elle arrosait d'une bouteille de vin de la comète depuis longtems couchée dans le sable. Ah ! qui me montrera jamais de ces galettes savoureuses qui avaient la couleur chaude du froment bien mûr et qui répandaient je ne sais quelle bonne odeur de bruyères, de sarmens et de genêts ayant flambé dans le four !

Il y avait pourtant les jours de larmes. Mais quelle résignation courageuse par le travail : elle mettait la main à tout avec une grâce charmante. Elle aimait le linge jusqu'au fanatisme ; aussi comme on récoltait du lin chez nous ; je la vois encore, un arrosoir à chaque main, mouillant sur l'herbe les rubans de toile qu'elle voulait blanchir plus vite. Quand le foin était fauché, on l'a vue plus d'une fois dans la prairie encourageant les faneuses par son exemple; aucune ne secouait comme elle la fauchée odorante pour que l'air pénétrât plus vite. Combien de fois, nous qui étions à ses trousses, nous a-t-elle roulés dans le foin, riant de nos cris et tombant elle-même pour mieux nous embrasser.

Elle aurait bien pu se croiser les bras, comme nos voisines des fermes et châteaux d'alentour, mais elle était si heureuse de cette vie active et féconde, qu'elle n'aurait pas changé son sort pour celui d'une princesse des *Contes* de Perrault. Elle était née en cette terrible année 1793 qui marque dans l'histoire une date de sang. Son père qui était venu au monde en pleine *Encyclopédie*, républicain très accentué, mais non pas jusqu'à l'échafaud, ne voulut pourtant point lui donner le nom de *Floréale*, comme il donna à un de mes oncles le nom de *Fructidor;* mais il lui donna le nom de la Sagesse antique : Sophie. Ma mère n'en fut pas moins très bonne chrétienne; elle n'a jamais vendu sa part de paradis. Les révolutionnaires d'aujourd'hui, dont plus d'un est mon ami, voudraient bien arracher de mon cœur cette vieille légende que ma mère y a imprimée à vif; mais les plus beaux raisonnemens ne m'empêcheront pas, après avoir eu l'irréparable malheur de perdre ma mère, de conserver l'espoir de la retrouver dans je ne sais quel coin de l'Infini, — pourquoi ne pas dire le Ciel? — souriant encore du beau sourire qui a pris mon âme et me rouvrant ses bras que la mort a croisés sur son sein. Ne permettons pas à la mort d'inscrire sur les tombes aimées les mots du Dante sur la porte de l'Enfer.

Ma mère ne m'a pas mis au monde dans un temps pacifique, puisque je suis né à l'invasion des Cosaques.

Elle était sur le point d'accoucher quand ils la poursuivirent dans les vignes pour cette raison que, fille du maire, elle devait savoir où étaient les trésors de la ville. Un de ces sauvages lui donna un tel coup de lance, que s'il ne fût survenu un officier russe, ma mère eût accouché dans les vignes, où nous serions restés tous les deux. Mais c'était la vigne du Seigneur, puisque ma mère fut sauvée par l'ennemi lui-même.

Ma mère avait beaucoup d'esprit argent comptant. A la cinquantaine de son mariage, elle disait tant de jolies choses qu'un journaliste prit un crayon et un revers de lettre pour noter quelques mots : « Chut ! lui dit-elle, il ne faut jamais écrire ces choses-là : Les paroles sont des oiseaux qui passent, qui chantent et qui s'envolent ; ce n'est pas la peine de les attraper, car il en viendra d'autres. »

VII

La Seconde mère

Nous avons deux mères qui nous font à leur image. Notre seconde mère, c'est la nature. La nature, elle aussi, façonne notre corps et notre âme; elle leur donne le reflet de ses couleurs; ce n'est pas seulement ma mère qui m'a fait blond et pâle, avec un sang rouge, c'est mon pays. A Bruyères, tout est vivant, rien n'est heurté, rien n'est sauvage, ni les hommes, ni les ombres, ni les montagnes, ni les forêts; tout se fond harmonieusement, comme une palette de Diaz. Il y a bien çà et là quelques rochers qui hérissent les montagnes : mais ces rochers sont couverts de mousse, de lierre ou d'églantiers. Quelques sources vives jaillissent des collines, mais elles se promènent bientôt nonchalamment dans quelque lit de fleurs aquatiques. Point de sombre solitude, point d'aspect sauvage, point de flanc déchiré; la nature sourit à chaque pas sous les moissons et sous les vendanges. En avril, les pêchers, les cerisiers, les pommiers s'étoilent de fleurs et répandent sur les marges vertes des chemins la neige odorante du printems. Je ne parle pas des jardins emparadisés par les haies d'aubépine et de roses sauvages. En juin, quand les filles vont aux bleuets, quand les coquelicots rient dans le trèfle, c'est un beau spectacle de voir onduler à l'infini les fromens et les seigles qui se dorent et s'argentent sous le soleil fécond. En septembre, depuis l'enclos qui répand une odeur de pomme jusqu'à la vigne où déjà la grive inaugure ses ivresses, c'est toute une chanson qui réjouit le cœur, la vieille chanson des vendanges dont Noé a donné le refrain avant les Grecs : Evohé !

Ce tableau des paysages de Bruyères m'a ravi dans mon enfance. C'était un peu les paysages de Ruysdaël, d'Hobbema, de Berghem, assombris là-bas par le voisinage des grands arbres du bois de la Geule, de la forêt de Lavergny, ou de la haute futaie des Vertus; mais égayés ici par ces filles épanouies qui vont sarcler les vignes, couper les asperges ou faner le foin. Oui, Ruysdaël dans ces buissons et ces rochers; oui, Hobbema dans ces longues avenues dont le silence est troublé par la roue toute écumante d'un moulin; oui, Berghem avec ces lavandières qui se font des niches en frappant l'eau de leurs battoirs, ou avec ces paysannes juchées sur des ânes qui passent le gué pour aller au marché.

Tous ces tableaux variés me prenaient les yeux et l'esprit. Je demeurais des heures ébloui et confondu. Depuis les horizons éloquens qui me parlaient de l'infini jusqu'à la touffe d'herbe qui me disait, elle aussi, les merveilles de la création, tout me charmait, les formes et les couleurs. Mon âme communiait dans la vie universelle. Tout jeune, pendant que mes petits camarades dénichaient des nids d'oiseaux ou grapillaient dans les vignes, je restais souvent à mi-chemin, heureux de me trouver seul, je me couchais les bras ouverts et j'embrassais la terre avec effusion. Et, sans savoir pourquoi, je pleurais. C'est que j'embrassais ma seconde mère.

VIII

Le sacre de Charles X, la déesse de la Raison et le soldat de l'Empire

Mon père me conduisit au sacre de Charles X. Dans nos campagnes la figure de Napoléon dominait tout : on m'avait tant parlé de cette grande figure, qu'elle me cacha celle de Charles X; j'étais humilié de ne voir qu'un roi quand j'aurais pu voir un empereur. C'est en vain que les professeurs s'efforçaient de nous masquer l'histoire par des grimaces : les simples gravures qui pavoisaient la cheminée des chaumières en disaient plus que tous les professeurs ; le roi galant homme qui avait ramené en France un Français de plus, ne passionnait pas les esprits. On avait vu tant de choses en un quart de siècle qu'on croyait n'assister qu'à une comédie ; le roi lui-même était-il bien convaincu quand il voyait autour de lui les derniers maréchaux de l'empire, comme Moncey, sourire avec raillerie en pensant que Dieu protégeait beaucoup trop la France depuis les cathédrales jusqu'aux pièces de cent sous.

Tout ce qui m'a frappé, c'est le carrosse royal; mais ce qui m'a frappé aussi, ce sont ces paroles dites par une vieille républicaine qui était de notre compagnie. Elle avait représenté à Laon la déesse de la Raison; elle se souvint de son rôle en parlant ainsi : « Oui, un carrosse tout frappé d'or. Il n'en avait pas un si beau que cela quand il rentra en France, et ce n'est pas dans celui-là qu'il fichera encore le camp. »

C'était sur la place du Parvis ; tout le monde se mit à rire autour de nous, moins mon père, qui par un chut imposant tempéra la verve de la déesse de la Raison. Nous avions quatre stalles pour la cérémonie, nous étions cinq, mais je m'arrangeai si bien que je passai dans les jupes de la déesse de la Raison. Une fois dans la cathédrale, elle continua ses mordantes apostrophes, ce qui ne m'empêcha pas, tout en riant un peu, d'être ému par la cérémonie. Le roi avait une belle tête sous sa couronne de cheveux blancs, sinon sous sa couronne de roi. Mon père me souleva au-dessus de lui pour me faire voir cette grandeur au bord de l'abyme *.

La vie est un rêve, une comédie, un drame. Chateaubriand a dit : « Les Bonaparte vivaient de théâtres, de romans et de vers ; la vie de Napoléon fut-elle autre chose qu'un poëme ? » Chateaubriand a pu dire des Bourbons qu'ils jouaient gaiement une tragédie.

Il est à remarquer que le sentiment napoléonien se perpétua bien plus profondément dans les provinces de France où la guerre avait causé plus de désastres. N'est-ce pas l'histoire de beaucoup de femmes, qui aiment ceux qui les battent ?

Après le sacre, Charles X, entrant dans le palais archiépiscopal, vit un vieux soldat, qui avait perdu un bras à Dresde, qui fumait au soleil et semblait ne pas se douter qu'on eût sacré Charles X. On reconnaît les vieux soldats,

* Le hasard qui n'est pas aveugle nous mit à côté du général La Houssaye, que mon grand-oncle, le général Houssaye, avait sauvé dans une bataille. Il me trouva gentil et m'offrit de m'emmener à Paris et en Bretagne pour me préparer à la vie du soldat, la seule vie selon ses idées. Changea-t-il d'idée en 1835, le 4 août, quand son fils, le vicomte de La Houssaye, se battant pour Don Carlos, fut saisi et fusillé par les Christinos ?

même s'ils n'ont plus l'habit militaire. Charles X ne s'y trompa point. Il fit appeler ce fumeur qui manquait de respect à son souverain. Le soldat obéit. « Eh bien! mon brave, il paraît que la pipe est une amie? — Oui, dit le fumeur en montrant sa pipe qui n'était pas encore éteinte : voilà qui console de tout. — Vous n'êtes donc pas content? — Oh! sire, je sais bien qu'aujourd'hui, à Reims, tout le monde est content; mais, moi, je ne suis pas de la fête. — Pourquoi donc? — C'est que, voyez-vous, j'ai été d'un autre sacre. »

Charles X avait l'esprit d'à-propos. « C'est bien, mon ami, il ne faut jamais oublier ceux qui vous ont conduit à la victoire. Pourquoi n'êtes-vous pas aux Invalides? — Parce que j'aime mieux une petite marmite dans mon pays; d'ailleurs, je suis content de vivre de ma croix. — Aussi je n'ai pas voulu vous faire l'aumône, j'ai seulement voulu vous dire bonjour. »

Charles X salua, et le soldat s'inclina. « C'est pourtant un bon diable, » dit-il en regagnant sa place au soleil.

Une heure après, le soldat apprit par un aide de camp que le roi lui donnait une pension de trois cents francs. « Eh bien! dit Jean Lapie (ou Latapie), j'achèterai deux rubans par an au lieu d'un. »

Cette petite histoire fut plus glorieuse au roi que toute la cérémonie du sacre. La déesse de la Raison porta un toast le soir à Charles X, et elle chanta *Vive Henry IV*, comme pour rappeler au roi ses origines de vert galant.

IX

Les seins de marbre et les seins de chair

Je commençais à rire avec mes petites voisines, fuyant la compagnie des garçons pour celle des filles, mais surtout des filles plus grandes que moi. Sous prétexte de cousinage je les embrassais, tout en me nichant sur leur sein avec de vagues aspirations vers les voluptés lointaines.

J'avais vu beaucoup de sculptures dans les églises, mais je n'avais pas encore vu de statues, ni à Reims ni à Laon, ni dans les châteaux voisins, lorsqu'un beau jour on déterra un admirable torse d'Aphrodite. Ce n'était qu'un fragment de la beauté souveraine, mais je sentis que c'était superbe. Les briseurs de statues n'avaient pas frappé les seins qui étaient adorablement modelés. Il me sembla que c'étaient les yeux ou la figure du torse. Jusque-là je n'avais vu un sein que sous les lèvres d'un enfant, une coupe renversée pleine de lait, mais je compris alors que cette chose utile était une chose agréable, puisque les deux seins de marbre donnaient la vie et l'expression à ce torse antique que j'avais sous les yeux. Fut-ce pour cela que les jours suivans je m'évertuai à voir des seins en chair ?

J'ai senti les premières morsures des voluptés devant le spectacle de deux seins blancs légèrement agités par le mouvement que se donnait une paysanne pour broyer du chanvre. Elle était presque nue. Elle n'avait au-dessus de sa jupe qu'une chemise grossière à demi tombante et presque transpercée par la pointe des seins. Elle n'était pas seule à son travail, trois autres chanvrières s'agitaient à côté d'elle. Mais celles-là, quoique tout aussi jeunes, n'avaient pas l'orgueil du corsage. J'étais là comme un chien en arrêt ou plutôt comme un rapin qui, tout en admirant la silhouette d'une femme, cherche à la déshabiller, pour faire une étude du nu, mais en même temps pour mordre du regard les beautés cachées. C'était d'ailleurs un tableau digne d'un peintre, s'il eût compris la désinvolture innée de la première broyeuse de chanvre, dont les seins étaient d'autant plus accentués qu'elle paraissait mince et délicate. Ses compagnonnes étaient toutes d'une pièce, courtes et ramassées, tandis qu'elle-même aurait pu nouer la ceinture de Vénus. C'est que sa mère avait forfait à l'honneur et s'en était fait conter par M. de B—, gentilhomme de la montagne, qui chassait sur les terres d'autrui; si bien que cette fille, qui devait à sa mère des seins abondans, rappelait sans le savoir les nobles attitudes de son père. « Qu'est-ce qu'il fait, le collégien ? dit une des chanvrières. — Je regarde ce qui se passe. — Ce qui se passe ! dit une autre en rajustant sa chemise, ne dirait-on pas qu'il est au spectacle. — Oui, mais ce n'est pas vous que je regarde. — Je vois bien, vous regardez les seins de Reinette, croyez-vous donc que les autres n'en ont pas ? — Pas beaucoup.» La chanvrière se redressa pour montrer ses seins, les autres l'imitèrent, moins Reinette qui avait rougi et qui se détournait avec une poignée de chanvre.

Je rougis moi-même. C'était à deux pas de la fontaine minérale de Bruyères. Je me sentais altéré et j'allai ouvrir ma bouche à la gueule du lion. Une pépinière me masquait ; mais je voyais encore les broyeuses de chanvre à travers le feuillage des jeunes tilleuls. Cette fois ce fut une comédie : les chanvrières s'étaient piquées au jeu. Les trois jalouses de Reinette avaient sorti chacune un sein comme pour lui disputer le prix. Ce n'étaient pas les trois Grâces. Reinette fière et chaste dédaigna la lutte, cette lutte à armes courtoises s'il en fut ; mais quoiqu'elle ne montrât pas son sein, ce fut le seul qui me resta dans la mémoire et qui me troubla les jours suivans ; car la fontaine minérale ne me désaltéra point.

X

Comment j'ai dansé sur un volcan

Mais je commence à m'ennuyer de moi-même. Je franchis tous les enfantillages pour entrer dans ma première jeunesse, vers ma seizième année.

Combien de jeunesses j'ai vécues jusqu'à l'été de la Saint-Martin qui est la dernière ! C'est celle que je savoure à la chute des feuilles, comme un dernier rayon de soleil sur les grappes oubliées dans les vignes de la vie.

Je songeais à Paris ; mais comment y aller ? Un grand-oncle me paya ce luxe. C'était un peintre de la duchesse de Berry, un Lorrain nommé Fründt, qui avait épousé ma grand'tante, Rose Mailfer, qui fut élevée au château de la Bove par la duchesse de Narbonne et les Dames de France, filles de Louis XV, pendant que mon grand-père sculptait les boiseries de la chapelle et des salons.

Les Dames de France l'avaient emmenée à Versailles en sa première jeunesse, dans tout l'épanouissement de sa beauté fière et robuste. La beauté était fort bien venue à la cour de Louis XVI, quoique lui-même n'y prît point garde, mais la cour de Louis XVI, c'était surtout la cour de Marie-Antoinette. Comme on la savait la cousine du marquis de Condorcet, tout le monde lui fit bon visage. Ce fut dans un voyage à Sèvres, à la suite de la cour, qu'elle rencontra le tout jeune Fründt, qui décorait un déjeuner pour Marie-Antoinette. On s'épousa en toute pompe, grâce à la reine qui donna la corbeille.

Mon grand-oncle Fründt devint plus tard peintre ordinaire de l'impératrice Joséphine, puis de madame la duchesse de Berry, sans jamais s'inquiéter de la politique, disant que la palette d'un peintre représente toutes les couleurs. C'était surtout un aquarelliste et un miniaturiste. Il portraitura toutes les femmes célèbres du Directoire, de l'Empire et de la Restauration. J'ai encore de lui quelques crayons d'un style libre et gai. Je garde à ma cheminée une petite miniature de sa femme, qui est un chef-d'œuvre et qui prouve que ma tante fut dans son tems une femme à la mode. Elle mit au monde deux fils qui passèrent par l'École polytechnique et qui tous les deux furent tués à la bataille de la Moskowa. Ma tante les pleura toujours, ces deux jeunes héros qui avaient marché si vite jusqu'à la mort.

Mon oncle et ma tante étaient venus se retirer du monde à Bruyères pour être tout près de mon grand-père. Je me vois encore dans leur petite maison toute pleine de tableaux, tout encadrée de fleurs. C'était le miracle des roses. Mais ma tante disait tristement : « Mon cœur n'est pas là. » Son cœur était dans les batailles.

Le directeur de la manufacture de Sèvres occupait encore çà et là mon grand oncle. D'ailleurs, quoiqu'il ne donnât plus de leçons à la duchesse de Berry, elle ne l'avait pas oublié et elle l'accueillait toujours avec sa grâce bien connue.

En juin 1830, il me parla de faire avec lui le voyage à Paris, voulant m'initier lui-même aux chefs-d'œuvre du Louvre. Il m'avait vu admirant ses tableaux ; il jugeait que j'étais doué de l'œil artiste, ce qui n'était pas commun à Bruyères ; aussi de tous ses neveux j'étais le seul qu'il reçût dans son atelier. Je dessinais quelque peu, il me fit barbouiller des paysages.

Le voyage à Paris était alors comme un voyage au bout du monde. On partait de Bruyères à huit heures du matin : on prenait à Laon la « diligente » à dix heures. On dînait à Soissons à quatre heures et on arrivait à Paris le lendemain matin, au point du jour, cahoté, moulu, anéanti. Il est vrai qu'on avait fait trente-trois lieues ! C'était déjà un rude progrès sur le coche, aussi disait-on « la diligente ». Ma mère versa une larme et me recommanda à Dieu. Mon père, qui voyait de loin, n'augura rien de bon de ce voyage sans lui, et à perte de vue, mais il me laissa partir. Mon oncle promit de me ramener au bout de vingt jours. Selon lui, j'étais encore un enfant, je serais un homme à mon retour. Je me promettais toutes les fêtes des yeux ; jamais on n'a commencé à lire un conte de fées dans son enfance avec plus d'éblouissemens que je n'en eus dans ce voyage à Paris. Les provinciaux ne vont voir que les boutiques, les collégiens que les décors de l'Opéra et les charmeries du ballet ; grâce à mon oncle qui m'ouvrait les yeux, grâce peut-être au sentiment de l'art qui était déjà bien vivant en moi, je vis Paris par ses monumens, ses musées et ses femmes. Je remarquai que par les femmes surtout Paris était une autre nation. J'avais quelque peu voyagé à Reims, à Soissons, à Compiègne, à Saint-Quentin, à la Fère ; les femmes étaient toujours des Champenoises ou des Picardes, — des femmes comme partout, — tandis que les Parisiennes me semblaient pétries d'une autre pâte, — pâte tendre, comme à Sèvres. « Oui, me dit mon oncle, les Parisiennes sont des créatures tombées du ciel comme par miracle, mais au fond ce sont des provinciales déguisées. Paris est une serre chaude pour les femmes; elles y deviennent plus blanches, plus fines, plus adoucies, plus sveltes, plus belles ; autrefois c'était Versailles qui « finissait » les femmes : par exemple, ta tante, que j'ai trouvée à la cour de Marie-Antoinette, était une Champenoise pur sang, mais là-bas je me suis figuré, en la voyant, qu'elle était née dans l'Olympe. C'est que les femmes ont des privilèges que les hommes n'ont pas : par exemple, les provinciaux ont beau aller à Versailles et à Paris, ils restent toujours provinciaux, à moins qu'ils ne soient des diables à quatre comme moi, qui jettent de bonne heure aux orties la défroque originelle. »

Le lendemain, mon oncle me dit en écrivant à Mme la duchesse de Berry : « Je te ménage une surprise. — Quelle surprise, mon oncle ? — Chut ! attends à demain. » Le soir même, il m'annonça d'un air de triomphe qu'il serait invité à la fête du Palais-Royal. Je ne comprenais pas. Or, ce n'était rien moins que la fête où on dansa sur un volcan. « Et toi aussi tu en seras. » Voilà comment j'entrai de plain-pied dans l'histoire.

Mon oncle avait supplié sa protectrice pour une invitation de M. le duc d'Orléans ; c'était une faveur non pareille, mais il promettait de payer cette bienvenue par des croquis de toute la cour. Il avait déjà peint le roi de Naples, dans un voyage en Italie; il le voulait peindre encore. La duchesse de Berry ne le laisserait pas à la porte. Bien plus, il lui demandait une autre faveur : celle de lui conduire un collégien qu'il aimait comme son fils, un poëte en herbe que la duchesse un jour au château de Pierrefonds avait daigné embrasser tout enfant, grâce à ses longs cheveux bouclés.

Mon oncle reçut une double invitation. « Voilà, me dit-il, l'occasion de ne pas laisser tes louis d'or dans ta poche. Pour une pareille fête il faut que tu sois habillé comme un prince. » Je ne voulais pas retourner à Bruyères avec mon argent, aussi je donnai carte blanche à mon oncle pour être prodigue tout à son aise. Le petit Champenois ne fut pas indigne des hôtes illustres du Palais-Royal. D'ailleurs la jeunesse a droit de cité partout, parce qu'elle est la jeunesse et parce que tout homme qui entre dans la vie sera peut-être un homme de marque.

J'entrai donc dans le monde par la grande porte.

Ce ne fut qu'un flux et un reflux du Paris héraldique. Toute la cour passait et repassait dans une double haie de courtisans. Ce qui me frappa de prime abord, c'est qu'on n'avait pas l'air gai. Je croyais ingénuement qu'on venait à un bal en figure de fête, mais hormis le roi Charles X qui souriait toujours, même dans la mauvaise fortune ; hormis Mme la duchesse de Berry qui avait gardé je ne sais quel rayon du soleil de Naples ; hormis le duc de Chartres et le duc de Nemours, beaux comme des princes de contes de fées, toutes ces figures de cour ressemblaient à des figures d'acteurs qui en sont à la cent et unième représentation. On jouait son rôle sans entrain comme si on ne croyait plus à la comédie. Et pourtant, si quelqu'un croyait à la fin de la pièce pour les Bourbons, ce n'étaient certes pas Charles X ni les courtisans. On s'imaginait à la cour que c'était bien assez en France d'une révolution. Qui donc oserait s'armer encore contre cette royauté de droit divin ? Et voilà pourquoi on dansait sur un volcan. Le mot fut bien naturellement dit par le comte de Salvandy, parce que le roi du Vésuve était là, mais c'était le mot d'un homme politique qui voyait plus loin que les gens de cour.

Le roi de Naples semblait déjà penché vers sa tombe ; la fête était pour lui, mais il n'était pas de la fête. Il lui fallait obéir aux lois de la grandeur. Je me disais en le voyant : « Ce n'est pas la peine d'être roi. » Charles X faisait mieux son métier. Pour Charles X, d'ailleurs, être roi, n'était-ce pas faire le beau ?

La fête qui avait été trop officielle jusqu'à une heure du matin, c'est-à-dire jusqu'au départ des Burgraves couronnés, devint plus vive, plus gaie et plus bruyante. Les rois font peur à ceux qui s'amusent. Mon oncle qui veillait à tout me donna une danseuse qui était vieille comme le monde. Il l'avait connue sous le Directoire ; mais à moi tout seul j'en trouvai une seconde qui était charmante. Je ne lui ai pas demandé son nom, mais j'ai gardé son souvenir. Si je savais mieux peindre, à près d'un demi-siècle de là, je pourrais la représenter dans toute sa grâce aérienne, fagotée comme les femmes de cour de 1830, mais dans l'auréole des vingt ans avec une figure de Keepsake. « Ah ! me disais-je en soupirant, pourquoi n'a-t-elle pas un château à Bruyères ! »

On était à la fin du quadrille quand Mme la duchesse de Berry, qui elle-même dansait comme la première venue, s'arrêta en passant pour dire un mot à mon oncle ; il me montra du doigt en disant à la duchesse : « Vous voyez que j'ai bien fait de l'amener, puisqu'il danse. — Oui, répondit-elle, car il n'y a jamais trop de danseurs depuis que tous les gamins jouent aux hommes politiques. »

Mon oncle me fit signe et me présenta à la duchesse qui me donna son gant à baiser. « Monsieur, me dit la duchesse qui disait toujours bravement ce qu'elle pensait, votre oncle m'a écrit que je vous avais embrassé au château de Pierrefonds, voilà ce que je ne ferais plus aujourd'hui. — Madame la duchesse, les enfants ont des privilèges de rois. — Puisque vous êtes poëte comme Alain Chartier, monsieur, vous mettrez cela en vers. »

Et la duchesse disparut au milieu de son monde. Par malheur, ma danseuse elle-même avait disparu et je ne l'ai pas retrouvée ! Il faut bien que les rêveurs n'aient que des visions.

A la fin du bal, mon oncle sembla me réveiller d'un songe. Je me demandais en effet si je voyais un conte des Mille et une Nuits. « Tu ne sais plus où tu en es, me dit mon oncle. — Moi, répondis-je d'un air dégagé, il me semble que j'ai toujours vécu à la cour. — Eh bien ! mon cher, si tu veux continuer à vivre dans le beau monde, tu n'as que deux partis à prendre : Être soldat ou être artiste. Tu as vu tous ces beaux uniformes de hussards et de lanciers. Tu te souviens que je t'ai montré le baron Gros et le baron Gérard ? Des artistes, mon cher. Il ne m'a manqué, pour être baron, que de faire de la grande peinture. Il faut suivre sa destinée ; les fauvettes ne sifflent pas si haut que les merles. »

Le surlendemain je reparus à Bruyères, sans faire la Révolution de juillet, triste comme après un feu d'artifice. Je n'en revenais pas de voir les maisons si petites, ant j'étais déjà habitué aux palais. En ce tems-là, quand on revenait de Paris, on était presque un personnage : il me fallut raconter mon voyage comme un La Pérouse échappé aux tempêtes. Celui-ci me demandait si j'avais vu le général Foy quoiqu'il fût mort et enterré ; celui-là si on parlait encore de la queue de Robespierre ; celle-là me questionnait sur la couleur des robes de bal ; celle-là voulait que je lui représentasse les figures du cotillon improvisé cette nuit-là. Mes tantes étaient curieuses de me voir crayonner les silhouettes du duc de Chartres et du duc de Nemours, dont les gazettes parlaient comme de deux princes charmans. Tout ce monde du Palais-Royal est encore vivant en mon esprit, parce que le souvenir des jeunes années grave à l'eau forte.

XI

Tems perdu

Pendant quelque tems je me trouvai bien seul dans ma famille. Je me sentais dépaysé et je me demandais sérieusement pourquoi j'étais revenu. Quoique je fusse dans l'air vif de la montagne, je ne respirais plus qu'à moitié : mon pays natal n'était plus mon pays. J'avais le mal de Paris. A quoi bon ces fermes et ces moulins pour moi qui ne voulais vivre que de tems perdu! Cette cour de laboureurs et de pâtres ne me trouvait plus assez rustique. Ces gens-là ne me semblaient plus dignes de moi, sans doute parce que je n'étais plus dignes d'eux. O sainte nature! O mère, ô sœur, ô muse! nature bien-aimée, comme je t'ai méconnue alors!

Je jurai de tout abandonner, la famille, la maison, la terre, les bois, les vignes, pour ce cap des tempêtes où tout le monde va chercher le naufrage.

Mais comment vivre à Paris sans argent, car je savais que mon père serait intraitable. Il ne me restait que deux ressources, soldat ou poëte. Et encore si j'étais soldat, comment arriver à Paris? Je parlai à mon père d'entrer à Saint-Cyr; il me répondit qu'il avait deux raisons pour ne pas faire de moi un soldat. La première, c'est qu'il ne m'avait pas mis au monde pour me faire tuer; la seconde, c'est que s'il n'y avait pas la guerre, ce n'était pas la peine d'être soldat.

Je lui représentai qu'il était beau de mourir pour son pays. Il me répondit que sous la Révolution et sous l'Empire, les siens s'étaient bien assez fait casser la tête. On avait payé dans la famille la contribution du sang, il fallait laisser à d'autres ce plaisir-là. Lui-même avait été soldat et avait vu la mort de près : c'était assez.

L'homme le plus éloquent n'eût pas convaincu mon père; ma mère seule avait prise sur lui, mais ma mère ne voulut jamais plaider cette cause. Je me résignai à attendre.

Le curé de Bruyères venait tous les samedis dîner

chez nous. Il m'apprit ce qu'il savait. Ce fut bientôt fait. Mais il me réapprit Dieu que j'avais mal appris au collége. Je commençai alors, sans le savoir, mon livre : *Les destinées de l'âme*, cherchant Dieu dans la nature et dans l'infini comme je cherchais des amoureuses idéales dans l'église.

Je fus toute une saison à courir les champs dès l'aube, respirant je ne sais quelle volupté délicieuse dans cette virginité de la nature, ayant encore les pâleurs, les indécisions, les innocences de la jeune fille qui s'éveille dans la jeunesse. La robe verte tout endiamantée sous le ciel bleu a des tons d'une douceur ineffable ; les dernières brumes qui vont s'effranger aux grands arbres et se perdre çà et là estompent harmonieusement le paysage et font voyager l'esprit. La nature avant d'éblouir son monde garde encore les airs discrets et pudiques d'une femme qui descend du lit. Elle sourit, mais dans la dignité d'une déesse, aux aubades des merles et des rossignols.

Je battais la campagne, secouant des pieds la rosée des touffes d'herbe, troublant les hyménées des infiniment petits, agitant les branches avec mon bâton de cornouiller, cueillant des rimes et des bouquets, croyant penser quand je n'étais qu'un rêveur plus ou moins éveillé. Voici trois sonnets de mes premières rencontres et mes premières rêveries :

ROSA.

Rosa ! les cerises sont mûres,
Le soleil a doré les blés.
Il est midi : sous les ramures,
Les cœurs amoureux sont troublés ;

Les enfants barbouillés de mûres
Aux fraisiers sont tous attablés,
Les fontaines dans leurs murmures
Baisent les roseaux accouplés.

O Rosa ! charmeuse et charmée,
Comme tu sens bon ce matin:
La fraise, la mûre, le thym.

Le pré t'a toute parfumée...
Je bois à tes cheveux flottans,
La fraîche senteur des vingt ans.

LA BAIGNEUSE.

Au bout du parc, style rocaille,
Elle va d'un pas négligent ;
Sur son chemin crie une caille,
Le merle siffle en voltigeant.

Elle a détourné la broussaille
Qui retenait son pied d'argent ;
Elle descend ; l'onde tressaille
Et baise son beau corps nageant.

Si Coustou, demi-dieu du marbre,
Se fût trouvé là sous un arbre,
Quel chef-d'œuvre il aurait sculpté !

Moi, comme j'étais de la fête,
Je n'ai pas détourné la tête
Un instant de l'autre côté.

LA SOIF DU CŒUR.

Ma belle Léonie, allons au fond des bois.
Là, nous nous coucherons sous la fraîche ramée,
Sur la mousse moufflue et sur l'herbe embaumée :
Tu connais les sentiers de la forêt d'Arbois?

Bien loin, vers les rochers où le cerf aux abois
Se cache poursuivi par la meute affamée;
Plus loin, plus loin encor, ma belle bien-aimée :
Ne te souviens-tu pas de la source où tu bois?

Et quand nous serons seuls sous le ciel, sur la terre,
Je te dirai tout haut que la soif qui m'altère
C'est la soif de l'amour! Ne l'as-tu donc pas, toi?

Je te dirai tout bas que ma fontaine, à moi,
C'est la bouche de pourpre aux lèvres framboisées.
Viens. J'ai soif. Je veux boire à tes fraîches rosées.

LIVRE III

PRIMAVERA

I

L'Amour étoilé

Il ne faut pas mal dire de l'amour platonique, puisque c'est la station la plus radieuse de la passion.

J'étais depuis quelques jours en conversation pas du tout criminelle avec une jeune fille du pays, qui vivait moitié du tems à Paris et moitié du tems à la campagne. Romanesques tous les deux, nous ne songions qu'à l'A B C D de l'amour. Sa mère semblait bien comprendre cela, puisqu'elle nous laissait errer dans un grand verger où il y avait beaucoup de pommiers. Nous ne songions pas à la pomme. Souvent, le soir, je pensais qu'il serait bien doux d'étreindre Léonie et de m'enivrer sur ses lèvres, mais je sentais bien, en la voyant si calme et si chaste, que je n'oserais jamais tenter d'aventure. Elle se croyait si heureuse ainsi, dans nos promenades agrestes et dans nos rêveries parlées, qu'elle ne doutait pas que mon bonheur ne se contentât de ce qui faisait son bonheur à elle. Quand les étoiles s'allumaient au ciel, nous commencions un voyage au long cours, abordant chez Saturne, débarquant chez Vénus, nous attardant chez Jupiter, ou prenant pied dans la Grande-Ourse. Et partout nous tentions une existence céleste dans un amour étoilé. Un soir, je baisai ses cheveux : « Chut, me dit-elle, les étoiles nous regardent. » Nos âmes étaient si bien fondues dans la même idée et dans le même sentiment que souvent, quand je m'en revenais chez mon père, sentant sur mon front une auréole d'étoiles, Léonie, rentrée dans sa chambre, ouvrait sa fenêtre et disait à Vénus de venir dormir sur son oreiller. C'était l'amour, ce n'était pas la passion, c'était l'aube merveille et rieuse, si fraîche à son premier baiser, que nous ne pressentions pas encore le soleil qui crée l'orage. Léonie me dit un jour que ce serait triste d'aimer si ce n'était pas si doux. Je voulus lui prouver que la tristesse amoureuse était une poésie. « C'est, lui dis-je, la peur de voir finir un beau jour, c'est aussi l'aspiration au lendemain. Quand le peintre flamand Kalft met des roses toutes fraîches sur ses têtes de mort, il exprime que l'amour traverse le sépulcre parce que la vie ne dure qu'une heure et que l'amour ira plus loin que la vie. »

Pourquoi cette Parisienne fière et pâle ne m'inspiraitelle que la poésie du cœur, tandis qu'une faneuse de foin, éveillait-elle en moi toutes les gourmandises de la volupté ? Quand j'avais vu Léonie, je ne voulais parler à personne, tant j'avais peur de perdre la chanson qu'elle chantait dans mon âme. Il me semblait que j'emportais dans mes bras toute une gerbe de souvenirs. Je ne prenais jamais le grand chemin pour aller vers elle ; je suivais un sentier sinueux et indiscipliné qui va, qui vient, serpentant deci delà, se perdant sous les touffes ombreuses, se retrouvant dans la vigne, sautant les ruisseaux, s'attardant sous les sureaux et les aubépines. Léonie venait au-devant de moi, mais comme par distraction, sans vouloir me le dire, elle lisait un roman pour me prouver qu'elle cherchait autre chose que le roman de son cœur ; mais elle finissait par m'avouer que c'était elle et moi qu'elle cherchait dans le roman.

Il fallut s'arrêter aux premiers chapitres. Le père de Léonie fut nommé consul en Italie. « Je reviendrai l'an prochain, » me dit-elle. Elle revint, mais elle était mariée. Je l'ai rencontrée souvent dans le monde. Nous nous sommes un peu moins reconnus que si nous ne nous étions jamais vus. Et pourtant je crois que deux âmes ne se sont jamais données avec plus d'abandon. Mais il ne faut pas recommencer un rêve. J'ai cru un jour reconnaître l'écriture de Léonie sur un billet gris perle où une main de femme avait copié ces lignes d'un de mes romans pour me les adresser par la poste :

« Bienheureux les amoureux qui commencent leurs
« rêves dans les *Idylles* de Théocrite, dans les *Buco-*
« *liques* de Virgile, dans les *Églogues* de Longus. Les
« merveilleux bouquets que les Parisiens payent cinq
« louis pour envoyer le matin à leurs maîtresses n'au-

« ront jamais le parfum de la violette et de la primevère « que les amans rustiques cueillent ensemble sur la « lisière du bois ou dans la prairie. Il y a aussi loin « d'un bonheur à l'autre que de la forêt de l'Opéra à la « forêt du bon Dieu. »

II

La faneuse de foin

On avait fauché les foins, le tems était incertain, chaque jour amenait les nuages et la pluie, on désespérait déjà pour la moisson des chevaux et des bœufs, car, il faut bien le dire, on se préoccupe un peu plus dans les fermes bien conduites des bêtes que des gens. Mon père aimait ses gens, mais surtout ses bêtes. Un matin qu'il était irrité contre le mauvais tems, voyant le soleil s'annoncer gaiement sur les brumes dispersées, il décida que tout le monde irait au foin, tout le monde, même les femmes de basse-cour, jusqu'aux femmes de la maison : cuisinière, repasseuse, couturière.

Naturellement, je fus de la fête. Sous prétexte de l'œil du maître, je posais quelque peu avec mon chapeau à la Rembrandt, ma veste de chasse et mes grandes bottes, mais j'étais décidé à donner l'exemple. Tout le petit bataillon qui commença par prendre le même chemin se dispersa bientôt dans la vallée de Bruyères, parce que les prés étaient aux quatre coins des pâturages. On se dispersa un peu au hasard. Comment se fit-il que je fus le compagnon de la couturière : c'est peut-être parce qu'elle était jolie? Je croyais d'ailleurs que d'autres moissonneurs nous suivaient; mais l'un d'eux nous cria de loin que nous pouvions bien faner trois arpens dans notre matinée. Je ne me le fis pas dire deux fois. La jeune couturière se retournait avec inquiétude ; pour moi j'étais effrayé de ma bonne fortune. C'était l'heure et le moment. Plus d'une fois dans les fêtes de village j'avais tenté l'aventure avec celle-ci ou avec celle-là, leur proposant d'aller cueillir des bleuets dans les blés quoiqu'il fût près de minuit; mais on m'avait renvoyé à l'école.

Quand nous mîmes le pied sur le pré, j'étais tremblant comme les feuilles des arbres qui l'encadraient, de vrais rideaux pour masquer les amoureux; mais je ne me déclarai pas encore; je me contentai, tout en secouant la première ligne de foin, de dire à Marianne que ça lui allait bien de faire la moissonneuse. Elle était grande et souple, on la voyait ainsi en toute sa grâce, tandis que dans son coin de couturière, repliée sur elle-même, elle avait l'air d'une cendrillon.

C'était à qui aurait plus tôt fini sa ligne ; quand j'arrivais au bout, je lui jetais du foin dans les cheveux ; il n'en fallait pas plus pour la faire rire à gorge déployée. Je dis à gorge déployée, parce qu'elle avait ouvert son corsage pour être plus libre dans ses mouvemens. Le sein n'était pas encore abondant, mais il promettait d'être fécond. Il était blanc comme du lait — si on répandait dans le lait une goutte de vin. « Finissez donc, me dit-elle, en secouant le foin que je lui jetais, je vais avoir des sauterelles dans le cou. » Je laissai tomber ma fourche et je pris Marianne dans mes bras pour la sauver des sauterelles. « Comme tes cheveux sentent bon, lui dis-je en l'embrassant. — Je crois bien, mes cheveux sentent le foin. »

Mais elle se débattit à belles mains quand je voulus prendre des sauterelles imaginaires dans son corsage. « Écoute, lui dis-je en reprenant ma fourche, tu n'entends pas le merle qui me siffle parce que je suis trop bête. » Et nous continuâmes chacun notre ligne de fanage.

La matinée était adorable, tour à tour fraîche et brûlante, un soleil de juin, mais çà et là voilé de nuages blancs. La brise toute parfumée secouait les chênes, les bouleaux et les peupliers. Tout chantait : les branches, les oiseaux et les cœurs. Dans chaque buisson et sous chaque touffe d'herbe, les infiniment petits bégayaient leurs romans amoureux. La nature est une fière tentatrice : sur sa table toujours servie elle répand toutes les joies voluptueuses.

A chaque instant, je disais à Marianne : « Ne vois-tu pas comme on s'aime dans cette prairie, par-ci les oiseaux, par-là les papillons ; à chaque pas qu'on fait, on trouble des épousailles, car toutes les bêtes du bon Dieu se marient du soir au matin et du matin au soir. — Oui, dit Marianne, mais il n'y a que les bêtes qui s'épousent ainsi, parce que pour elles le mariage n'est pas un sacrement. — Oh ! mon Dieu, le mariage est un sacrement à l'église ; mais quand on s'épouse dans les bois ou dans les prés on se passe bien du sacrement. »

Sur quoi, comme nous étions au bout de la ligne à l'ombre d'une touffe d'aulnaie, je donnai un croc en jambe à Marianne et je la fis tomber sur le lit primitif de notre première mère. « Eh bien! me dit-elle, vous n'y allez pas par quatre chemins! » Elle s'était dégagée à moitié pour se relever. « N'aie pas peur, lui dis-je, il n'y a pas âme qui vive à plus d'une portée de fusil. — Et les oiseaux qui nous regardent. — Ça leur fait plaisir. »

Je n'avais jamais été à pareille fête, mais la belle effarouchée m'échappa comme une fauvette; je courus à elle; déjà elle avait repris sa fourche et continuait à secouer l'herbe. Quoiqu'elle fût très émue, elle prit un air moqueur pour me dire : « Si nous allons de la sorte, le foin ne sèchera pas. » Il fallut bien se résigner à retourner une ligne de plus, puis une deuxième ligne, puis une troisième ligne ; Marianne s'arrangeait pour recommencer sa ligne avant moi, voulant échapper à mes gamineries, mais j'étais entêté comme un amoureux. Nous avions emporté de quoi déjeuner sommairement : du pain et des guignes; je la décidai à se mettre à table; elle s'agenouilla sur l'herbe tout en répandant le panier de guignes; je commençai par lui mettre des pendans d'oreilles comme à la faneuse de Théocrite. Marianne était plus jolie encore avec ces bijoux d'occasion. « N'est-ce pas que c'est bon des guignes? » lui dis-je en l'embrassant sur le cou. — Oh! non, murmura-t-elle, vous allez me barbouiller de rouge, on dira que vous m'avez enguignolée.—Pourquoi ne le dirait-on? Je serais indigne de vivre par un si beau jour si je ne te disais pas que je t'aime. — Vous m'aimez! voilà une chanson que je ne veux pas encore écouter ; d'ailleurs, vous vous moquez, car vous en épouserez une qui aura de plus belles robes. — N'as-tu pas ta robe d'innocence, c'est la plus belle. — Oui, c'est pour ça que j'y tiens. » De fil en aiguille la jolie couturière s'aperçut que sa robe se déchirait.

Elle fit une reprise. Au moment où je croyais avoir gagné la bataille, elle m'échappa encore en éclatant de rire. Il me sembla qu'un oiseau s'envolait en battant des ailes. Allez donc rattraper un oiseau qui vous brave dans l'air. Je fis semblant de prendre la chose gaiement, mais au fond j'étais furieux contre Marianne et surtout contre moi. Nous continuâmes la fenaison jusqu'au moment où les autres moissonneurs vinrent à nous pour finir plus vite.

Marianne avait un certain air victorieux qui m'indignait, car je ne doutais pas que ce ne fût par ma bêtise que l'oiseau s'était envolé. Ah ! si je pouvais avoir une revanche.

Voilà que le lendemain on nous renvoya tous à la fenaison. Le matin on retournerait le foin, l'après-midi on le mettrait en petites meules. Marianne fit quelques façons pour venir de mon côté, c'est-à-dire dans le même pré que la veille. Ce n'était qu'un jeu de coquetterie. Nous recommençâmes la même chanson ; comme elle avait failli s'y laisser prendre, elle me tenait un peu plus à distance ; heureusement, le ciel servit ma cause. En plein midi un violent orage éclata ; aux premières gouttes de pluie je fis quatre à quatre une hutte de foin, tout en priant Marianne de me donner un coup de main pour bâtir notre chaumière ; elle me répondit que les arbres nous abriteraient, mais la première averse traversa les branches ; je l'entraînai, déjà quelque peu mouillée, dans la niche au foin, lui jurant que c'était pour elle seule. Elle s'y nicha bien gentiment par respect pour ses jupes. Mais je n'avais pas si bien travaillé pour rien ; elle eut d'ailleurs pitié de moi en voyant les fureurs de l'ondée. Elle se fit plus petite et souleva le foin ; je me nichai à côté d'elle.

Je ne sais si l'orage jeta du trouble dans son cœur, je ne sais si les senteurs du foin l'étourdirent et la grisèrent, je ne sais si la peur d'être mouillée la retint dans mes bras, mais je sais qu'il nous arriva ceci d'extraordinaire, c'est que deux innocens avaient commis un crime. Marianne cria en sentant qu'elle perdait pied sur la terre ferme de sa vertu : « Mais, mon Dieu, que deviendra le foin ? »

Elle dit encore un autre mot bien senti. Le merle ayant sifflé, elle s'écria : « Tu entends ! Cette fois, c'est de moi que se moque le merle ! »

Que deviendra le foin? Cela m'était bien égal, mais que devint Marianne ? Il paraît que dans sa vie elle ne fut qu'un seul jour moissonneuse. — Trouva-t-elle que cela ne lui avait pas réussi ? — Quelques jours après, elle fut enlevée pour l'Afrique par un jeune sous-lieutenant qu'elle avait rencontré dans une fête villageoise. Oncques depuis on n'entendit parler d'elle ni du sous-lieutenant qui n'était pas du pays. Ce fut pour moi un vif regret de ne plus aller à la fenaison avec une si belle fille.

III

Cécile aux yeux pers.

Bruyères était en ce tems-là un pays de vignes, ce qui égayait beaucoup le paysage, surtout pendant les vendanges.

Ce fut en vendangeant que je devins amoureux pour la première fois. Non pas une fantaisie d'une heure, ni d'un jour, mais une vraie passion avant l'heure des passions. J'avais rencontré souvent une jeune fille, cheveux blonds, yeux pers, joues de pêche et bouche de framboise; elle se nommait Cécile, c'était la coqueluche du pays, parce qu'elle avait une exquise distinction sous un air d'enjouement. Elle passait aussi pour la plus riche; ceci ne me touchait pas, car en ma seizième année, je ne pensais pas encore à l'autel de l'hyménée; mais cette fortune m'inquiétait, parce que j'avais peur qu'elle n'appelât trop de prétendans. A première rencontre, j'avais senti que mes œillades frappaient juste, car je ne regardais jamais Cécile sans voir ses beaux yeux me répondre avec éloquence, mais je ne la voyais jamais toute seule, sa mère et sa sœur l'accompagnant presque toujours. Enfin un soir qu'elles étaient toutes les trois dans leur vigne, je me hasardai. La mère cueillait des pêches tout en haut, la sœur cherchait çà et là les grappes dorées, tandis que Cécile tout au bas de la vigne me cherchait des yeux et se contentait des grappes noires. Je passai trois fois devant la vigne, n'osant encore franchir les premiers ceps. Enfin m'y voilà;

J'étais si ému que je ne trouvais pas un mot. Quand je fus devant elle, je risquai je ne sais quoi. Elle me dit : « Vous voulez parler à ma mère? — Non, je veux parler à vous-même. — Mais, monsieur... — Mais, mademoiselle... je ne puis pas dire à madame votre mère que je vous aime. — Vous ne pouvez pas me le dire non plus. » Cécile avait rougi, elle se pencha vers une grappe pour la couper.

La sœur m'avait vu, elle redescendit vers nous, non pas pour me rappeler à l'ordre, mais par curiosité. J'avais causé avec elle un jour à la porte de l'église. Je la priai de me présenter à Cécile, qui avait pris tout à coup un visage de cérémonie. Nous décidâmes que c'était un beau tems pour la vendange. Après quelques phrases météorologiques, nous vîmes arriver la mère : c'était une femme qui s'ennuyait depuis son veuvage, elle ne fit pas de façons pour causer avec moi. Elle me demanda si je passerais ma vie à Bruyères. Je lui parlai de Paris. Paris c'était son rêve, mais elle ne se croyait pas assez riche pour y vivre. Sa fortune étant à Bruyères, elle ne songeait qu'à vivre à Bruyères jusqu'au mariage de ses filles. « Si elles trouvent des maris, » dit-elle en riant. « Si elles trouvent des maris ! » m'écriai-je comme un homme qui voudrait les épouser toutes les deux. La vérité, c'est que j'aimais Cécile sans même savoir si l'autre était jolie.

Le premier amour a cela de beau, qu'il est heureux de rien, comme le joueur du premier coup de cartes qui lui donne un écu. J'étais heureux de voir Cécile, heureux de son sourire, des symphonies de sa voix, des harmonies de sa démarche, de sa grâce naïve et désinvoltée. Tout chantait en elle et tout était lumière. Quoiqu'elle n'eût pas d'esprit, elle m'empêchait d'en avoir. Il me semblait qu'une raillerie irait droit à son cœur comme une flèche d'acier. Je l'aimais si doucement et si fortement qu'elle me retourna vers Dieu que j'avais déjà fui.

C'est peut-être aussi parce que j'allais à la messe pour la voir. Je n'ai jamais été si bon paroissien. Mme de Beffroy me dit un jour d'un air malin : « Pourquoi venez-vous maintenant à la messe tous les dimanches ? »

IV

L'Église

Il n'y a pas de plus beau cadre à l'amour que l'église, qui divinise tous les sentimens et qui purifie toutes les passions.

L'église a été pour moi une autre école, j'y comprenais vaguement Dieu ; mais j'y entrevoyais surtout le monde des arts, qui est comme une patrie entre le ciel et la terre.

Je ne saurais dire avec quelle joie enfantine je me passionnais pour les vitraux, les fresques, les bas-reliefs, pages d'histoire presque vivantes des tems disparus. J'ai vécu mes jeunes années avec le spectacle de la cathédrale de Laon, la huitième merveille du monde* ;

* Opinion de Mérimée, de Nieuwerkerke, d'Édouard Fleury, frère de Champfleury, historien de la cathédrale de Laon, comme Charles Hidé est l'historien de Notre-Dame de Bruyères.

mais j'aimais aussi Notre-Dame de Bruyères devant, laquelle je suis né ; basilique du onzième siècle qui garde encore les plus curieuses sculptures du moyen âge, des vestiges de fresque d'un caractère grandiose, des vitraux irretrouvables. C'est là qu'une Madone de Rubens, douce, souriante, lumineuse, m'a fait aimer la Mère de Dieu plus que tous les oracles du catéchisme et toutes les légend moyen âge.

Dès mon enfance je me sentais bien dans l'église, mais je me croyais au spectacle. Les pompes du culte me cachaient Dieu que je voyais de bien plus près dans les solitudes de la montagne ou de la forêt. Dès que je sus lire les œuvres pensées, je voulus lire la vérité, mais plus j'allais moins j'y voyais.

Mon oncle « le Seigneur » me dit un jour : « Il n'y a que deux livres : saint Augustin et Descartes, un livre qui donne tout, un livre qui retire tout, mais au moins quand on a étudié ces deux penseurs sublimes, on sait quelque chose tout en reconnaissant avec Socrate qu'on ne sait rien. »

Alors il m'expliqua, bien plutôt qu'il ne me lut, Lucrèce et Descartes. Ce fut ainsi que bien jeune encore je touchai au scepticisme, mais sans m'attarder dans l'éclectisme, comme font tous les indécis ; je puis dire que mon scepticisme fut raisonné, ce qui n'est pas le scepticisme d'aujourd'hui, qui consiste à douter de tout sans savoir pourquoi. J'essayai souvent de mettre la foi en face de la raison, mais je reconnus que la foi habitait les nuées tandis que la raison est embourbée sur la terre. J'étais chrétien, je le suis toujours par la poésie si ce n'est par la foi, mais je n'étais qu'un artiste dans l'église, tout préoccupé des vitraux et de l'architecture, des tableaux, des pierres tombales, des symphonies de l'orgue, bien plus que de la parole évangélique. Renan qui conte avec tant de sincérité comment la foi s'envola de son âme dit « qu'on ne peut pas frapper une pierre de l'église sans que tout le monument ne soit ruiné ». Je crois, au contraire, que le monument peut, sans périr, être retouché de siècle en siècle comme ces églises du moyen âge, qu'on bâtissait de plusieurs styles parce qu'il fallait cent ans pour les parachever. Le véritable monument, c'est l'Évangile.

Le curé de Bruyères s'aperçut le premier que j'aimais Cécile. Quand il dînait à la maison, il me disait gaiement : « Monsieur est si bon dévot qu'il ira encore dimanche à la messe. — Je ne sais pas pourquoi, lui répondait ma mère. — Dites, je ne sais pas pour qui ? »

V

La vie rustique

Il m'était souvent arrivé, dans les vacances, de me réfugier dans un des moulins que dirigeait un vieux soldat de la République. Maruy me contait mille et une histoires guerrières pour enflammer mon imagination. Il ne comprenait que la guerre ou le moulin, deux métiers de paresseux, deux métiers d'aventures ; il me donnait des leçons d'armes et il m'apprenait l'art de mouliner.

Comme je n'étais bon à rien, si ce n'est à faire des vers, on voulut bien me donner à choisir entre les charrues et les moulins. Je choisis les moulins et les charrues. C'était une étude comme une autre. Je m'y attardai quelques mois, décidé à devenir sauvage, si je ne pouvais vivre en grand seigneur.

Ce fut aussi Maruy qui m'apprit à labourer. Il ne me fallut que deux jours pour tant de science. Je ne parle pas des armes.

C'est alors que je vis souvent lever l'aurore. On me réveillait au point du jour. Pendant que les chevaux savouraient leurs derniers grains d'avoine, je choisissais deux des plus robustes, je les harnachais et j'allais labourer quelque champ voisin, *aux Châtaigniers*, *aux Malfiancés*, ou *au Château*. Je n'étais pas très content du réveil-matin, mais dès que je humais quelques bouffées d'air vif, dès que je voyais l'orient se teindre d'or, de rose et de pourpre, je me sentais heureux de vivre presque seul sur la montagne pendant que tout le monde dormait encore. Oh! la matinée! la vierge des inspirations! ceux qui ne l'ont pas aimée d'un fier et pur amour ne savent pas toutes les joies qu'elle donne. Les ambitieux l'ont profanée dans leurs embrassemens, mais les poëtes, les philosophes, les rêveurs lui ont ravi des trésors de virginité. Celui qui n'a pas surpris la nature dans sa couche toute blanche de rosée, s'éveillant peu à peu sous les lèvres discrètes du soleil, disant sa première chanson par la voix du merle et de l'alouette, celui-là ne connaît pas la nature, même s'il a traduit Théocrite et Virgile, même s'il a contemplé, pendant toute une heure, un Claude Lorrain ou un Ruysdaël.

Mes chevaux, eux-mêmes, témoignaient leur joie matinale par des hennissemens plus accentués. Dès que j'avais attaché les traits à la charrue, ils ne se faisaient pas prier pour suivre le sillon. Durant les premières heures, je n'avais pas à leur jeter mon bâton pour qu'ils allassent vaillamment. Il ne me fallait, pour cela, que leur dire un mot d'amitié. Comme je savais dessiner, j'avais l'amour de la ligne : je traçais mon sillon avec une rectitude invariable dont j'étais fier, à juste titre. J'ai fait bien des choses dans ma vie, je les ai faites avec art et avec amour, même les mauvaises; il faut que tout soit bien fait, même le mal.

Je vois encore d'ici la terre se retourner fumeuse sous le soc de la charrue, cette bonne terre féconde qui ne se reposait jamais. Mon père avait proscrit les jachères : « Mauvaise herbe, disait-il. Quand on ne sème pas d'or on récolte de la fausse monnaie. »

Cependant huit heures sonnaient. Souvent perdu dans mes rêves, je ne songeais pas que c'était l'heure du déjeuner; mais les chevaux semblaient connaître la cloche éloquente : ils s'arrêtaient tout court et tournaient la tête pour me regarder. Les braves bêtes! J'allais à eux et je leur donnais mes premières bouchées de pain : après quoi je m'asseyais sous le prochain buisson ou à la fontaine voisine pour déjeuner frugalement. Quelques laboureurs de la montagne venaient se joindre à moi; on échangeait quelques mots et quelques fruits, on contait quelques histoires et on s'en retournait au sillon jusqu'à onze heures.

Et puis je voyais passer Cécile! Elle entraînait souvent sa mère et sa sœur sur la montagne; ces jours-là, tout me souriait. J'avais peur de lui paraître bien rustique, mais elle me parlait avec enthousiasme des joies agrestes. Elle jurait que c'était son rêve de vivre dans les fleurs et sous les arbres.

Pendant que sa mère et sa sœur causaient avec les moissonneurs ou les passans, sous prétexte de faire reposer mes chevaux, je lui contais la légende de Philémon et Baucis, de Daphnis et Chloé, de Paul et Virginie, disant que les plus heureux sont les plus simples.

VI

La cigale et la fourmi

C'était pendant ces heures bénies, où le plus souvent mes chevaux me conduisaient plutôt que je ne les conduisais moi-même, que je rimais mes premières strophes à Cécile et aux amoureuses imaginaires. Je lisais Ronsard, La Fontaine, Hugo et Lamartine; j'étais tour à tour poëte, comme l'écho de la vallée quand chantait la lavandière ou la gardeuse d'oies; je n'ai guère conservé de ces vers écrits sur le sable qu'une chanson et une fable de La Fontaine. Comme moi, La Fontaine aimait les bêtes; il avait rêvé dans le même pays; je me croyais dans le même horizon, j'oserai dire dans le même rayon poétique — à propos de bêtes.

Un jour, je ne sais comment, je m'avisai, par étude, comme les rapins devant un Raphaël ou un Metzu, de refaire quelques-unes des fables immortelles. J'ai eu l'esprit de les oublier; mais j'ignore pourquoi l'une d'elles m'est revenue malgré moi dans l'esprit. Pour prouver ma champenoiserie, je la donne ici, je puis dire en regard de celle de La Fontaine, puisque tout le monde sait celle-ci par cœur :

LA CIGALE ET LA FOURMI

La cigale avait chanté
Tout l'été,
Courant les blés et les trèfles,
Picorant de çà de là
En abeille de l'Hybla.
Mais quand mûrirent les nèfles,
Plus une ombre de butin
Sous le thym !

Elle alla crier famine
Chez la fourmi grise-mine :
« *De grâce, encore un festin,*
« *Ce matin !*
« *Devenez ma Providence :*
« *Foi de cigale, avant l'août*
« *Je paîrai sous l'orme au loup.*
« *Ouvrez-moi votre crédence.* »

La fourmi, dans sa prudence,
Ne donne jamais la clé
De son grenier d'abondance :
« *Que faisiez-vous quand le ble*
« *Tombait en gerbe, ma mie ?*
« *Vous étiez donc endormie ?*
« *— Nuit et jour à tout venant*
« *Je chantais, ne vous déplaise.*
« *— Vous chantiez, j'en suis fort aise,*
« *Hé bien, dansez maintenant !* »

Et la cigale muette,
Mourut de froid ei de faim,
A la fin.
C'est l'histoire du poëte;
Qu'importe, s'il a chanté
Tout l'été!

N'est-ce pas que j'avais raison d'être plus fier d'un sillon bien tracé que de ce sacrilège : refaire La Fontaine!

Cette vie un peu rude, depuis le labour jusqu'à la chasse, m'avait d'abord rebuté; mais j'avais fini par prendre plaisir à tout, depuis la basse-cour jusqu'à la prairie, depuis le foin fané jusqu'à la gerbe en javelles; j'aimais l'odeur de la grange comme l'odeur du pressoir; tout était un ami pour moi, le bœuf comme le cheval, le chien du pâtre comme le chien de chasse. J'avais conquis toutes ces amitiés par une effroyable prodigalité de pain; les oiseaux eux-mêmes me reconnaissaient entre vingt à la fenaison ou à la vendange; ils étaient si familiers, qu'ils venaient becqueter jusque dans ma main pendant que les vanneaux venaient au voisinage becqueter les mouches sur le dos des vaches.

On dînait à midi; j'avais presque regret de ne pas me mettre à la table des travailleurs de la ferme; d'autant plus que, çà et là, il s'échappait de leur cuisine une vivifiante odeur de soupe au cochon qui aiguisait ma gourmandise. Et puis on riait de leur côté, tandis que, du nôtre, on subissait la gravité de mon père qui ne permettait le rire que les jours de fête.

A une heure, on retournait aux champs; ce n'étaient pas des journées de petite-maîtresse; on se reposait au goûter, mais on n'en rentrait pas moins vers huit heures un peu chancelant sur ses jambes. On n'avait pas plutôt soupé, qu'on se couchait avec délices sans avoir peur des insomnies. On s'endormait comme le juste, sans faire une récapitulation de conscience.

C'est peut-être la vraie vie, celle-là qui se lève matin, qui respire les luxuriances de la nature, qui rêve vaguement de l'infini devant le spectacle du ciel et de la terre, qui n'a pas peur du lendemain, parce que le soleil dore les moissons, qui ne craint pas les tourmens de cœur, parce que la mer des passions n'amène pas ses navires jusque-là, qui s'endort dans l'esprit de Dieu, parce que travailler, c'est croire à Dieu.

Mais si c'était la vraie vie pour moi, c'est que j'aimais Cécile et que j'avais peur de la perdre en retournant à Paris. Elle avait si bien joué notre jeu que sa mère se lia avec la mienne. On vint goûter à la ferme : on alla dîner chez ces dames. Mais Cécile aimait mieux le goûter à la ferme.

Est-ce bien la peine de vous peindre un des intérieurs de ce Hall où tout le monde s'arrêtait les jours de moissons, les jours des vendanges, les jours de chasse. « Tout le monde », cela veut dire les bêtes comme les gens; le cheval arabe, très familier, faisait tous les jours le tour de la table, demandant son pain quotidien; un petit âne endiablé, au service des enfans, imitait le cheval avec désinvolture; le paon venait se pavaner à leur suite, le paon, la plus familière de toutes les bêtes; et puis le coq, et puis les poules, et puis les pigeons quand la petite porte à claire-voie n'était pas fermée, car tous connaissaient la consigne, même les chiens, — hormis les chats, — des volontaires indisciplinés.

Ma mère me disait : « Ah ! si tu avais vingt ans, comme je te jetterais dans les bras de Cécile pour les fiançailles ! » Ma mère n'eut pas besoin de me jeter dans les bras de Cécile. Un jour je redis les paroles de Platon : « Quand je la couvrais de baisers, mon âme était sur mes lèvres prête à s'envoler. »

VII

Le violon au moulin

Mon père jouait du violon : son violon, un Stradivarius, s'il vous plaît, faisait souvent danser mes tantes et mes cousines au festin des dimanches. Il ne comprenait pas, ce caractère sévère, qu'on fût un homme sans savoir valser et jouer du violon ; aussi, il me fallut valser et jouer du violon. Montfleury, premier du nom, fut mon maître de violon. Comme mon père, il avait la fierté de son jeu et de son nom : n'ayant « ni père, ni mère, ni état civil, ni baptême », il s'était adjugé, lui-même, le nom de Montfleury ; si on lui demandait pourquoi, il répondait qu'il y avait trop longtems qu'on l'appelait Va-nu-pieds, ou Rien-qui-vaille. C'était le plus beau buveur du monde. « Il ne faut pas m'en vouloir, puisque j'ai le vin gai. »

Montfleury me disait entre deux airs de violon : « Vois-tu, mon enfant, ce qui distingue l'homme d'esprit de l'imbécile, c'est qu'il rit de tout et qu'il sait pourquoi. »

Montfleury m'apprit à être philosophe bien plus qu'il ne m'apprit à être musicien.

Je poussai la philosophie jusqu'à conduire des moulins. Il y avait bien là quelque gaminerie, car c'était pour moi un jeu d'enfant.

Rembrandt et Van Dyck ont fait aussi tourner des moulins : Rembrandt parce que son père avait des moulins; Van Dyck parce qu'il était amoureux de la meunière. Il y a là-dessus une jolie légende. Je ne sais pas si les femmes font encore de la farine, je sais bien qu'elles s'en barbouillent très agréablement ; mais, dans ma jeunesse, les filles d'alentour, moissonneuses et lavandières, venaient beaucoup au moulin : l'une arrivait à l'heure du déjeuner ; l'autre à l'heure du goûter ; on mangeait des guignes, des prunes ou des pommes ; on babillait gaiement, on rédigeait la gazette scandaleuse du pays, on s'embrassait quelque peu, ces demoiselles ne faisant pas trop de façons sous prétexte que je leur blanchissais la figure.

J'étais donc un poëte rustique, tantôt à la charrue, tantôt à la chasse, tantôt au moulin.

Je ne sais si vous avez été à Dordrecht ou à Saardam, deux paysages dans l'eau, peuplés de moulins à vent. On se demande ce que Don Quichotte fût devenu devant deux cents moulins babillards et batailleurs ? Rien n'est plus gai que l'aspect de ces faucheux gigantesques qui arpentent les nues. La nature livrée à elle-même est belle, mais triste dans les pays où le soleil ne se montre que les jours de fête. Aussi dans ces pays-là est-ce une bonne fortune pour elle quand l'œuvre des hommes égaye sa mélancolie. L'arrivée à Dordrecht et à Saardam c'est une féerie imprévue, même pour ceux qui ont lu les plus belles descriptions des voyageurs. La première fois, j'ai vu ces merveilleux tableaux avec Gérard de

Nerval qui voulut s'y arrêter longtems. La dernière fois, je les ai vus avec Paul de Saint-Victor qui les gravait à l'eau-forte dans son souvenir tant il en était ravi à son tour. Eh bien, il y a cinquante ans, les montagnes de Bruyères étaient toutes peuplées de moulins, sveltes, élancés, rapides dans leur vol, qui ne semblaient juchés là que pour amuser les enfans, vraie volée d'oiseaux babillards ! Nuremberg n'a jamais rien inventé de plus fantasque et de plus drôle.

Un moulin à vent est un navire : les bourrasques, les orages, les tempêtes sont les vagues furieuses qui menacent de le renverser. Il faut être au gouvernail et dominer le vent, ou plutôt tenir tête au vent, car s'il prend le moulin de profil il peut le jeter par terre : ce qui arrive quand deux orages se combattent. A cela près, le reste du tems c'est un métier de paresseux que de conduire un moulin. On lui donne du blé au second étage, il vous rend de la farine au premier ; mais encore doit-on avoir l'art de ne pas moudre trop gros ni trop fin, pour que le blé donne sa fleur de vie. Il faut avoir le doigté comme pour le violon. Les moulins de notre montagne n'avaient pas les bras croisés ; dès que le vent soufflait, ils y allaient gaiement avec leur perpétuel tapotage qui n'était pas moins éloquent que le flux de la mer. Je conduisais du même coup le moulin Hardi, le moulin des Regrets, le moulin de la Tour, mais j'avais des gamins pour mettre la main à l'œuvre.

Le jour, je ne me déplaisais pas du tout dans cette retraite, mais la nuit c'était plus rude. Il n'y avait pas à dire mon bel ami : j'étais soumis au vent comme le matelot ; il fallait marcher de l'avant et ne pas trop s'endormir. Il faillit m'en coûter cher une nuit. On revient de plus loin. Comme j'étais au haut d'une aile pour la « dévêtir », le vent se jeta de côté et força le frein qui retenait le rouet ; je me crus à ma dernière heure ; en effet la plupart de ceux qui se laissent surprendre sont précipités sur le sol sans avoir eu l'enthousiasme d'Icare. Je ne perdis pas la tête. Je m'attachai à l'aile qui s'envolait, aimant mieux retarder ma mort d'un demi-tour que de lâcher prise, comme beaucoup d'autres avant moi. Je fis le tour tout entier, comme un gymnaste du cirque, me retenant des pieds comme des mains. Quand je fus tout en haut, je faillis piquer une tête dans l'espace, car il est impossible à un homme qui n'en a pas l'habitude d'être ainsi suspendu perpendiculairement, les pieds au ciel. Enfin ma destinée était d'échapper à ce danger. En quelques secondes l'aile avait fait plus des trois quarts de tour. Je descendis quatre à quatre sans attendre pour me jeter à terre que je fusse au dernier échelon. Mon père arriva tout juste pour me prendre dans ses bras, ce qui ne l'empêcha pas, comme le maître d'école de la fable, de me dire que c'était ma faute; naturellement je trouvai qu'il avait tort d'avoir raison.

En cette demeure aérienne je ne perdais pas mon tems. Comme je passais souvent la moitié des nuits, j'appris à lire dans le ciel, grâce à quelques rudimens d'astronomie. La nébuleuse Andromède me dardait de ses deux yeux comme l'étoile double de l'Hydre; je m'enchaînais dans la chevelure de Bérénice, je m'étonnais de voir Mars et de ne pas voir Vénus. Je ne saurais dire toutes mes courses dans les paysages lunaires. Je n'avais pas l'orgueil de chercher mon étoile, mais il en était une toute petite qui apparaissait à l'horizon vers minuit et qui parlait doucement à mon cœur. Je lui ai chanté plus d'une chanson amoureuse. Nous avons le mal du pays pour la terre, pourquoi n'aurions-nous pas le mal du pays pour le ciel ?

J'aurais fini un peu plus par me passionner pour cette étude, qui mène du visible à l'invisible, du connu à l'inconnu. Il me semblait que la lune souriante était devenue ma maîtresse d'école, pour m'enseigner l'alphabet des étoiles. On a dit : « Le génie, c'est la patience. » Cela est vrai, surtout pour l'étude du ciel ; mais j'étais trop poëte pour devenir un savant. J'entendais l'écho de la symphonie des mondes, mais j'entendais plus encore les mélodies lunatiques ou étoilées de la muse nocturne.

J'avais des livres et un violon. Le père Montfleury continuait à me donner des leçons en me faisant jouer du Lulli, du Grétry et du Gluck avec des valses pour intermèdes. On sait qu'il y a bien peu de chose à faire dans un moulin ; c'est le vent seul qui travaille. Aussi je charmais mes éternels entr'actes par la poésie quand j'étais las de musique. Ce fut là que je rimai mon premier drame : *Charles IX*. Ce qu'il y a de curieux, c'est que mon père qui me voyait avec effroi tenter les mauvais hasards de la vie littéraire, avait été le premier. en mes jeunes années, à m'enseigner l'art poétique comme on montre des armes à un enfant en lui disant : « Prends garde de te blesser. »

Quand il n'était plus question de musique ni d'amourettes, je composais sur huit, dix ou douze pieds des sonnets ou des ballades romantiques, alors sans m'en douter, par la bonne raison que j'imitais Ronsard et Saint-Amand, sans presque connaître encore Lamartine ni Hugo. J'envoyai de çà, de là, sous des noms imaginaires, des poésies aux journaux de Laon. Être imprimé pour un poëte, c'est être joué pour un auteur dramatique. Les caractères d'imprimerie donnent la vraie lumière à une œuvre. Par malheur, je n'étais pas longtems ébloui quand arrivait le journal, car je voyais surtout les fautes de l'auteur.

Le chœur sacré des muses de l'Olympe tourbillonnait vainement autour de moi. Je reconnaissais que la vraie poésie, c'était Cécile.

VIII

Cécile et Hyacinthe

Je m'étais donc, grâce à Cécile, repris à la vie de famille.

Nous allâmes, chacun de notre côté, à la fête de L—y, chez un gentilhomme campagnard qui avait transformé une vieille abbaye en château et en ferme. Je montai à cheval par une de ces radieuses journées de juillet qui font croire à l'éternité du beau temps et qui montrent d'un peu plus près Dieu à sa créature. La route de L—y, c'est toute une charmante promenade par les prés et les bois. Ici on fauchait, là on fanait. Je crois respirer encore les senteurs pénétrantes de l'herbe secouée, tout en écoutant les sifflemens de la faux dans la prairie, adoucis par les chansons invariables du merle et du coucou.

Quand j'arrivai dans la forêt de L—y, les merles joyeux m'accueillirent par leurs chants aigus, désespoir éternel des rossignols. Ils étaient si familiers, qu'ils sautillaient de leurs jolies pattes roses jusque sous les pieds de mon cheval.

Je me sentais bercé par une symphonie vague, touffue, universelle, dont la forêt d'ailleurs était le symbole. J'arrivai après avoir donné un coup d'éperon pour prouver à ceux des convives qui attendaient, car il était l'heure de se mettre à table, que j'avais hâte d'arriver, quoique en vérité mon bonheur eût été de retenir mon cheval, comme font les écoliers qui vont à l'école.

Le maître de la maison, du plus loin qu'il me vit venir, cria que j'arrivais le dernier. Je saluai Mme de L—y, tout en regardant Cécile que je trouvai plus jolie encore que de coutume, tant la vive lumière de ce beau jour colorait gaiement toutes choses.

La cloche sonna bientôt le dîner. Les convives étagés sur les marches d'un perron gigantesque défilèrent bruyamment vers la salle à manger.

Il y avait encore cinq ou six personnes sur le perron, moi entre autres, car j'avais pris la main de Cécile sous prétexte d'y déchiffrer les lignes symboliques, mais je lisais bien plutôt dans ses beaux yeux — le ciel ouvert — que dans sa main, lorsqu'un bruit de voix annonça encore un convive à la porte de la cour, dont la grille restait ouverte : je n'oublierai jamais ce spectacle, qui me rappela du premier abord l'*Ane chargé de reliques.* C'était un âne qui s'avançait avec majesté, portant une jeune femme en robe ouverte, en chapeau extravagant, perdue sous des vagues de dentelles et faisant éclater au soleil des colliers et des bracelets à éblouir la reine de Golconde ; je n'en avais jamais tant vu. « Qu'est-ce que c'est que cela ? » dit Cécile tout offusquée. Cependant l'âne avançait toujours sans rien perdre de son air magistral. Quand la jeune femme fut au bas de l'escalier, elle me dit de l'air du monde le plus engageant : « Monsieur, voulez-vous me donner la main ? » Cécile me retira la sienne par un mouvement de jalousie. Je voulus d'abord la lui reprendre, mais je fus entraîné comme par un vertige au bas de l'escalier. Un palefrenier s'était précipité au-devant de la nouvelle venue. Elle lui jeta la bride de son compagnon de voyage et descendit sans façon dans mes bras. J'étreindrais aujourd'hui toute vivante la Vénus de Milo sans éprouver une pareille émotion. Je ne voyais plus clair. Cécile me demanda pourquoi j'étais si pâle. Le maître de la maison était revenu sur ses pas, voyant des places vides à la table. Il ne fut pas moins surpris que moi de voir apparaître une nouvelle figure. « Monsieur, lui dit la dame à brûle-pourpoint, vous voyez une voyageuse qui va en pèlerinage à Notre-Dame de Liesse. Rassurez-vous, je ne suis pas tout à fait une sainte du calendrier. On m'a dit à Athies que c'était fête aujourd'hui chez vous, que vous étiez l'homme du monde le plus galant, que les étrangers étaient admis à visiter les ruines de votre abbaye ? — Les étrangers, dit l'amphitryon, mais les étrangères ! Avec des yeux comme les vôtres, vous allez mettre le feu aux quatre coins de ma maison. — J'y compte bien, monsieur. — Voulez-vous me dire, madame, à quelle princesse j'ai l'honneur de parler ? — Monsieur, je ne suis qu'une princesse de théâtre, je joue la comédie quand je ne vais pas en pèlerinage, et je me nomme Mme Danglemont quand je ne me nomme pas Hyacinthe. »

Le maître de la maison ne savait quel parti prendre. Ses convives l'attendaient ; il lui fallait, sans perdre de tems, accueillir cette femme ou la mettre à la porte. Mais, déjà sous le charme de cette fille d'Ève qui montrait de si belles dents, il lui donna le bras, et, sans plus de pourparlers, il la conduisit dans la salle à manger. Il se fit un silence éloquent qui ne troubla pas cette femme, mais qui troubla M. de L—y. Par un regard rapide, sa femme lui fit comprendre qu'il venait de faire une fausse entrée. Il n'osa prier les convives de se déranger et conduisit Mlle Hyacinthe à la place réservée à Cécile. « Eh bien! me dit mon amoureuse, voilà qui est parfait, elle a pris ma place dans votre cœur et la voilà qui prend ma place à table! » M. de L—y, me voyant à la porte de la salle à manger, me fit signe de venir à côté de Mlle Hyacinthe; après quoi, il alla se remettre en face de sa femme, qui lui demanda sévèrement où il allait placer Cécile.

Cécile avait déjà disparu pour cacher sa jalousie; moi, tout en regrettant d'abord de ne la pouvoir suivre dans le parc, je venais de m'asseoir près de Hyacinthe; et tel était le charme pénétrant de cette aventurière pour un écolier de seize ans, que bientôt je m'enivrai de sa présence, comme le vigneron s'enivre de la grappe foulée. Elle répandait un trop vif parfum de patchouli, mais elle répandait en même tems je ne sais quelle verte odeur de jeunesse; car, tout épanouie qu'elle fût déjà, elle ne comptait que vingt-cinq printems; le matin de la vie rayonnait encore sur son front. Elle avait des bras admirables, bien moins ornés par ses bracelets que par ses mains, qui paraissaient d'autant plus blanches en regard de toutes les mains provinciales un peu brûlées par le soleil. Elle était plus belle par la physionomie que par la ligne. Elle avait même le nez légèrement retroussé; mais qui a songé à condamner le nez de Roxelane ou de Cléopâtre? La flamme de ses yeux semblait agiter ses cils. Elle avait la chevelure des Vénitiennes, ces femmes presque brunes qui se font dorer par le soleil.

Enfin on sortit de table et on s'éparpilla dans le parc. Je ne quittai pas Hyacinthe plus que son ombre. Elle me trouvait trop jeune, mais elle avait toujours, par habitude de coquetterie, un sourire pour moi.

Au détour d'une allée, comme nous étions un peu masqués par des dahlias, elle me passa familièrement le bras autour du cou et me demanda si j'étais amoureux d'elle. Oui, amoureux par les lèvres. Quoique Cécile fût toujours dans mon cœur, j'essayai d'embrasser Hyacinthe; elle s'enfuit en me jetant une rose à la tête; je voulus lui jeter mes baisers, mais elle courait trop vite. Je lui saisis la main à travers une treille; elle approchait ses dents d'une grappe toute verte — et elle mordit un peu mes lèvres; — après quoi, elle fit une pirouette qui la jeta dans les bras d'un autre.

Je rencontrai Cécile qui se mit à chanter en me voyant, comme si elle n'eût que cela à faire. J'allai à elle, mais elle se détourna fièrement. On rentra bientôt pour ouvrir le bal. Tous les violons des villages voisins avaient été appelés au château; ils préludèrent par des motifs de *Mazaniello*. Aussi, comme je retrouve mes seize ans quand un musicien de mes amis me joue les airs déjà vieux et toujours jeunes de ce chef-d'œuvre méconnu apporté par les brises de Procida et du Pausilippe!

Vers minuit, cependant, si un voisin de campagne se fût présenté et qu'il eût entrevu ce galop orageux qui nous emportait tous, il aurait cru à une ronde fantastique, peut-être au sabbat.

C'était moi qu'elle avait choisi pour ce dernier galop, non pas sans doute à cause de mes déclarations galantes, mais parce que, de tous les danseurs, j'étais le seul qui se fût mis à son diapason; mon amour avait pris le diable au corps : j'étais heureux de me sentir emporté par elle, mes lèvres effleurant ses cheveux, dans cet infernal tourbillon où j'aurais voulu m'abymer dans un cri d'amour. Mais quand les joueurs de violon donnèrent leur dernier coup d'archet, tout fut fini! Je touchai la terre du pied, car on m'avertit qu'il était tems de partir. « Partir! » C'était le dernier mot de cette belle comédie. La toile tomba, et je m'en allai comme le premier spectateur venu, moi qui avais joué le rôle de l'amoureux.

La plus belle nuit succédait à la plus belle journée. Les étoiles chantaient leurs poëmes nocturnes. Quand nous traversâmes la forêt, j'y respirai avec délices la verte odeur des chênes. Déjà j'étais un peu moins ensorcelé, comme si l'air vif m'eût dépouillé de toutes les émanations voluptueuses de Hyacinthe. Son image, qui m'avait suivi avec toutes ses séductions, s'effaça peu à peu, et au bout de la forêt, je vis reparaître la chaste et plaintive vision de Cécile.

En un seul jour, j'avais du même coup ressenti les douceurs de l'amour et les ivresses de la volupté. Mais le souvenir d'Hyacinthe ne fut qu'un nuage flottant, bientôt brûlé au soleil. Ma soif inapaisée se calma peu à peu dans la compagnie de Cécile que je revoyais souvent; les deux femmes n'en firent plus qu'une. Bien mieux, Cécile perdit en quelque temps son prestige

8

d'amoureuse idéale. Elle tomba du ciel. Je ne vis plus en elle qu'une belle fille faite pour aimer terre à terre. La prose étouffait la poésie à ce point qu'un jour je me demandai si Mlle Hyacinthe n'était pas plus vaporeuse (pour me servir d'un mot du tems) que ma douce et idéale Cécile. C'est que le cœur n'est jamais content. Il cherche encore quand il a trouvé. Il faut dire aussi que la belle et opulente Hyacinthe avait du diable au corps, tandis que la blonde et nonchalante Cécile aimait comme tout le monde, sans créer l'orage.

Vingt ans après, au Théâtre-Français, on m'annonça une dame voilée qui demandait à lire un manuscrit et à débuter. Elle entra, un manuscrit à la main, et elle me parla ainsi après avoir soulevé son voile : « Monsieur le directeur, j'ai étudié l'emploi des reines de tragédie. — Eh ! mon Dieu ! m'écriai-je avec quelque surprise, je vous reconnais. — Vous me reconnaissez ? c'est impossible, dit-elle tristement, car je ne me reconnais pas moi-même... Moi aussi j'ai joué Chimène et Juliette... — Madame, si je ne me trompe, j'ai failli, il y a vingt ans, faire avec vous un pèlerinage à Notre-Dame de Liesse. J'aurais bien joué Roméo cette nuit-là, si Juliette m'eût appelé à son balcon. »

Mlle Rachel entra et m'appela dans l'embrasure de la fenêtre. Elle me pria de l'accompagner chez le ministre d'État. Je saluai Mlle Hyacinthe en prenant son manuscrit et en la priant de revenir. « Quelle est cette belle dame ? me demanda Mlle Rachel. — C'est une tragédienne que je n'avais pas vue, je crois, depuis vingt ans. — L'imprudente ! elle ose se montrer après un pareil entr'acte ? »

Elle revint le lendemain, mais on était en lecture.

J'étais d'ailleurs fâché de l'avoir revue : Elle m'avait presque gâté un de mes plus vifs souvenirs. La jeunesse a des visions qu'il ne faut pas toucher des mains. Quand nous avons vingt ans, toutes les femmes sont pour nous des gravures avant la lettre ; mais si nous les revoyons vingt ans après, les Marc-Antoine ou les Rembrandt sont des épreuves barbouillées qui ont perdu toute leur fraîcheur, tout leur relief ou toute leur poésie.

Je n'ai pas lu jusqu'au bout la comédie de la comédienne. C'était assez follement spirituel, en prose bonne à mettre en vers. Elle ne revint pas, mais elle m'écrivit qu'elle demeurait à l'hôtel des Princes. Je fis quatre pas de son côté ; mais tout curieux que je fusse de savoir son histoire, j'eus peur de succomber à la tentation, tant j'étais repris aux illusions de mes dix-sept ans. Je n'y allai pas. Elle m'écrivit une seconde fois pour me dire qu'il n'y avait rien à attendre d'un pays où l'art était méconnu ; en conséquence, elle partait pour le Sacramento. Elle était encore assez belle pour monter là-bas sur la roue de la fortune. Quoi qu'il lui soit arrivé, elle n'aura jamais été si riche qu'au tems où ses cheveux d'or ruisselaient sur ses épaules de marbre rosé !

X

Le violon brisé

C'est si loin de moi que je me regarde passer dans cette aventure comme si je voyais passer un étranger.

Ce fut une bourrasque. Le ciel redevint clair, et je retrouvai tout mon amour pour Cécile. Plus j'allais et plus j'étais doucement affolé de cette belle fille pâle, souple, svelte, attristée comme si elle pressentît qu'elle n'avait qu'une heure à vivre. On la surnommait quelquefois la Belle et la Bête. Belle oui, bête point. C'est que, perdue dans ses rêveries, elle ne parlait presque jamais. Son silence était mal jugé par toutes les babillardes de son âge ; mais elle avait bien mieux que ses compagnes, l'éloquence, du cœur.

J'ai conté mon histoire avec Cécile dans un petit poëme qui a pour titre : *Pourquoi j'ai brisé mon violon.* Souvent j'essayais de lui traduire les poésies de mon âme par des mélodies plus ou moins trouvées soudainement, plus ou moins retrouvées dans les maîtres anciens :

D'un vieux moulin à vent j'avais la dictature.
Comme un fier nautonier que de fois j'ai bravé
Les orages du cœur et ceux de la nature,
Qui, dans leurs bras d'air vif m'ont si haut soulevé !
J'aimais le vieux moulin de mon architecture
Comme un pays perdu, comme un pays rêvé.

Un moulin ! direz-vous : par quelle fantaisie ?
Je jouais les Alceste à peine à dix-sept ans.
Les moulins ont souvent logé la poésie :
Rembrandt y médita ; Van Dyck, tout un printems,
Y vécut amoureux d'une blanche Aspasie ;
Coucy pour sa beauté s'enfarina longtems.

J'étais seul, libre et fier dans ma docte retraite.
Je n'avais rien à faire, et mon maître Apollon

Avait tout doucement guidé ma main distraite
Vers l'archet oublié d'un brave violon,
Qui se mit à chanter d'une voix indiscrète
Que j'aimais une fille habitant le vallon.

Elle vint au moulin montrer sa beauté fraîche.
Ah ! je la vois encore qui monte l'escalier.
Je cours à sa rencontre, et, pour la battre en brèche,
Cette agreste vertu qui sentait l'espalier,
Je lui baise le cou ; mais la voilà qui prêche,
Qui se fâche et s'enfuit vers le prochain hallier.

Que nous étions heureux en ces belles folies !
Apollon du moulin, je poursuivais Daphné.
Cécile était jolie entre les plus jolies ;
Pour moi, je n'étais pas encore un raffiné.
Sa beauté me cachait celle des Ophélies :
A ce seul souvenir mon front a rayonné.

Mais Cécile mourut.

Pourquoi mourut-elle soudainement ? Mystère de la vie et de la mort ! La vie et la mort ont leur magnétisme ou leur dédain : elles vous prennent ou vous rejettent. Depuis quelques jours, Cécile, cette rayonnante lumière, me semblait toute voilée. Une éclipse. L'étoile tombait dans une nuit plus profonde.

Un matin, une moissonneuse vint me dire : « Savez-vous que Cécile est morte ? » Ce qui me fut un grand coup. Je l'avais vue la veille toute souriante encore, un roman à la main, se promenant avec sa mère. Il me sembla qu'elle avait pâli, mais elle m'avait dit : Demain ! Cette fois-là, demain voulait dire jamais.

J'aurais donné tout au monde pour la revoir une dernière fois sur le lit funéraire, mais ma mère s'attacha à moi et pleura avec moi pour me consoler. Ah! combien de fois suis-je allé parler aux roses de son tombeau!

Je brisai mon violon, comme le roi de Thulé jeta sa coupe à la mer, mon violon qu'elle aimait, parce que je ne lui jouais que des airs doux à son cœur.

Celles qui meurent jeunes ne sont que des visions; à peine les a-t-on appuyées sur son cœur qu'elles s'évanouissent, blanches nuées qui se perdent dans le ciel. Quand on les évoque, ce ne sont toujours que des images idéales. De tems à autre quand je vais au cimetière saluer d'autres visions, je m'arrête en contemplation devant la croix qui protège sa tombe. L'oubli est venu qui a tout effacé; son nom seul je m'en souviens; la croix elle-même tombera, à la première bourrasque; il ne restera rien, rien que l'herbe qui pousse, le soleil qui passe et le vent qui pleure. Pourquoi les âmes reviendraient-elles pour être glacées par cet autre linceul qui s'appelle l'oubli! Place aux nouveaux venus et aux nouvelles venues qui se jurent à leur tour un amour éternel. Cette éternité-là ne dure qu'une heure. D'où vient pourtant qu'en m'éloignant de cette tombe il me semble qu'une voix mystérieuse me réponde quand je dis : *Adieu, Cécile!*

Tout le monde a passé par cet amour matinal, un premier baiser de soleil sur la rosée des pervenches, mais je doute que beaucoup aient senti comme moi la fraîcheur idéale de cette aube du cœur. Cette poésie a parfumé toute ma jeunesse. Çà et là il me revient encore je ne sais quel écho charmant de cette symphonie, chantée un beau jour de printems.

XI

Que Napoléon créa des poëtes

Je ne voulais pourtant pas m'éterniser dans les rêveries amoureuses ; j'aspirais à devenir un homme et à faire figure par l'épée ou la plume. Je commençai par le sabre.

La grande figure de Napoléon se profilait devant tous les jeunes esprits et imprimait dans tous les cœurs le sentiment de l'épopée. L'empereur, qui n'avait pas de poëtes sous son règne, créa mille poëtes dans le rayonnement de sa grandeur.

Quelques historiens qui n'ont pas appris à lire dans le livre de l'humanité voudraient aujourd'hui supprimer Napoléon de l'action révolutionnaire qui a changé la face de l'Europe. Ils ne se doutent pas que sans Napoléon, qui combattait le passé à coups de génie, l'idée révolutionnaire, circonscrite en France, étouffait bientôt dans la sainte alliance des Rois. Avant la fin du Directoire, la vieille France relevait son front et se remariait à Louis XVIII. La Révolution, cette grande œuvre de justice, n'a vécu et ne vivra que parce que Napoléon l'a couronnée aux Tuileries, devant un parterre lointain de rois humiliés. Ses victoires et ses conquêtes, tout éphémères qu'elles fussent pour la France, sont des victoires et des conquêtes impérissables, parce qu'elles ne promenaient pas seulement la fumée de la gloire, mais parce que sous le pas de chacun de nos soldats l'idée française germait. Le vieux monde avait fait son tems. Napoléon écrivait son épitaphe tout en marquant à grands traits, de son épée victorieuse, les tables de la loi du monde nouveau. Quelles que soient ses fautes, ses jours de despotisme, ses heures cruelles, à cet héroïque Français qui gardait en son âme le levain des Césars, il fut grand dans sa vie et restera grand dans sa mort. Il sentait qu'il portait en lui l'orage qui féconde. Vainement il voulut s'arrêter : il obéissait à la force invisible que Bossuet appelle l'idée providentielle et que Eschyle nommait la Fatalité. Les petits esprits disent qu'il obéissait à son ambition. Quelle ambition ? Il trouvait trop grande la France qu'il avait faite, sa gloire était incomparable, son génie éblouissait le monde. S'il voulut toujours combattre, c'est que toujours il voyait le passé se redresser contre lui, contre la France, contre la civilisation.

A Bruyères, où tout le monde avait souffert par les guerres et par les invasions, on gardait pieusement l'idolâtrie de Napoléon : les paysans ne croyaient pas à sa mort et s'obstinaient à le voir bientôt réapparaître. Les bourgeois bravaient Louis XVIII et Charles X, en chantant à table quelques chansons de Béranger. Les vieux soldats ne désespéraient pas de promener encore le vieux drapeau par toute l'Europe avec le roi de Rome pour capitaine. On contait les victoires au coin du feu, sans s'apercevoir que plus d'un enfant manquait au foyer. Telle était l'action surhumaine de cet homme, qu'il captivait les mères de famille, tout en leur enlevant des enfans. Le beau vers d'Auguste Barbier, sur la colonne :

Ce bronze, que jamais ne regardent les mères,

n'est pas vrai. Ce bronze, c'est la patrie, c'est l'héroïsme, c'est le sacrifice. Les mères le regardent !

Quand nous étions de très jeunes écoliers, notre vrai jeu, c'était la bataille. Nous nous divisions naturellement en deux camps : les Français et les cosaques; les plus déterminés, sinon les plus braves, s'enrôlaient parmi les cosaques. Nous avions fabriqué des lances de bois, nous nous armions de vieux pistolets, quelquefois de fourches, le plus souvent de simples bâtons. Le dimanche et le jeudi, tout Bruyères était émerveillé des victoires et sifflait les défaites au milieu des hurrahs et des cris de : Vive l'Empereur! quoiqu'on fût sous le règne de Louis XVIII. Mais à l'école même, nous étions encore soldats surtout dans nos leçons de géographie. Nous avions copié un plan de la bataille de Laon que nous pointions avec des épingles peintes en rouge, en noir et en blanc, pour marquer le mouvement des troupes. Chose singulière, ce qui nous offusquait le plus après les Prussiens, c'était le corps d'armée de Raguse qui, dans tout le pays, passait pour un traître; nous pardonnions plutôt aux cosaques qui avaient pillé et violé, mais qui étaient de bons diables quand on les apprivoisait. Moi pourtant je leur en voulais toujours du coup de lance donné à ma mère. Mon père, qui s'était battu sous Laon, nous montrait, à moi et à mes cousins, l'historique de la bataille, tout en rectifiant le plan que nous avions copié. Il nous prouvait que si Raguse était arrivé à tems, Napoléon reprenait Laon et chassait au loin Blücher et Bulow. Or, pourquoi Raguse n'était-il pas arrivé à tems? Est-ce parce qu'il avait trahi Napoléon en cette heure suprême qui sonne la victoire ou la défaite? est-ce plutôt parce qu'il ne connaissait pas le pays? mais alors pourquoi n'avait-il pas suivi le chemin indiqué par Napoléon? Au lieu de prendre la route impériale de Reims à Laon qui le jetait à découvert au milieu de cent mille ennemis, il devait prendre l'ancienne voie romaine qui part de la Maison-Rouge où il était le matin et qui vient directement à Laon par Bruyères, ville encore fortifiée en 1814; en y arrivant de bonne heure, il se raccordait avec l'armée de l'empereur, tout en inquiétant l'armée ennemie. Aucun historien n'a dit cela; Raguse, dans ses mémoires, passe légèrement là-dessus. Or, mon père était un des quatre cavaliers de la division Nansouty qui portèrent, par quatre chemins, à Marmont les ordres de l'empereur. On disait que Marmont avait suivi le chemin des royalistes. On dit aussi qu'il jouait aux cartes avec eux le jour de la bataille de Laon. Dans le pays, quand un ami trahit un ami on dit encore *Raguser* *. A la légende des cartes près, j'ai bien peur que cela ne soit vrai.

Les batailles de Craonne et de Laon, les trois sièges de Soissons, les trahisons de Marmont et de Moreau second du nom **, l'héroïsme des vieux soldats et des conscrits sont des légendes qui passent encore de bouche en bouche dans le pays.

* Le général de Trobriand nous contait ces jours-ci dans le parc de Gaillardet, à Albéric Second et à moi, qu'à Venise, où séjournait souvent le duc de Raguse, les gondoliers refusaient de conduire l'ancien ami de l'empereur, en criant : « Tu vois bien cet homme, il a trahi son ami Napoléon! » Le châtiment est partout.

** Il y a deux généraux du nom de Moreau qui ont trahi Napoléon, un trop célèbre et un bien inconnu. Cet inconnu devait défendre Soissons coûte que coûte pour arrêter Blücher, il ouvrit les portes toutes grandes.

Il n'y a rien dans l'histoire de plus émouvant, car c'était Napoléon, à son dernier acte, si ce n'est à sa dernière scène : les adieux de Fontainebleau*.

Quoique mon grand-père Mailfer fût républicain, quoique mon grand-père Houssaye fût royaliste, j'étais au collége tout napoléonisé par l'épopée impériale, ce qui me donna la première idée de devenir soldat. Ma mère, sans le vouloir, m'enracinait dans cette idée, par son art entraînant de me conter les dernières années de l'Empire. Grâce à mon oncle Fründt, qui fut tour à tour, ne l'ai-je pas dit, peintre de Marie-Antoinette, de Joséphine et de la duchesse de Berry, ma mère avait vu l'empereur à la Malmaison, d'où elle était revenue enthousiaste ; aussi me disait-elle le roman de l'empereur, de Joséphine et de Marie-Louise.

Tous les hommes de ma génération ont été doués du sentiment épique, parce qu'ils tenaient, par leur mère, aux grandes épopées de la Révolution et de l'Empire. Le monde n'a pas traversé une époque plus grandiose. Désormais il fallait se résigner à se croiser les bras et à retomber, du haut de la poésie, dans le troisième dessous du terre-à-terre. Les plus exaltés bataillaient avec les idées dans l'armée romantique, à moins qu'ils n'allassent batailler en Afrique contre les Arabes. Ce fut la génération des cavaliers et des barbus.

* Harel, qui savait par hasard le jour de ma naissance, disait devant moi à Dumas : « Le jour où Arsène Houssaye est né fut le plus beau de ma vie, car j'ai été un héros ce jour-là. Comme sous-préfet de Soissons, j'ai fait une sortie avec tant d'impétuosité que j'ai jeté l'effroi dans toute une armée. Aussi nous avons eu la gloire à Soissons, le jour de Pâques, de chanter un *Te Deum* à Napoléon huit jours après les adieux de Fontainebleau, quand déjà Louis XVIII régnait aux Tuileries.

Comme beaucoup de femmes de son tems, ma mère avait l'idolâtrie de Napoléon, parce qu'elle était romanesque et qu'il représentait son idéal épique : l'homme souverain et le souverain des hommes. Quoiqu'elle eût déjà pleuré plus d'un des siens par la faute de cet insatiable coureur de hautes aventures, dont la destinée l'obligeait à vouloir vaincre encore après avoir vaincu, la curiosité tout autant que l'amour la poussa à la bataille de Laon, où elle espérait voir mon père. Ce fut en la compagnie de son père et de Beffroy de Reigny, surnommé le *cousin Jacques*. Ils virent passer ce qui restait de la grande armée.

C'était, il est vrai, à deux pas de chez nous ; l'amitié du général Nansouty permit à ma famille de franchir les premières lignes et d'arriver tout au matin jusqu'à Urcel. Napoléon descendant de sa berline pour monter à cheval passa devant ma mère qui lui dit en montrant son sein : « Sire, mon mari se bat pour vous et il y a là un soldat. » Il était trop tard.

Napoléon salua et sourit sans dire un mot ; mais vint une autre femme qui ne lui chanta pas la même chanson. « C'est l'empereur Napoléon ! s'écria-t-elle. Ah çà ! est-ce qu'il ne va pas me dire où sont mes fils ? » L'empereur ne se tourna pas vers elle, mais elle continua à parler très haut : c'était une paysanne pas du tout façonnée au langage des Cours. « Monsieur l'Empereur, donnez-moi donc des nouvelles de mes fils qui ne m'écrivent plus depuis un an. — Nous nous retrouverons tous, » dit Napoléon partant au galop pour rejoindre Ney. Sur ce mot, un aide de camp montra le ciel. Celui-là ne croyait plus à Napoléon, mais croyait encore à Dieu.

Ma mère essayait de consoler la pauvre femme, de

plus en plus exaltée dans ses sanglots. « Non, Madame, je ne me consolerai que si je vois mes deux fils. Vous savez bien que c'étaient les plus beaux enfants du monde. On m'a arraché le premier des bras, un brave soldat, voyez-vous, car il a eu tout de suite des galons! Par malheur le second a voulu retrouver son frère : où sont-ils? ils m'ont écrit trois fois, mais pas un mot depuis un an! »

Comme la mère désolée disait ces mots, un drame terrible allait presque la consoler d'avoir perdu ses fils morts en braves. On entendit des cris à quelques pas de là; c'étaient de tout jeunes soldats qui avaient fui à l'heure de la bataille. Ils étaient poursuivis par des chasseurs à cheval, carabine au poing. Un coup de feu partit, un homme tomba, c'était pour l'exemple, afin que les autres fuyards s'arrêtassent. Bientôt on entendit des cris déchirans. Une des femmes qui étaient parmi les curieux venait de se précipiter en criant : « Pierrot! Pierrot! »

Oui, c'était Pierrot, c'était son fils pris à la dernière réquisition. Ce tableau fit pleurer toutes les mères. On s'était approché : « Les lâches, ils ont tué mon fils. » Mais un chasseur cria à cette mère désespérée: « C'est votre fils qui fut un lâche. »

A ce mot, la première mère, celle qui, furieuse et éplorée, avait demandé compte de ses deux fils à Napoléon, dit avec orgueil: « Dieu merci, si mes fils sont morts, c'est l'ennemi qui les a frappés. »

Je conte tout ceci d'après des ouï-dire, car mes yeux n'étaient pas encore ouverts.

Vainement, avec une poignée d'hommes, l'empereur résistait à toute l'Europe déchaînée aux portes de Paris:

c'en était fait de son épée et de son génie. Il ne croyait plus en lui ni en sa fortune. Il se battait pour se battre. C'était l'art pour l'art dans l'héroïsme. Il dit ce jour-là à Ney, qui se jetait entre lui et les boulets : « La mort ne veut pas de moi. »

La mort a de hauts caprices : elle avait condamné Napoléon à mourir dans son lit !

XII

Le sabre et la plume

Mon père ne lisait que le grand livre de la nature avec quelque science de l'astronomie, au point de vue des semailles et des moissons. Tout son idéal était dans son violon. S'il avait une heure à perdre, c'était pour se jouer à lui-même plutôt qu'aux autres les vieux airs du dix-huitième siècle ; il n'est pas jusqu'à Lully qui ne le charmât par sa musique « silencieuse ». Son amour des lettres ne dépassait pas *la Vigne à Claudine*, de Dufresny, ou *le Plaisir d'amour*, de Florian ; tout le reste lui semblait de la vaine rhétorique. Mais tout ignorant qu'il fût, il savait toujours à point ce qu'il faut savoir. Si bien que dès que je voulus m'aventurer dans l'art d'écrire, il me représenta qu'il fallait que je fusse maudit pour faire un métier où Corneille, Molière, Racine, étaient tous les trois plus ou moins morts de chagrin, crucifiés sous les injures de leurs ennemis. Voltaire lui-même avait senti, avant son apothéose, toutes les douleurs de la calomnie, de la proscription et de l'injustice. « Et tu t'imagines que tu seras plus heureux que ces quatre hommes de génie, toi qui ne seras pas un homme de génie. »

La-dessus mon père jeta au feu tous les livres qu'il trouva sous sa main, même un Homère de Mme Dacier, qu'il m'avait donné lui-même. Je me précipitai pour sauver mon Homère, mais mon père me rejeta vers la porte, en me disant qu'il voulait, fût-ce par force, me sauver de moi-même. Ma mère survint. Il était pâle et terrible, car il avait des colères subites qu'il ne pouvait dominer. « Vois-tu, dit-il à ma mère, j'aimerais mieux lui voir jouer le rôle de l'enfant prodigue que de le voir affolé de ces idées-là. » Enfant prodigue! je ne demandais pas mieux, mais où prendre les louis d'or?

Je revins jusque devant mon père, résolu de montrer ma volonté. « Eh bien! lui dis-je, je serai un enfant prodigue de son sang, car de ce pas je vais me faire soldat. — J'aime mieux cela, dit mon père. »

Il était convaincu que je n'en ferais rien. Mais, le jour même, je m'engageai pour la durée de la guerre dans les lanciers, dont un escadron passant par Laon m'avait allumé l'imagination la veille.

Lui-même, je l'ai dit, avait été soldat sous l'Empire, soldat de la dernière heure; — il jugeait que la guerre faisait beaucoup de bruit pour rien. Il était brave, mais il ne l'écrivait pas sur son chapeau. Il aimait la vie familiale; or, il avait vu partir autour de lui tant de parents et d'amis qui n'étaient pas revenus qu'il en rabattait beaucoup de son amour pour la guerre; toutefois il aimait mieux encore me voir soldat que poëte. Il vint signer avec moi.

Je ne manquai donc pas mon coup à propos de la campagne contre le roi de Hollande, en novembre 1831.

J'aurais mieux aimé caracoler parmi les hussards, mais je m'engageai parmi les lanciers, décidé à tout pourfendre, même les moulins à vent. Me voilà parti très gai, chantant plus haut que les autres, ne doutant pas de ma fortune militaire. Par malheur ce ne fut qu'une simple promenade égayée par quelques escarmouches.

Les Hollandais fuyaient devant nous sans presque se retourner.

Furieux de n'avoir pas eu l'occasion de « cueillir des lauriers » sous les armes, je rentrai comme tant d'autres dans « mes foyers ».

Être tué en prenant un drapeau à l'ennemi comme mes cousins Fründt, quoi de plus beau ! C'est vivre par sa mort. Mais la guerre finie, à quoi bon rester soldat ? J'accrochai mon sabre et je pris la plume. S'armer d'une plume c'est encore se faire soldat dans la bataille de la vie.

Je me promis bien de reprendre du service à la première occasion. Autant la mort me paraissait horrible dans le lit d'un malade, autant elle me paraissait bonne fille dans le feu d'une bataille. Je la vis de près l'année suivante au cloître Saint-Méry, le second jour de l'insurrection de Juin, mais ce n'était pas encore l'heure ni le moment.

Cependant le coin du feu si doux pendant longtems n'était plus qu'une tribune où mon père malmenait mes idées. Comme je n'avais pas d'argent pour me risquer à Paris, je me réfugiai au fond des bois avec mon fusil de chasse et mon chien Belle-Patte.

Ce fut sur la montagne de Vosges, dans une petite forêt nommée la Chambre-aux-Loups, qui devint ma chambre pendant tout l'hiver de 1831-1832.

Et là j'ébauchai des drames et des romans. Encre perdue !

XIII

La vie dans les bois

La forêt est le palais de la solitude. Les bois étaient déjà pour moi tout un monde vivant. Il y a des gens qui se sentent isolés et perdus dans une forêt ; je m'y retrouve chez moi, dans tout un peuple parlant. Il faut ne pas croire à Dieu pour méconnaître l'âme du chêne et du buisson ; du chêne qui chante les grandes symphonies des orages et des recueillemens, du buisson qui fleurit sous les sérénades et les aubades du rossignol. L'esprit humain s'épanouit en toute liberté sous ces vertes ramées que transpercent çà et là les rayons du soleil ; que baignent les rosées éclatantes ; que parfument les violettes, les aubépines, les framboises et les fraises.

Les paysans s'imaginent qu'ils sont cachés dans les bois, comme les enfans croient qu'ils y sont perdus. Pour moi, j'ai toujours pensé que ces arbres séculaires étaient comme les magistrats d'une cour suprême qui jugeaient mes actions. J'avais le respect de leur dignité. Ces chênes, ces ormes, ces hêtres, ces châtaigniers, têtes chenues, bras levés au ciel, me parlaient le langage de l'infini. Je n'entendais pas bien. Je comprenais mieux : ne sont-ils pas l'image de l'homme qui a les pieds sur la terre et qui heurte les nues de son front inquiet ? Quiconque croit à son âme, croit à l'âme des bêtes et à l'âme des arbres.

Je résolus donc de me retirer du monde, — avant d'y être allé, — et de vivre désormais comme un loup. Il y avait deux huttes dans les bois en abatis : celle d'un garde-bois et celle d'un garde-chasse. Je fis brancher une troisième hutte ; après quoi j'embrassai ma mère et ma sœur, j'emportai quelques livres sauvés du feu et je pris pied au fond des bois avec la sombre volupté d'un trappiste. Mon père ne vint pas me chercher dans ma solitude, jugeant avec raison que cette fantaisie ne me serait pas mauvaise. En effet, je ne pouvais jouer par là à l'enfant prodigue.

Il y avait autour de nos huttes vingt-cinq bûcherons qui frappaient de taille et d'estoc. Quelle bataille ! quel massacre ! quel renversement ! Alors je n'étais encore poëte qu'à la surface. Je regardais tomber les plus beaux arbres avec le sourire cruel des enfans qui aiment la destruction ; mais peu à peu l'émotion me prit : j'aurais voulu préserver tous les beaux arbres, les grands chênes surtout.

J'en sauvai plus d'un : quoique je n'eusse pas encore de barbe au menton, les bûcherons commençaient à m'écouter. Il fallait une hécatombe ; les victimes étaient comptées, mais je sacrifiai les ormes aux chênes, quoique les chênes fussent marqués pour la mort, quoique les ormes un peu moins forts fussent de la réserve. Mon père venait presque tous les jours, il ne me parlait pas ; mais quand on lui dit que j'avais rectifié le travail du garde-bois, il voulut bien ne pas me donner tort. Je sauvai ainsi un admirable chêne qui est encore debout cinquante ans après sa condamnation : il n'y a pas d'année, il n'y a pas de saison que je ne sois allé embrasser ce beau chêne. Certes, il n'a pas abaissé ses bras sur moi pour m'étreindre à son tour, mais j'ai senti à chaque embrassement que je parlais à un vieil ami.

La vie au bois était simple, frugale, monotone. Un horizon de haute futaie. Les variations du tems, les métamorphoses de l'automne, les symphonies du vent dans les arbres, des romans lus en promenade, des vers faits et refaits, la chasse au lièvre avec le garde-chasse, quatre repas qui n'étaient jamais des orgies, si ce n'est les jours de la soupe au cochon ; toutefois nous n'en étions pas réduits à manger des racines comme saint Arsène mon patron. Il nous arriva même de manger d'un chevreuil poursuivi par des chasseurs de la forêt de Lavergny et tué par moi, quoique par son apparition je fusse tout aussi effaré que lui-même. Je n'oublierai jamais ses pleurs et ses gémissemens. Il me sembla que j'étais homicide : je tombai agenouillé devant la pauvre bête, en demandant grâce aux dieux pour un pareil crime.

Au souper on s'égayait un peu beaucoup ; nous n'étions que trois à table, mais quelques bûcherons qui couchaient aussi dans les bois venaient à la fin du repas, sous prétexte de causerie, mendier une « petite goutte ».

Leroy, le garde-chasse, un beau chanteur, nous disait les grivoiseries de Béranger. Les bûcherons alternaient par des chansons champenoises qui avaient bien leur saveur. Ce concert durait toute une heure, après quoi chacun gagnait sa hutte et s'y couchait dans la paix du Seigneur.

J'aurais pu me comparer pendant cette saison toute bocagère à un solitaire du moyen âge entaché de naturalisme.

Les bûcherons savent mieux l'histoire naturelle que ne la savait M. de Buffon, car ils ne l'apprennent pas dans les livres.

Notre esprit ne perdait pas son tems quand la cognée frappait les arbres ou quand la lune et les étoiles devisaient avec nous. Nous vivions en familiarité intime avec tous les hôtes de la forêt, même avec les loups qui venaient par la neige mendier comme des chiens à la porte de nos huttes. Nous avions la bonté de les tuer pour les empêcher de mourir de faim, à moins d'être mangés par eux. Ainsi faisions-nous des renards. Nous étions tout aussi intéressés à tuer les renards, parce qu'ils dévoraient notre gibier. M. de Buffon, qui semble avoir tout vu, a-t-il vu comme moi un renard plumer un perdreau, comme eût fait une cuisinière pour le manger dans toute sa saveur ? Si nous armions contre les loups et les renards, contre les loirs et les belettes, nous étions bons camarades avec les merles, les rouges-gorge et les petits oiseaux : tous venaient becqueter à quelques pas de nous pendant le déjeuner. Si on tuait les pies, c'était pour attraper les renards ; moyen lâche, mais malin : une fois la pie tuée, on l'empoisonnait et on la mettait sur le chemin du renard ; il ne manquait pas d'en faire son régal et de mordre aussitôt le poussière*.

On suppose que ma thébaïde n'était pas gaie ? eh bien, j'y passai près de trois mois très gaiement avec le garde-bois, les bûcherons et les loups. J'avais, il est

* Je retrouve une lettre à ma sœur : « Je me suis bâti avec des branches noueuses une hutte digne de saint Antoine : envoie moi un cochon. On a recouvert les branchages de paille, de foin et de mousse. C'est un abri doux contre l'hiver. On y fait un feu du diable. Tout autour un petit bataillon de bûcherons allument çà et là des feux volans, car il fait un froid de loup. C'est le mot, puisque les loups viennent s'y chauffer la nuit. Mon chien Belle-Patte te tend la sienne. » Ma mère m'envoya un cochon avec un ruban au cou et un billet : « Je t'envoie un cochon gras en attendant le veau gras. »

vrai, un autre compagnon : l'Homère que j'avais sauvé de l'autodafé. Je ne saurais trop conseiller à ceux qui ne pénètrent pas bien le prince des poëtes de lire dans une pareille solitude l'*Iliade* et l'*Odyssée*. Le garde-bois avait un almanach de Mathieu Lænsberg, mais ce livre-là ne me donnait pas trop de distractions. Le matin nous chassions, tout en distribuant le travail aux bûcherons ; nous avons pu dire : *Madame, il fait grand froid et j'ai tué trois loups*. Nous ne choisissions pas le gibier, mais il ne se passait pas de jours que nous n'eussions quelques bêtes à la broche, depuis les lièvres jusqu'aux moineaux. Je crois même que nous mangions des rossignols. Leroy était bon cuisinier ; il avait appris ce métier-là à la guerre d'Espagne. On n'imagine pas toutes les ressources de ce cuisinier des bois ; ses salmis, ses fricassées, ses rôtis étaient délectables. C'est que tout cela était cuit à point sous nos yeux, c'est que jamais le feu ne fut plus beau pour la broche : c'était comme un éclat de rire. Depuis, j'ai dîné partout où on dîne bien, chez les princes, chez les ambassadeurs, chez les Lucullus des Champs-Élysées, je ne sais pas si on m'a jamais servi un rôti pareil à celui que nous mangions avec le garde-bois et le garde-chasse.

Les soldats sont poseurs : Leroy contait ses campagnes avec beaucoup d'entrain. Il était quelque peu hâbleur : auprès de lui, Don Juan n'était qu'un Jocrisse. Ce qu'il avait vaincu de femmes à la guerre d'Espagne était inénarrable. J'avais fortement le désir de faire la guerre, d'autant plus qu'il me peignait les Espagnoles tombées sous ses séductions comme des beautés incomparables. Il en était réduit désormais aux paysannes d'alentour. De tems en tems nous donnions à déjeuner à quelques Dulcinées inattendues, vraies fleurs de basses-cours. Je m'en lavais les mains dans ma haute idée des femmes. J'étais alors tout aux demi-déesses d'Homère.

Mon père s'imaginait avec quelque plaisir que je m'étais puni moi-même. Je n'avais pas eu un seul jour de regret ni d'ennui. J'allais tous les dimanches embrasser ma mère et ma sœur, sur le chemin de l'église, à l'heure de la messe. C'était ma manière de prier Dieu. J'étais trop bien habillé en sauvageon pour aller moi-même à la messe. Pendant la semaine je vivais en simple forestier, tout à la chasse, tout aux arbres, tout à la hutte. Quand mon père venait au bois, je me dérobais, le fusil à la main, comme si je fusse à la piste d'un lièvre ou d'un loup.

XIV

La solitude dans les neiges

On ne sait pas ce que la solitude a de charmeries intimes. Si jamais on symbolise les muses modernes, il ne faudra pas oublier la Solitude. Elle nous révèle à nous-même, elle nous ouvre les yeux sur les grands spectacles, elle nous parle de Dieu par toutes les voix de la nature. Combien de tableaux sévères mais pourtant doux j'ai gravés alors dans mon esprit, eaux-fortes à jamais inaltérables : Les métamorphoses de l'hiver ; la neige et le givre ; les ormes dépouillés, noirs fantômes, les chênes et les hêtres battus des vents, mais retenant encore comme une dernière parure leurs feuillages d'or et de pourpre; les églantiers rouges de leur fruit; les roseaux agitant leur plumage; le gui s'attachant aux hautes branches et s'y confondant avec les nids de merles et de corbeaux; les mousses rieuses aux premiers rayons de janvier; les pervenches cachées sous les broussailles, mais tentant toujours d'ouvrir leurs yeux bleus: *La pervenche, œil des bois que le buisson protège;* les moineaux gourmans qui viennent crier famine en dessinant des hiéroglyphes sur les nappes de neige; les pigeons des fermes voisines qui se hasardent dans les bois; les chasseurs et les braconniers qui demandent du feu en passant pour allumer leur pipe; çà et là des bohémiens égarés qui vont chercher fortune dans les foires du pays.

J'écrivis alors la chanson de la neige, essayant de peindre cette carte de géographie de l'infini, cette flore de stalactites tout aussi variée que la flore des Italies, ce linceul éblouissant, qui cache la mort de la nature, mais qui sourit déjà à sa résurrection. J'ai connu une Norwégienne qui avait à Paris la nostalgie de la neige. J'ai compris ce mal du pays blanc, pour les âmes pures, je dirai même pour les âmes souillées. Quoi de plus adorablement divin que ce tableau éclatant qui refait une virginité à la terre! La neige défie toute souillure. Symbole de la Chasteté, elle est comme Virginie, qui aime mieux mourir dans la blanche robe des vagues que de remettre sa nudité aux bras du matelot: — La neige fond sur le fumier et ne le blanchit pas.

Tout en écoutant la neige crier sous mes pieds comme crie une vierge qu'on profane, je me penchais presque amoureusement pour voir les mille et un dessins irisés que la main invisible avait tracés comme en se jouant sur cette page immaculée. Ce ne sont pas seulement des fleurs, ce sont des diamans, des rubis, des topazes et des perles, quand le soleil mord la neige de ses lèvres flambantes : Tout est un monde dans les mondes. Pour l'œil distrait la neige est blanche. Il ne voit que deux images, le ciel en robe bleue et la terre en robe verte; mais l'artiste voit l'infini dans une goutte d'eau. Velasquez ne peignait qu'avec sept couleurs vierges, mais il savait bien que le grand peintre de là-haut a cent mille nuances sur sa palette. Il faut être un grand coloriste pour oser s'attaquer à la neige aussi bien qu'au givre éclatant qui fleurit les arbres quand ils n'ont plus leurs feuilles.

Je n'ai garde d'oublier un de mes premiers amis, mon chien de chasse, un grand épagneul mélancolique qui gambadait toute la journée et qui le soir veillait au rôti avec stoïcisme. Si un bûcheron se fût avisé d'y goûter quand nous étions dehors, il eût passé un mauvais quart d'heure. J'ai eu bien des amis parmi les chiens depuis Belle-Patte, mais de combien peu j'ai gardé le souvenir: à peine de cinq ou six, en y comprenant deux chiens écossais qui ne m'ont pas aimé comme Belle-Patte !

Ce compagnon de toutes les heures couchait à mes pieds sur la paille; il me suivait partout; quand je rencontrais ma mère et ma sœur, il les caressait comme s'il se sentait de la famille.

Pauvre Belle-Patte ! A quelque temps de là il fut la victime d'un chasseur maladroit ou jaloux. Je le vis revenir tout saignant. Il tomba à mes pieds, il me regarda avec ses beaux yeux profonds, il pleura de douleur morale comme de douleur physique. J'étais désespéré. Je le soulevai sur moi, mais sa tête retomba, c'en était fait de lui : il était mort, mais il avait voulu mourir dans mes bras.

J'enterrai mon chien sous un buisson que nous connaissions bien tous les deux. Je le pleurai avec de vraies larmes, tout en me rappelant ses vertus. Quelques jours après, comme j'attendais une de mes sœurs à l'hôtel de l'Ours, je vis arriver bruyamment le chasseur qui avait tué Belle-Patte. Il me salua. Je le regardai du haut de mon ressentiment. Il alla s'asseoir à une table où quelques buveurs parlaient politique, c'est-à-dire se disputaient. Il était violent, il parla haut pour avoir raison. On le maltraita, on l'injuria, on l'exaspéra. « Prenez garde, dit-il en s'agitant, il ne faut pas « m'embêter », car dans ma colère je tuerais un homme comme un chien. » Il me regarda. Je n'étais plus maître de moi ; je me précipitai sur lui et je le jetai à terre en lui disant : « Ah vous tueriez un homme comme un chien ! »

Je lui fis grâce, c'était me faire grâce à moi-même.

Homme, créature de Dieu, qui t'a appris l'amitié ? Un chien. Qui t'a appris la haine ? Un homme.

XV

La Bohémienne Kika

J'ai toujours aimé les caravanes de comédiens ; j'avais des sourires d'ami pour tous ces chariots du roman comique traînés par des fantômes de chevaux et conduits par la Misère en habit de fête. Tous ces cris, tous ces panaches, toutes ces chansons me donnaient le vertige et jetaient mon esprit dans l'abyme de l'invraisemblable. Comme j'avais horreur de la vie mathématique, je m'échappais dans ces tourbillons de l'impossible d'autant mieux que je voyais les bourgeois s'embourgeoiser tristement dans leur vie bourgeoise, tandis que ces comédiens d'aventure bravaient le froid et la faim avec une gaie bravoure. N'étaient-ils pas plus heureux dans leur course à travers le monde que ces bonnes gens rivés à leur travail, prêchant l'économie et mourant de faim à force d'avarice! Combien de fois, à Montbérault, quand je voyais passer ces coureurs d'aventures, d'où qu'ils vinssent, de Bohême ou de France, je leur donnais l'hospitalité écossaise, portant ma sollicitude jusqu'à leurs chevaux, jusqu'à leurs chiens. On me trouvait bien un peu fou et on m'accusait de faire ripaille avec eux. Je ne m'en défendais pas, regrettant toujours qu'ils n'eussent pas mieux soupé. Quand je fus devenu un simple bûcheron, dans le plus rude des hivers, ne possédant qu'une hutte dans les bois, j'avais encore la fureur de l'hospitalité. Ainsi un jour, par la neige, je fus appelé par tout un concert imprévu. C'étaient des bohémiens qui avaient campé dans un verger voisin du bois et qui se donnaient à eux-mêmes une symphonie, ne pouvant se donner à dîner. Il faut avoir vu cela pour y croire : quatre hommes, quatre femmes, deux chevaux, un chariot, une vraie maison. Tout le monde couchait là-dedans sans bien reconnaître sa place, parce qu'il n'y avait qu'un lit. Un carrosse suivait le chariot. Je fus tout émerveillé, à la vue de ce carrosse traîné par un âne. J'étais familier à l'œuvre de Callot, rien ne m'avait paru si invraisemblable. La carcasse datait du tems de la

Régence : c'était écrit par des peintures à la Watteau représentant des armoiries avec de jolies filles pour supports ; mais il fallait de bons yeux pour les voir, tant les années avaient passé dessus. Les quatre roues étaient de quatre paroisses ; tout, moins les armoiries, avait été repeint en jaune, du jaune le plus outrageant. Ce carrosse avait dû être volé dans quelque vieux château, où il s'ennuyait. Je demandai, — pour entrer en conversation criminelle avec la plus belle fille de la troupe, — si on voulait me vendre ces peintures à la Watteau, qui étaient peut-être de Watteau. Mon oncle, le peintre, m'avait déjà donné le goût des tableaux. Le chef de la troupe, tout enturbané, survint et me dit que ce carrosse était une fortune. Il prétendait l'avoir payé quatre-vingts francs ; ce qui était déjà un capital ; mais en outre que c'était un raccommodage sans fin. Le couteau de Jeannot n'était rien à côté de son carrosse. Comme les tems étaient mauvais, il m'offrit de me vendre tout l'équipage y compris l'âne. « Une véritable occasion ! me dit-il sans rire. Ma fille Kika en pleurera. »

Aussi il me regarda sévèrement quand je risquai ces paroles : « Mademoiselle Kika sera-t-elle dans le carrosse ? » Je fus mieux reçu quand je lui offris d'être du déjeuner, c'est-à-dire de lui apporter quatre bouteilles de vin et un jambon.

Je revins bientôt suivi de mes bûcherons, tout ébloui encore par les quatre femmes de la smala.

La vieille balayait la neige sous les dents des chevaux pour qu'ils déjeunassent d'un peu d'herbe gelée. Une autre, — la plus belle, — était à sa toilette sous un pommier, peignant ses cheveux noirs devant un miroir cassé. La troisième, c'était la plus sérieuse, agenouillée devant un feu à peine allumé, soufflait sur la flamme, une casserole à la main. La quatrième frappait d'un bâton les branches d'un pommier comme si elle dût en faire tomber des pommes en plein hiver. C'était la plus jeune. En effet, il y avait encore de l'enfant dans cette chercheuse de pommes. Ce qui me surprit le plus, c'est qu'elle marchait pieds nus dans la neige comme une femme du monde eût marché sur un tapis de Perse dans des mules de satin. J'allai à elle et je lui offris de lui prendre les pieds dans mes mains pour la porter comme une poupée. Elle se mit à rire et me donna un pied, mais là s'arrêta la gymnastique. « Tout à l'heure, dit-elle, j'aurai des souliers, quand ma sœur se couchera, car ma sœur ne va pas les pieds nus. » Je compris qu'il n'y avait qu'une paire de souliers pour deux.

Je fis le bon apôtre : je changeai l'eau en vin; je m'évertuai à la multiplication des pains; j'allumai un feu d'enfer pour tout ce monde-là. Nous déjeunâmes en famille, bohémiens et bûcherons, mais j'étais du côté des bohémiens. On respirait au milieu d'eux une forte odeur de soupe à la diable qui ne me choquait pas. J'étais follement épris de la belle au miroir, quoiqu'elle-même fût passée à l'ail et qu'elle coupât la parole à ma passion soudaine en cherchant ses puces. Nous improvisions des tendresses à mourir de rire. Le chef de la troupe avait grand air sous ses longs cheveux noirs avec sa peau cuivrée, ses yeux de feu, ses dents rieuses. Il daigna parler avec moi, lui que les siens appelaient M. Silence. Il menait ou malmenait son monde par un sourire ou par un froncement de sourcils. Il y avait du Jupiter dans ce chef de bohémiens. Il me dit qu'il était né aux Indes et qu'il y retournerait, parce que là son ami le Soleil était de la fête. Il se croyait né voyageur, il voyageait. « Mais les pays que je vois ne me changeront pas, murmura-t-il. Je ne suis pas devenu Russe ni Allemand ; je ne deviendrai pas Français ni Espagnol. Si je vais en Afrique, je n'en serai pas plus noir; si je vais en Angleterre je n'en serai pas plus blanc. Je garderai ma figure de vieil or. Je promène les Indes à travers le monde, prenant en pitié ceux qui se donnent la peine de bâtir des maisons; je ne suis ni chrétien ni mahométan; pour moi Dieu c'est le soleil ou le feu quand j'ai froid; c'est la moisson quand j'ai faim; c'est la vendange quand j'ai soif. Voilà comme je suis. »

Cet homme de vieil or me donnait l'envie d'être comme lui; un peu plus je lui demandais la main de sa fille et je devenais son lieutenant, mais je fus détourné de ce beau rêve à l'idée qu'il me faudrait vivre du bien d'autrui.

M. Silence avait quelque littérature ; il me dit que les hommes de plume avaient écrit beaucoup de bêtises sur leur origine, par exemple celle-ci : que les bohémiens avaient fui les Indes au quinzième siècle dans la peur de Tamerlan. La vérité, c'est qu'ils ne s'étaient expatriés que par amour de la vie aventureuse.

Silence eut une prise de gueule avec le garde-bois qui se moquait de ses prétentions à la sorcellerie. Mais le bohémien se drapa dans sa majesté : « Tu ne connais pas ma puissance, ver de terre! Il y a là-bas un torrent qui, sur un mot de moi, remonterait la montagne sur ses pattes de derrière. »

J'étais déjà romanesque, mon imagination prenait le galop à toute rencontre imprévue. J'aurais bien voulu appuyer Kika sur mon cœur; mais le chef de la troupe avec son froncement de sourcils jetait de l'eau sur le feu; toutefois, sous prétexte d'admirer les verroteries de la jeune fille, je lui caressais les cheveux, le cou, les épaules et les seins d'une main discrètement indiscrète. M. Silence ne vit pas mal à cela. « Nous connaissons ces manières, — dit-il d'un air adouci, sans doute parce mon vin était bon, — dans les foires on ne croit pas aux bijoux de Kika si on n'y touche pas. »

Je fis signe à la belle de me suivre un peu plus loin pour allumer un feu de joie: Elle ne fit pas de façon. Dès que nous fûmes à dix pas du maître, je lui débitai mon compliment à perte de vue, vrai chapelet de pierres fausses comme les siennes. Je lui dis combien je serais heureux de vivre avec elle toute ma vie. Je fus presque pris au mot. Elle m'offrit sa main, son cœur et tout le reste, mais je voyais la figure de mon père et de ma mère devant cette fiancée. « Pas ici, lui dis-je, car on me destine une autre femme. — Eh bien! venez avec nous. » Aller avec elle et ses compagnons, c'était un peu loin, car on peut dire qu'ils faisaient le voyage au long cours.

Nous marchions çà et là dans le bois, cherchant un peu de solitude, mais les bohémiens étaient répandus partout. Et d'ailleurs en hiver on ne se cache pas dans les bois : je n'ai jamais tant regretté la saison feuillue. Tout se passa en sentiment, quelques baisers au vol, quelques œillades idolâtres, ce fut tout, mais je ne désespérai pas, car lorsqu'on battit le rappel pour le départ, je dis au chef de la troupe que je voulais aller souper avec eux dans une bonne auberge de Presles, peut-être même au château où j'avais des compères. On se décida pour le château.

Me voilà donc en route avec les bohémiens, le fusil sur l'épaule, ébloui par ce rêve insensé de m'acoquiner à la plus belle fille de la troupe. J'étais pourtant troublé par l'idée de rencontrer mon père qui chassait souvent par là.

Pendant que les bohémiens firent un tour au village de Presles, j'allai commander le souper au château, un vrai château de conte de fées, tout en ruines, refuge des chouettes mélancoliques qui chantaient la bienvenue aux âmes des trépassés. J'avais là deux camarades qui cultivaient l'ancien domaine, je leur contai ma rencontre et je leur demandai l'hospitalité pour la nuit avec un souper très sommaire composé d'un lièvre que je promis de tuer, d'une omelette à la Gargantua et d'une barrique de cidre. C'était tout le menu.

Tout alla bien jusqu'au souper : je tuai un lièvre et deux perdreaux ; j'allumai moi-même un grand feu ; on se mit à table autour d'une table, ce qui n'arrivait pas souvent aux bohémiens qui se contentaient d'un tapis d'herbe ou de leurs genoux. Mais voilà qu'à peine au début, aux premières fourchetées de la savoureuse omelette, la porte s'ouvre : C'était le souper du commandeur ! Mon père apparut suivi d'un de ses amis : il me demanda gravement ce que je faisais là. Je lui offris une chaise à côté de moi, mais il n'y avait point à répliquer avec lui ni à faire le beau, à moins d'entrer en révolte ouverte. Il m'ordonna de le suivre. « Après souper, lui dis-je, car je meurs de faim devant ces perdreaux rouges. » L'ami de mon père lui dit : « Ce serait trop cruel de l'arracher à ce festin ; allons à côté jouer cent sous à l'écarté, ce sera pour ces coquins ou pour ces coquines. » Les cent sous furent pour Kika. Une demi-heure après, je donnai une poignée de main à ma voisine de table et je disparus comme une ombre. Oui, comme une ombre, car tous les éblouissemens de mon rêve étaient tombés comme un bouquet de feu d'artifice.

Ce fut la fin de ma vie forestière : mon père me ramena à la maison par la force du raisonnement; mais je me promis bien de retrouver Kika parmi les bohémiens à quelques jours de là, ce qui ne manqua pas d'arriver.

Hélas ! mon rêve était évanoui. Dans le cabaret de la *Pomme d'Or*, où on dansait à une foire de Bruyères, la belle me tomba sous la main comme un fruit sauvage et amer. Kika, dans son abandon, me parut moins belle. Aussi quand elle me parla de la suivre ou de me suivre, — avec ses puces, — je remis cela à une autre rencontre.

Je n'étais pas toujours au pourchas des coureuses de champs. J'avais de rudes retours vers la sagesse. Je rouvrais mes livres aimés et je chantais Dieu en mauvais vers. Watteau disait à son curé, qui lui présentait un crucifix : « Je ne veux pas reconnaître mon Seigneur Jésus dans cette image vulgaire. » Dieu, sans doute, ne se reconnaissait pas dans les hymnes détestables que je lui chantais.

XVI

Pourquoi je n'allai pas aux Indes

Ma mère m'avait donné un autre violon.

Un matin, que je jouais un air de Grétry sous les pommiers du gué Notre-Dame, je vis passer trois femmes étrangères au pays, une mère de famille, une fille et une institutrice: la mère était brune, la fille était blonde et la gouvernante était rousse. La plus belle des trois, c'était la mère; figure italienne, adoucie par les brumes du Nord; la fille eût été jolie, si la nature eût mieux modelé son nez, mais elle avait la fraîcheur des roses entr'ouvertes dans la rosée. La gouvernante inclinait avec un air romanesque une figure chiffonnée qui ne manquait pas de ragoût. Je continuais mon air, un motif de Mozart, tout en regardant ces promeneuses. Elles s'étaient arrêtées à dix pas de l'escalier pour voir le moulin, ou le joueur de violon. « Comme c'est joli ! dit la mère. — Oui, » répondit la gouvernante. Elles se rapprochèrent, la fille cueillit une marguerite sur le gazon, elle semblait ne pas écouter la musique. La mère lui dit : « Tu n'entends pas, tu ne seras jamais musicienne. » J'étais presque offensé qu'on m'écoutât comme un joueur d'orgue de barbarie : j'avais peur qu'on ne me donnât deux sous ; je mis mon violon à côté de moi et je pris mon Homère, comme un homme qui ne s'inquiète pas des passans. Mais la mère qui était curieuse s'approcha. Je voulus lui faire les honneurs de mon pommier, et je descendis à sa rencontre. « Monsieur, me dit-elle avec un accent anglo-italien, vous jouez bien du violon. — Mon Dieu, madame, dans le bruit du vent, tout le monde joue bien du violon, comme dans un concert. »

La dame raconta qu'elle avait été cantatrice ; elle adorait la musique et elle désespérait de faire de sa fille une musicienne. Vainement sa gouvernante pianotait avec elle le soir et le matin, mais on en était toujours *Au clair de la lune.*

Nous fûmes bientôt réunis tous les quatre sur du trèfle fané ; les trois femmes parurent quelque peu surprises de trouver en moi un Parisien du dernier hiver. Elles me croyaient un sauvage du Laonnais à peine débrouillé du chaos rustique. « Pourquoi êtes-vous égaré dans ce pays perdu ? — Parce que cela m'amuse. — Et que fait-on ici ? — On fait des vers en jouant du violon. — Des vers ! s'écria la jeune fille, voilà ma folie, voilà ma musique. Je donnerais tous les pianos du monde pour savoir faire une ode de Lamartine. »

Je la regardais et je la trouvais plus jolie qu'à première vue, avec ses grands yeux doux comme le ciel et profonds comme la mer. « Mademoiselle, c'est bien simple, il ne me faudrait pas vous donner quatre leçons pour faire des vers comme M. de Lamartine. — Elle est folle, reprit la mère, je ne veux pas qu'elle devienne une femme savante, mais une musicienne. »

Cette étrangère me fascinait. Je n'avais d'abord vu qu'une mère, je me sentis enveloppé dans un embrasement voluptueux, mais je rompis le charme en m'accusant d'aimer une vieille femme. En ce tems-là, je n'étais pas initié aux femmes de Balzac. Je croyais que l'extrême limite de la jeunesse n'allait pas jusqu'à trente ans.

La cantatrice était une Italienne de Milan. Je fus troublé par son sourire voluptueusement cruel. Elle ne fit pas de façon pour me conter son histoire en quatre mots. Elle avait chanté à la Fenice, à la Scala, à San Carlo; par malheur pour elle, — ce fut son expression, — sir Adisson était devenu amoureux de sa figure et de sa voix. Il l'avait arrachée au théâtre pour l'épouser; après quoi, il était parti pour les Indes sous prétexte de faire la guerre. — Comme elle avait déjà deux enfans, elle ne voulut pas rentrer au théâtre. Elle fit une fois le voyage des Indes. Elle revint à Londres et passa en France, cherchant des distractions, mais n'en trouvant point, car sa vraie vie était de chanter. Elle devait retourner aux Indes au prochain automne, avec sa fille, laissant son fils à Oxford. Comme elle connaissait M. de Montbreton, elle était venue, pour que sa fille respirât l'air des forêts, passer quelques mois dans un pavillon en ruines de l'ancienne châtellenie de Monthenault, à quelques portées de fusil des moulins de Montbérault. Elle m'invita à aller la voir, — avec mon violon, — et sans mon Homère. Le lendemain, j'allai au petit pavillon. On me reconnut à mes cheveux blonds bouclés, mais j'étais transfiguré par un habillement à la mode. Je n'avais pas pris mon violon. Ce fut le tour de la cantatrice : elle me charma par sa voix de contralto, une voix chaude sous un œil de feu, dans un accent passionné. Je compris tout son chagrin d'avoir abandonné son art pour un mari anglais *in partibus*. On nous servit des fraises et des framboises, avec du gâteau de la fête voisine. Le soir, l'institutrice et miss Adisson me conduisirent par l'avenue des pommiers. Je revins jusqu'à leur porte; elles me conduisirent encore. La jeune fille me reparla poésie; elle brouillait avec ivresse Lamartine et Byron. Nous nous quittâmes très bons camarades tous les trois.

Je m'en allai en pensant que l'institutrice en savait bien moins que son élève. Il me parut que c'était plutôt une chercheuse d'aventures; elle semblait furieuse d'être en ce pays de loups, car Monthenault est situé près des bois où j'ai passé un hiver en compagnie des bêtes fauves. A quelques jours de là, elle vint toute seule au moulin, elle babilla beaucoup, elle me dit : « Cette petite fille romanesque est amoureuse de vous. » Je lui répondis : « Il n'y a pas de quoi; mais quand on manque de grives, on mange des merles. » Elle me répliqua par le plus provoquant sourire du monde. Je passai ma main dans ses cheveux rouges en rébellion. Elle voulut fuir, je la saisis et je l'appuyai sur mon cœur. « Oh! mon Dieu, dit-elle en se voyant toute blanche, on dira que je suis venue ici. — Mais non, on dira que vous vous êtes barbouillée de poudre de riz! » — Le jour suivant ce fut la visite de toutes les trois; mes tendresses furent pour la mère, qui n'était plus habituée aux cajoleries et qui les trouvait douces. Je retournai au pavillon. Pendant que la mère était au piano, la fille me supplia de lui donner une leçon de poésie. « J'irai demain au moulin, » me dit-elle, en me regardant avec trop de douceur. Elle vint avec Mlle Hermance. « Voyons, mon poëte, donnez-moi tout de suite une leçon. » Nous étions sur l'herbe, je montai au moulin pour chercher les outils du poëte, non pas une lyre ni une cythare, mais tout bêtement une plume, de l'encre et du papier. Je lui donnai la plume. « Eh bien, Mademoiselle, faites des vers, et je vous dirai pourquoi ils sont bons ou mauvais. — Je ne trouve rien, dit-elle, après avoir cherché; dictez et j'écrirai. »

Un poëte de dix-sept ans ne se fait jamais prier. J'improvisai ces quatre vers :

Le mot baise le mot. Ah! quel baiser charmant!
Par tes lèvres ta bouche ardente s'entrebaise :
C'est la rime, ô Lucy, qui chante doucement
Rouge de la framboise et pourpre de la fraise.

Miss Adisson avait à peine écrit la dernière rime, que sa mère apparut avec un air digne et fâché. « Que faites-vous là, Mademoiselle? Je vous croyais à la messe. — Elle est à la messe d'Apollon, » dis-je, en essayant de rire. Mais la mère avait saisi les vers. Elle les lut, me regarda d'un air glacial et dit à sa fille : « Venez, Lucy. »

Le soir, à la nuit close, Mlle Hermance revint à moi comme une ombre éplorée : tout le monde était brouillé, la mère parlait de partir sous huit jours, la fille se désolait, l'institutrice avait son congé. Comment consoler celle-ci, comment consoler celle-là? Mlle Hermance me dit que je devrais épouser Mlle Lucy. « Vous ne savez donc pas, lui dis-je, que je n'ai que dix-sept ans. — Vous voulez rire. » En effet, j'avais l'air d'avoir vingt ans bien sonnés, par ma taille et par mes moustaches déjà paraissantes. « Eh bien, proposez à Mme Adisson de partir avec elle pour les Indes, comme un aspirant au mariage. Êtes-vous riche? — Effroyablement, lui répondis-je, en lui montrant toutes les étoiles du ciel. Vous voyez, j'ai des millions là-haut. — Si ce n'est que cela! on disait que votre père s'appelait le marquis de Carabas. — Peut-être, mais mon père ne donnera d'argent qu'à mes sœurs; son principe est que les fils ne doivent pas être dotés, afin qu'ils travaillent à se doter eux-mêmes. — C'est égal, venez aux Indes, votre violon fera votre fortune, vous chanterez des duos avec Mlle Adisson. Si vous n'épousez pas Lucy, vous épouserez une princesse, mais surtout priez pour qu'on ne me mette pas à la porte, car mon rêve, c'est de me promener en palanquin sur les bords du Gange; d'ailleurs, je suis sûre de trouver là-bas un prince. — Oui, comme je trouverai une princesse. » Là-dessus, voilà cette folle qui s'en va dire à Mme Adisson que je veux partir avec elle, que mon père a des millions, que j'épouserai sa fille; si bien que l'ancienne cantatrice tombe dans ce rêve incroyable et me rappelle au pavillon par un petit billet. J'y vais. Elle était seule. Elle me parle du voyage comme s'il se fût agi d'aller de Paris à Versailles; voilà que mon esprit prend la poste avec mon imagination à la diable. « Vous ne pouvez pas rester dans ce moulin. — Vous avez raison. — Vous verrez le plus beau pays du monde. — Oui. — C'est loin, mais pendant le voyage, vous jouerez du violon. — Et vous me chanterez du Mozart et du Gluck. »

Sur quoi, elle me prend dans ses bras et elle m'embrasse jusqu'à l'évanouissement, tout en me disant : *Je t'aime, je t'aime, je t'aime !* Je chante la même chanson sans la savoir, mais à dix-sept ans on apprend si vite cette chanson-là !

Me voilà dans l'enthousiasme, amoureux de la mère, amoureux de la fille, amoureux de l'institutrice. Je me gardai bien d'en rien dire autour de moi; j'avisai, toutefois, un huissier qui m'avait déjà prêté quelques louis, car il me fallait de l'argent pour cette partie de campagne. « Maître Minart, je pars pour les Indes, vous allez me prêter cinq mille francs. — Et ma garantie ? — Si je reviens, je vous donnerai dix mille francs ; si je ne reviens pas, mon père paiera mes dettes. » M. Minart me promit cinq mille francs. Il ne me trahit pas, mais il parla de l'histoire à sa femme, laquelle en parla à ma tante Olympe, et ma tante Olympe en parla à ma mère. Le dimanche suivant, allant selon la coutume dîner à La Tour, je rencontrai ma mère qui pleurait. Je voulus l'embrasser. Elle éclata comme une bourrasque. « Et tu t'imagines que je t'ai mis au monde, que je t'ai nourri de mon lait, que je t'ai plus d'une fois arraché à la mort pour que la première aventurière venue te prenne sur mon cœur et t'enlève aux Grandes Indes ? Non, non ! » Elle sanglotait. Je me jetai dans ses bras. « Ma mère, je ne partirai pas. »

Et voilà comment je ne fis pas le voyage aux Indes.

Ce qui ne m'empêcha pas de retourner le soir au pavillon, plus amoureux encore, mais ne sachant pas bien de laquelle des trois : simple libertinage de cœur.

Les mères ont des pressentimens qui ne les trompent pas. La mienne a bien fait de me retenir dans ses bras, car j'ai appris plus tard que Mme Adisson, dans son voyage à Calcutta, était devenue la maîtresse d'un lieutenant de vaisseau qui épousa Lucy. Et la fille et la mère sont mortes de chagrin. Pris par le charme étrange de la mère et par la jeunesse romanesque de la fille, n'avais-je pas commencé ce roman qui eût voilé mon cœur à jamais si je ne m'étais arrêté au premier chapitre ?

Avec mon esprit inquiet et chercheur, la placidité souriante ou revêche de la nature ne pouvait me retenir longtems en pleine campagne. D'ailleurs il faut une patience super-angélique pour se dévouer à l'agriculture. La Fontaine disait qu'il y a un trésor caché sous terre. Mais que j'ai vu d'héroïques travailleurs se ruiner à la recherche de ce trésor! Où est donc le grand agriculteur qui ait thésorisé avec les richesses des moissons? Le dernier mot du laboureur est celui-ci : « O terre ingrate! » Voilà pourquoi un beau jour j'abandonnai sans retour les chams de blé et les versans de vignes pour courir d'autres hasards.

Cette fois je partis seul pour Paris, non pourtant sans jeter un adieu mélancolique à cette muse des prés et des bois dont je retrouve l'image dans mes souvenirs d'antan.

LIVRE IV

TEMS PERDU

I

Sur le chemin de Soissons, je rencontrai une troupe de comédiens courant l'aventure, qui me rappela — d'assez loin pourtant — les bohémiens du roi Silence. C'était un peu moins dépenaillé, mais tout aussi pittoresque. A l'avant-garde, un char-à-bancs traînait les comédiennes les plus flambantes de la troupe, sous la protection de M. Léandre. A l'arrière-garde, un chariot conduit par M. Sganarelle renfermait les enfans et les décors.

Quelques acteurs et quelques actrices venaient de s'arrêter devant une fontaine, — vraie fontaine miraculeuse quand il n'y a point de cabaret. — Je ne fis pas de façons pour prier une Colombine, qui buvait dans sa main, de me permettre de boire à la même coupe.

J'ai conté déjà mes premières aventures sur le chemin de Paris en vers qui ressemblent trop à de la prose pour que je me donne la peine de les traduire ici, d'autant moins que je n'arriverais pas mieux à la concision si je décapitais mes rimes.

Donc, si vous voulez la fin de l'histoire, vous serez forcé de lire mes vers. C'est, d'ailleurs, sur les strophes que l'inimitable Roybet a gravé cette scène à l'eau forte :

L'Étoile mit la main sous le jet de la source,
Elle y trempa la lèvre et but tout en riant.
Je bus dans cette coupe... Hélas ! mons La Ressource
Survint plus glorieux qu'un prince d'Orient ;
Il prit la même coupe. O ciel ! si la Grande Ourse
Avait pu l'engloutir, ce fanfaron bruyant !

Quoiqu'il eût pour aïeux le Soleil et la Lune,
Il daigna me parler : c'était beaucoup d'honneur !
« Que vous êtes heureux ! lui dis-je sans rancune.
— Voulez-vous une stalle au jeu de mon bonheur ?
— Être comédien, quelle bonne fortune !
— Eh bien, soyez heureux. — Oh ! grand merci, seigneur ! »

La Ressource aussitôt va haranguer sa troupe,
Et d'un air d'empereur me présente gaiement :
« Nous avons tous les deux bu dans la même coupe,
Donc nous sommes amis. » Chacun me fut charmant.
Clitandre, enrubanné, freluquet à la houppe,
Daigna venir à moi pour causer galamment.

Je regardais l'Étoile et déjà j'étais ivre :
L'eau se changeait en vin; je croyais mon cœur pris.
Mais cela n'était pas encore le vrai livre
De l'amour. — Tout à coup, une beauté sans prix
M'apparaît — et je sens que mon âme va vivre...
Clitandre me parlait, mais je n'ai rien compris.

Or, c'était l'ingénue. Elle songeait sans doute
A sa mère; on eût dit une Mignon rêvant;
Elle avait dérobé quelques fleurs sur sa route,
Que d'une main distraite elle effeuillait au vent.
Elle n'entendait rien. — Arabelle était toute
A ses rêves aimés. — Elle rêvait souvent.

Sur sa bouche entr'ouverte ainsi qu'une grenade,
Un sourire parlait de sa virginité;
Autour d'elle l'Amour chantait sa sérénade;
Sa grâce était plus belle encor que sa beauté;
Comme une vision le soir en promenade,
Elle cherchait dans l'air la vague volupté.

« Ma belle, écoutez-moi : la Muse est ma marraine;
Ma nourrice a baigné ma lèvre à l'Hippocras,
Et je n'ai qu'à parler pour créer une reine :
Je te couronnerai partout où tu voudras.
Je cherchais sur la rive Héro pour souveraine :
Appelle-moi Léandre et tombe dans mes bras. »

Mais la belle me dit : « Je n'aime pas les phrases. »
J'eus beau parler, elle eut des rages de pudeur;
Ah! si j'avais montré des perles, des topazes,
C'était là l'éloquence! Et moi, dans ma candeur,
Je cueillais des bleuets, des rimes, des extases...
O poëte ignorant qui ne sait pas son cœur!

Elle se ravisa pourtant, l'aventureuse,
Et s'avoua vaincue après m'avoir bravé :
Un soir qu'elle jouait son rôle d'amoureuse
Avec plus d'abandon, le public captivé
Lui jeta des bouquets. « Puisque je suis heureuse,
Me dit-elle, viens-t'en : je t'aime, J'AI TROUVÉ !

O le divin roman de mon âme étonnée,
Désir de volupté dans l'amour virginal,
Rayon dont la jeunesse est tout illuminée !
Mais ce roman dura ce que dure un journal.
Journal du soir ! Déjà quand vint la matinée
La belle en souriant me chanta l'air final.

Je quittai le théâtre un peu tôt pour ma gloire :
Je devais débuter en prose et même en vers.
La Ressource me fit ses adieux après boire...
Je venais de passer par tout un univers !
Mon cœur brouillait déjà le roman et l'histoire :
Je regrette toujours mes bottes à revers.

Arabelle pleura — des perles — la perverse !
Elle essayait un rôle : — Horrible gagne-pain !
O doux baisers d'adieu ! ce fut toute une averse.
Une larme de plus et je mourais Scapin.
Que de rêves charmans son souvenir me verse,
La blanche vision d'un ciel de papier peint !

Le soir, le croirez-vous ? je revins au théâtre :
En simple spectateur je voulais la revoir.
Ma belle amie avait un public idolâtre ;
Je courus à sa loge, avec mon désespoir :
« Écoute, me dit-elle, écoute mon cœur battre ;
Tu m'as appris l'amour — un autre est là — bonsoir ! »

II

Les chansons

Après avoir quitté les comédiens dans la patrie d'Alexandre Dumas, ne voulant pas m'aventurer avec eux dans le pays de Racine ni dans celui de La Fontaine, quoique tout cela fût de mon département, je débarquai à Paris un beau matin d'avril au premier feu de l'aurore. La grande ville dormait, mais dormait mal : la veille, le choléra lui avait pris dix-sept cent vingt et un habitans. On était affolé par l'épouvante; aussi tout en suivant à pied l'Auvergnat qui avait pris mes bagages rue Notre-Dame-des-Victoires pour les porter dans le pays Latin, — car en ce tems-là les fiacres étaient rares le matin, — je rencontrais dans les rues des cholériques roulés dans des draps, qui attendaient les croque-morts à la porte de leur maison. Tout le monde avait peur de tout le monde, car c'était la première fois que cette peste tombait sur Paris. Les rares Parisiens sortis à cette heure-là grignotaient des oignons pour braver le fléau; moi seul peut-être je n'avais pas peur, ne pouvant imaginer que je venais tout exprès à Paris pour me faire enterrer. Je ne savais pas bien en quel hôtel je voulais descendre, lorsque je fis la rencontre d'un coquin de haute futaie, marchand de bijoux que j'avais rencontré à Soissons, où il avait chanté à table d'hôte des chansons de Béranger.

Il me demanda où je voulais aller. Je lui parlai du voisinage de la Sorbonne et du Collège de France : il me conduisit à l'*Hôtel de Malte*, place Cambrai, où on ne fit pas de façons pour me recevoir : il n'y avait plus qu'un seul locataire, Van-Del-Hell, qui devint bientôt mon ami.

J'étais à peine entré qu'il vint à ma rencontre. « Dieu soit loué! me dit-il en riant, car c'est Dieu qui vous envoie; le choléra a dévoré ou chassé tous les locataires de l'*Hôtel de Malte;* il n'avait plus qu'une bouchée à faire de moi, mais maintenant à nous deux! — N'ayons pas peur, lui dis-je, le choléra n'aime pas les gens qui rient. » Nous nous donnâmes la main. Ce fut une des plus vives amitiés du pays Latin. Ce n'est pas la peine de conter les dangers que me fit courir le marchand de bijoux. Il m'attendait dans le bureau de l'hôtel. Il m'entraîna dans la Cité, rue aux Fèves, pour déjeuner, me disant que j'aurais l'occasion d'y rencontrer Béranger. J'étais tombé dans un abominable coupe-gorge; mais quoique Champenois, je n'étais pas si bête. A peine nous eut-on servi une andouille et du vin blanc, qu'une demi-douzaine de coquines mirent la main sur moi. J'eus le bon esprit de ne pas mettre la main sur elles. Je leur déclarai que je voulais devenir évêque et que rien au monde ne pourrait me détourner de la voie sacrée.

C'est beau de braver les passions, surtout les mauvaises passions; car j'avais remarqué parmi ces monstres dépenaillés, vrai fumier de débauche, une jolie fille, intitulée la Brabançonne, qui versait à boire à tout le monde, non pas comme une urne, mais comme une cruche, bras nus, cheveux épars, gorge flottante : une vraie fille de Jordaens, qui me prenait les yeux.

Je m'enfuis comme un sage.

Le marchand de bijoux sortit en même tems que moi. « Vous ne savez pas vivre, me dit-il; cette fille qui nous versait à boire est la coqueluche de tout Paris.—Je sais vivre, Monsieur, mais je ne sais pas boire. » Et je bifurquai pour ne pas aller du même pas avec ce drôle.

Je ne fus pas peu surpris quand je retrouvai l'*Hôtel de Malte*, — ce qui ne fut pas sans peine, car je ne savais point qu'il fût situé place Cambrai, — de voir Van-Del-Hell aux prises avec le marchand de bijoux. Il le secouait comme un prunier et l'entraînait au poste. C'est que ce galant homme, qui savait bien son chemin, était venu en toute hâte demander ma valise à l'hôtesse, en lui disant que je l'envoyais pour ce message, étant attardé avec des amis.

Quand Van-Del-Hell m'aperçut, il abandonna l'idée de conduire l'homme au poste; il se contenta de lui donner un coup de pied dans l'arrière-train. « J'aime la justice sommaire, me dit-il. Et puis, il nous eût fallu aller déposer au tribunal et nous n'avons pas de tems à perdre. » Van-Del-Hell savait déjà que je venais à Paris pour y faire des romans et des comédies, des poëmes et des sonnets; lui-même, quoique occupé à donner des leçons de grec aux futurs bacheliers hors cadre, se préparait pour le boulevard du Crime; il écrivait un drame pour la Gaîté et un à-propos aux Folies-Dramatiques. Il me proposa d'être de moitié dans tout ce que nous ferions. Il se chargea dès le jour même de promener sur le quai, chez tous les libraires, des *Contes fantastiques* que j'apportais de Bruyères. Il revint le soir très désillusionné, mais nous dînâmes gaiement tout en tenant conseil pour le lendemain. « Et la poésie? lui dis-je. — Tu es fou, la prose est de la mauvaise monnaie, mais la poésie est de la fausse monnaie : tu aurais l'*Iliade* dans ta poche que tu n'en tirerais pas un louis d'or. — Alors Homère au dix-neuvième siècle mendierait à travers Paris? — Oui, s'il n'était pas connu. — Comment ont fait les autres poëtes? — Ce sont des malins, Lamartine et Hugo : ils ont commencé par être célèbres, mais ceux qui ne commencent pas par là ne font jamais rien. — Et Béranger? — Autre malin qui a fait chanter sa première chanson par toute la France. A propos, veux-tu faire des chansons? — Mon Dieu, oui. — C'est qu'un marchand des rues m'en a demandé hier. — Cela a cours? — Je crois bien, il m'a offert quarante-huit francs pour vingt-quatre chansons; il avait commencé par m'offrir vingt-quatre francs pour quarante-huit chansons. Il débite cela par cahiers de douze, quelquefois de six. — Eh bien, demain, je lui ferai ses vingt-quatre chansons. — Comment, demain! — Des chansons, cela s'improvise. Ah! je ne les ferai pas dans le silence du cabinet comme Béranger; je les ferai dans la rue ou au café, un peu partout. »

Le lendemian, à l'heure du dîner, je présentai à Van-Del-Hell un joli manuscrit renfermant vingt-quatre chansons variées sur des airs connus ou des airs à faire, chansons politiques et chansons amoureuses. « Mais en vérité, me dit Van-Del-Hell, feuilletant le manuscrit, il y en a de fort jolies. — C'est plus tôt fait de les bien faire que de les mal faire. » Le soir même, le marchand de chansons nous avait payés. Aussi nous nous en allâmes gaiement dîner sur la place de l'Odéon, ce qui nous coûta six chansons. Nous dépensâmes encore deux chansons au café Voltaire.

J'étais émerveillé de la facilité de mes débuts :

quarante-huit francs en un jour! Et ce qu'il y eut de plus beau, c'est que le marchand de chansons revint jusqu'à trois fois frapper à notre porte. « Remarque, me dit Van-Del-Hell, que ces chansons, chantées dans le quartier Latin, pourront nous servir encore pour mettre dans des vaudevilles qui seront joués sur la rive droite. » Et il se mit à chanter, sur l'air des *Visitandines*, la première chanson qui avait pour titre : *Les Courtisans.*

Ils sont fidèles sur un point
Les gens qui vivent de louange,
Car ces Messieurs ne changent point
Lorsque le gouvernement change.

La seconde chanson s'appelait *les Courtisanes;* elle fut chantée à perte de voix dans tous les carrefours. Heureusement qu'on ne chantait pas le nom de l'auteur, car nous avions pris ce pseudonyme : UN PETIT-COUSIN DE BÉRANGER. Deux cahiers parurent avec cette autre marque : *Chansons dans la manière de M. de Béranger.*

Cette gloire anonyme ne pouvait pas nous mener bien loin ni faire notre fortune. Nous nous rejetâmes sur le roman et sur le théâtre; mais nous avions beau nous armer des plus beaux titres, les éditeurs de romans et les directeurs de théâtre nous renvoyaient aux calendes grecques. Toutefois, un mauvais roman : *De profundis*, et un mauvais drame : *La Vierge des Ruines* furent acceptés par l'éditeur Lecointe et par le directeur de la Gaîté. Le drame renfermait toutes les péripéties des crimes et des passions ; le roman vivait de cette idée reparue plus d'une fois depuis 1832 : une courtisane qui, tout en continuant de vivre sur le fumier, élève sa fille dans une atmosphère virginale. Mais cela ne valait pas la peine d'être imprimé ni la peine d'être joué, parce que cela était écrit par deux gamins gaminant. Il nous vint une bonne aubaine. On demanda à Van-Del-Hell une traduction nouvelle de *Daphnis et Chloé*. « C'est ton affaire, lui dis-je. — C'est plutôt la tienne, me répondit-il. — Voyons ! puisque tu es un helléniste. — Oui, mais je ne sais pas mieux le grec que toi, car personne ne sait le grec, pas même mon père qui a fait une *Grammaire grecque*. Tu vas te mettre à l'œuvre, parce que tu es bien plus près que moi de ces mœurs rustiques. Tu as dû jouer, il n'y a point longtems, dans tes vallons champenois, le rôle de Daphnis auprès d'une Chloé amoureuse sans le savoir. — Oui, mais je vais donner une couleur champenoise au lieu de donner une couleur grecque. — Non, n'aie pas peur. Tu mettras Longus le soir sous ton oreiller et tu te réveilleras le matin tout aussi Grec que lui, d'autant plus que c'est un Grec de la décadence. Tu sais bien que ce sont les musiciens les moins savans qui trouvent les plus jolies mélodies. »

Ces paroles de Van-Del-Hell me rappelèrent un petit vers du cardinal de Bernis qui vaut tout l'*Art poétique* et tout le *Traité du Sublime* :

A force d'art, l'art lui-même est banni.

La Fontaine n'eût pas dit mieux. Je trouvai bien original de traduire *Daphnis et Chloé;* j'y allai bravement, tout en étudiant Amyot et Courier; je n'avais d'ailleurs aucune inquiétude, car cette traduction devait être revue et corrigée par le père de Van-Del-Hell; c'était grâce à son nom qu'on nous payait un beau billet de mille francs pour mettre ce petit chef-d'œuvre dans le style romantique.

III

Les dieux

Je ne fus pas peu surpris un matin de voir arriver Van-Del-Hell déguisé en Saint-Simonien. « Pourquoi cette mascarade ? — Oui, tu croyais que j'avais passé la nuit dans une tabagie avec des filles ou des coquins ? Rassure-toi, je me suis régénéré ! C'est ce que tu feras avant peu, car toi aussi tu seras Saint-Simonien. — Jamais ! le rôle d'apôtre ne me tente pas ; de deux choses l'une : ou on est l'apôtre du ridicule, et ce n'est pas la peine de se mettre en campagne ; ou on est l'apôtre du juste, et on meurt de tous les martyres. J'ai soif de vie et de liberté, je ne veux pas m'enrégimenter dans les idées des autres. Je ne t'en fais pas moins mon compliment : tu es fort beau dans ta métamorphose. Où prêches-tu ? — Je ne prêche pas encore. *A chacun selon ses œuvres :* j'ai dit que j'étais un homme de lettres, et on m'a chargé de porter des lettres. »

Si la religion saint-simonienne n'a pas pris de plus fortes racines en France, c'est que la légende poétique ne couronnait pas son idéal, car ce n'était ni l'Évangile, ni l'intelligence, ni les nuées qui lui manquaient. Je n'ai jamais vu remuer tant d'idées que par les Saints-Simoniens. Tous ont eu la prescience du monde futur. Il leur a fallu percer des isthmes, mais leurs arrière-neveux viendront qui les conduiront à la terre promise. Maxime Du Camp a très bien dit d'Enfantin, qu'il rappelait les paladins de la scolastique allant offrir à tout venant la bataille dans le champ clos des syllogismes. C'était mieux qu'un paladin, c'était un apôtre, non seulement par la barbe mais par la foi ; son tort était de trop heurter les nuages de l'Apocalypse.

Il y eut bien des comédies dans le saint-simonisme. Je transcris ici trois pages prises dans trois lettres que j'écrivais à ma mère * :

« Les Saints-Simoniens avaient quitté leur patrie primitive de Ménilmontant ; ils sont descendus à la rue Taitbout, où tous les dimanches ils font la Cène : le Père, le Fils, les Filles ; mais hier la représentation a été interrompue par des comédiens qui trouvent que leur théâtre ne fait plus d'argent, depuis que les dieux se mêlent de se faire eux-mêmes comédiens. Sifflets, tumulte, batailles ; la garde municipale a fait irruption et a osé mettre la main sur Dieu le père. Le croirez-vous, siècles futurs, on a empoigné Enfantin comme un simple mortel !

« C'est la première station de la croix.

« Mais nous n'en sommes pas encore au Golgotha,

* Quand mourut ma mère, en 1876, je retrouvai mes lettres, même celles que j'écrivais à mes sœurs, dans une petite chiffonnière en bois de rose, dernier souvenir de *Chiffe*, fille de Louis XV. Ma mère, qui lisait encore à ses derniers jours, quoiqu'elle eût quatre-vingt-quatre ans, avait feuilleté ces lettres jusqu'à la fin, en me disant qu'elle savait mieux ma vie que moi-même. Elle avait raison : beaucoup de pages de ma vie étaient là que j'avais bien oubliées.

témoin ces petites lettres d'invitation à ces dames : « Le dieu Saint-Simon vous invite à passer la soirée « chez lui, rue de Monsigny, n° 3. Il y aura un violon. »

« On a joué le ciel à l'écarté et mis Dieu en coupons de rente. Le pape a battu des entrechats tout comme un simple mortel ; le sous-pape a dansé le cotillon avec la papesse, afin d'offrir une image de l'hyménée que les Saints-Simoniens comptent établir dans la grande famille humaine.

. . . .

« Mais voici que les dieux ne pouvant plus monter au ciel ni descendre aux enfers vont en cour d'assises. O Saint-Simon ! où es-tu ? Tu diras que la cour d'assises est le prétoire. Jésus-Christ n'a-t-il point passé par là ? Jésus-Christ n'était-il point la loi vivante, si Saint-Simon me permet de le comparer au Fils de Dieu ? Le sous-dieu Enfantin n'était pourtant pas sûr de son affaire quand il a comparu en cour d'assises. « Celui « qui protège les femmes sera protégé par les femmes. » Donc Enfantin avait pris deux avocates, mais au moment suprême les deux avocates ayant omis de revêtir la robe et de se coiffer du bonnet se virent couper la parole. Le sous-dieu fut réduit à parler lui-même comme un simple mortel ; il a invoqué ceux qui pleurent, en disant qu'ils seraient consolés. Les juges n'ont pas eu de pitié. Enfantin, Chevalier et Duveyrier, « ses « fils », ont été condamnés à je ne sais combien de mois de prison ! Olyndes Rodrigues a payé l'amende. Avec un si beau nom ! Enfantin se consolera dans sa gloire, Chevalier dira qu'il est sans peur et sans reproche, Duveyrier fera une comédie.

« La vraie comédie à faire, c'est la comédie des dieux.

« En attendant, c'est toujours un étrange spectacle que de voir les idées battues de verges. Celui qui se sert de l'épée périra par l'épée, celui qui frappe par l'idée ne doit périr que par l'idée.

. . . .

« Les dieux s'en vont. On ne leur a même pas donné leurs huit jours, on les a mis hors la loi tout en les mettant à la porte. Je parle des Saints-Simoniens. La doctrine est dans la rue; les prophètes ont mis la clef sous la porte; ils ne sont sortis qu'après le coucher du soleil pour ne pas être appréhendés au corps. Comme les dieux n'ont pas payé leur loyer, on vend leur défroque, ces admirables habits bleus couleur du ciel, que revêtaient avec tant d'onction le pape et la papesse. Il n'est pas jusqu'au trône qui ne soit mis à l'encan, ce trône où Enfantin prêchait la doctrine de la rédemption de la chair. On vendra aussi *le Globe*, le journal des dieux; mais le phénix renaîtra de ses cendres : le Capitole est près de la roche Tarpéienne.

« L'abbé Châtel retournera-t-il au Capitole? C'est un autre dieu qui fait sans gaieté le mardi gras du catholicisme. Il ne doute de rien, il va de scandale en scandale, il se croit un Luther ou un Calvin, il donne le sacrement de la première communion, du même coup, à deux cents jolis enfans qui croient qu'une Église est une église. Ce n'est pas assez de faire des anges, il a fait un évêque après s'être consacré archevêque. Mais voilà que l'évêque et l'archevêque se prennent au collet et se traînent dans la boue de Clichy-la-Garenne, leur pays d'élection, car c'est là qu'ils disent aujourd'hui la messe en français.

« Ces deux grands-prêtres promettaient de faire travailler les poëtes, à commencer par Casimir Delavigne, qui vient de traduire pour eux le *De profundis* en français. Espérons que ce *De profundis* sera bientôt chanté sur la tombe de ces deux coquins sans le savoir.

« La prochaine fois je te parlerai du Mapah, troisième dieu que j'ai vu bras dessus bras dessous avec Evadan, sa maîtresse et sa blanchisseuse. »

Ainsi, sur les dieux du jour, j'écrivais à ma mère, — Lucien imberbe, — dans ma raillerie juvénile.

J'ai vu passer plus tard le cercueil d'un quatrième dieu, qui fut un homme par les idées. Charles Fourier n'était ni de l'Académie des sciences ni de l'Académie des sciences morales et politiques, quoiqu'il fût la science innée. Qui le croira? — ce grand chercheur dans le pays de la vérité, qui a proclamé la loi sériaire, le théorème proportionnel aux destinées, la théorie des quatre mouvemens; celui qui, à quinze ans, avant l'invention de la vapeur, inventait le chemin de fer devant ses camarades d'école, disant qu'il ne fallait plus que les nations fussent étrangères l'une à l'autre, puisque l'humanité était la même famille, — eh bien, il est mort abandonné de tous les penseurs du siècle, de tous les savans patentés; pas un ne s'est incliné sur cette misère auguste, pas un n'a été effrayé à l'idée que Charles Fourier à soixante-six ans travaillait douze heures par jour, comme un subalterne, copiant des lettres de commerce pour gagner son pain! Sur la fin, pourtant, un homme de cœur, qui a conduit ses funérailles, avait créé autour de lui une petite phalange d'amitiés dévouées.

Saint-Simon a été plus heureux : il a éveillé des enthousiasmes passionnés, il a failli renouveler le monde.

Je ne sais pas si les Fouriéristes auront un lendemain, je suis sûr que les Saints-Simoniens n'ont pas dit leur dernier mot. Ils sont tous morts, mais leur testament n'est pas encore ouvert.

IV

Nini-yeux-noirs, Nini-yeux-bleus

Me croirez-vous quand je vous dirai qu'au mois de mai 1832, pour inaugurer la belle saison retardée par le choléra, un étudiant de Charenton voulut mettre à la mode les chapeaux rouges, les chapeaux violets, les chapeaux bleus, comme si les hommes voulussent arborer toutes les couleurs, aussi bien que les femmes. Ce fut un incroyable charivari, car il y eut aussi des chapeaux tricolores.

Les étudians, presque tous républicains, se pavanèrent avec le chapeau rouge; les timorés se contentèrent du chapeau violet; les Werthers s'endimanchèrent avec le chapeau bleu. Dans le pays Latin les chapeaux ne coûtant que dix francs, nous nous risquâmes pour un louis avec le chapeau rouge. Comme on portait ça sur le coin de l'oreille, tout le monde tournait la tête pour voir passer les chapeaux rouges. Les nôtres nous portèrent bonheur.

Nous traversions un matin le jardin du Luxembourg; nous avisâmes deux fillettes tout émerveillées de nous voir si bien coiffés.

C'étaient deux échappées de la famille qui couraient l'aventure, depuis l'École de droit jusqu'à l'École de médecine, en passant par la fontaine de Médicis : une vraie fontaine de Vaucluse pour les Laures cherchant Pétrarque. L'une d'elles dit : « Les jolis chapeaux! — Et bien portés! » m'écriai-je.

Nous étions deux, nous voilà quatre. Les demoiselles n'étaient pas, comme nous, coiffées à la dernière mode; elles allaient cheveux flottans, l'une en saule pleureur, l'autre à la Ninon; l'une marchait en pantoufles, l'autre traînait des souliers mordorés ; chacune portait allègrement une robe de foulard si légère, qu'elle dessinait les golfes et les caps de ces deux géographies féminines. C'étaient là deux bouquets de jeunesse, deux promesses amoureuses, deux fruits à peine mûrissans. Je n'eus pas de peine à convaincre ces fillettes que, puisqu'elles étaient sur notre passage, c'est que le destin voulait qu'elles déjeunassent avec nous. Et séance tenante, Van-Del-Hell prit la main de Nini-yeux-bleus pour lui dire la bonne aventure. Il ne compromit pas sa science divinatoire en lui annonçant qu'elle tromperait l'un pour l'autre. Je voulus être tout aussi savant : Je lus tout haut dans les yeux de l'autre demoiselle qu'elle roulerait carrosse aux Champs-Élysées. La pauvre fille n'avait pas de quoi aller en omnibus, aussi fut-elle touchée au cœur d'une pareille prédiction. Nous montâmes la grande allée du Luxembourg pour déjeuner dans un cabaret qui portait pour enseigne : *Au brave des braves* et qui était situé là où dansent aujourd'hui ces demoiselles de la *Closerie des lilas*. « Comment t'appelles-tu ? demandai-je à celle qui devait tromper tous les hommes. — Nini. — Et toi ? demanda Van-Del-Hell à celle qui devait, selon ma prédiction, rouler carrosse. — Nini, répondit-elle aussi. — En vérité, dis-je, vous ne devez pas vous reconnaître, et vos amoureux eux-mêmes doivent y perdre leur latin. — Eh bien! dit la première Nini, le grand malheur quand on prendrait l'une pour l'autre! ne sommes-nous pas jolies toutes deux? »

En effet, elles étaient jolies. Elles avaient surtout cette beauté du diable qui caractérise les Parisiennes, mais qui ne dure que cinq ou six saisons. Tant que le diable est là, c'est bien; mais quand le diable s'en va, adieu la beauté du diable.

Comme nous étions des hommes d'ordre, nous rebaptisâmes les deux amies à notre premier verre de vin de Chablis. Il fut résolu que l'une s'appellerait Nini-yeux-noirs, et l'autre Nini-yeux-bleus. Nous ne nous étions pas mis à la torture pour trouver ça.

Pourquoi Nini-yeux-noirs fut-elle mon étudiante plutôt que Nini-yeux-bleus? l'une valait l'autre; ce jour-là, je n'eusse pas donné un bouquet de violettes de deux sous pour choisir; mais, le lendemain, je sentis que j'avais eu la main heureuse.

Le déjeuner fut très bruyant et très gai. Comme alors j'avais la chanson sur les lèvres, j'improvisai :

NINI-YEUX-NOIRS, NINI-YEUX-BLEUS.

Nini-yeux-noirs, Nini-yeux-bleus,
Je ne sais pas la plus jolie :
L'une a des regards fabuleux,
Mais l'autre serait ma folie!

Nini-yeux-bleus, belle affolée,
A pris mon cœur : c'est mon tourment;

Je l'aime tout échevelée,
C'est une gerbe de froment.

Ses yeux sont des bleuets, sa bouche
Est un coquelicot joyeux :
Nini, ne soyez pas farouche,
Ni de la bouche ni des yeux.

Nini-yeux-noirs, vigne opulente
D'où va jaillir le raisin mûr,
N'ayez peur de la main galante,
Espalier riant sur le mur.

C'est avec la grâce du cygne
Que tu penches vers mon voisin;
Il dit que ta feuille de vigne
L'empêche de mordre au raisin.

Buvons l'amour, buvons l'ivresse,
Rayons du soleil radieux;
Et que brune ou blonde maîtresse
Dise que nous sommes des dieux!

Nini-yeux-noirs, Nini-yeux-bleus,
Je ne sais pas la plus jolie :
L'une a des regards fabuleux,
Mais l'autre serait ma folie!

On s'en revint par le Luxembourg. Tout en regardant les statues, les jeunes filles dévoilèrent qu'elles avaient posé chez Bosio et chez Pradier, naturellement en déesses ou en demi-déesses de l'Olympe. Van-Del-Hell s'indigna : « Quoi ! des jeunes filles si bien élevées ! vous n'avez pas honte de vous déshabiller ainsi devant des curieux qui ne se font artistes que pour le nu ? — Que voulez-vous, nous sommes si mal habillées. — Eh bien alors, venez poser chez nous. — A combien la séance? »

Une marchande de violettes passait : je me risquai de deux bouquets de deux sous. « Oui, à deux sous la séance, » dit Van-Del-Hell.

Les deux Nini trouvèrent que c'était bien payé. Elles montèrent bientôt d'un pas léger notre escalier de l'*Hôtel de Malte*. Mais qui fut bien attrapé ? Nous-mêmes, car elles ne voulurent plus le descendre, nous donnant les plus mauvaises raisons, à savoir : 1° qu'elles nous aimaient ; 2° qu'elles seraient battues par leurs mères.

Nous nous laissâmes convaincre jusqu'au lendemain. Nini-yeux-bleus, née pour courir les champs, ou plutôt les rues, — prenez garde aux yeux bleus ! — s'envola le matin en disant qu'elle reviendrait ; mais Nini-yeux-noirs tint bon : elle versa des larmes quand je lui parlai d'une séparation éternelle. J'avais des principes, je ne voulais pas vivre si intimement avec une maîtresse. J'ouvris mon cœur à l'hôtesse, qui, après un sermon tout maternel, me loua pour la belle une chambre au-dessus de la mienne, à moitié prix, parce qu'elle n'avait toujours personne depuis les ravages du choléra. Van-Del-Hell me plaignit d'être trop aimé. Je le plaignis de ne l'être pas du tout. Au fond j'étais effrayé d'avoir une femme sur les bras quand je n'avais pas de quoi vivre moi-même, d'autant plus que l'homme aux chansons ne revenait plus. Mais, à dix-sept ans, on voit apparaître toute rose l'aurore du lendemain ; d'ailleurs, nous avions encore du pain sur la planche avec *Daphnis et Chloé*.

Trois ou quatre jours après, la pâle inquiétude me

prit au cœur : on n'imagine pas ce que ces dents de fillettes dévorent du matin au soir, à commencer par les pommes, à finir par les oranges. Van-Del-Hell me fit des remontrances d'autant plus graves que Nini-yeux-bleus n'émargeait plus au budget. Je pris une résolution héroïque : quand les gouvernemens n'ont pas le sou, ils font un emprunt en donnant leur signature. J'écrivis au notaire de Bruyères qu'avec de grands travaux sur les bras, ne possédant pas de quoi acheter des plumes, je le priais de m'envoyer mille francs, moins que rien pour un homme comme lui. Heureusement il avait un fils qui romanisait aussi; il ne fit pas trop de façons pour m'apporter lui-même, huit jours après, mille francs en belles pièces de cent sous. En ce tems-là, l'or et les billets de banque ne couraient pas la poste. La pièce de cent sous était dans toute sa souveraineté.

Le notaire me surprit avec Nini-yeux-noirs, qui arrosait des fleurs sur la fenêtre. « Quelle est cette jeune personne? me demanda-t-il d'un air de père de famille. — C'est la fille de l'hôtesse, voilà pourquoi elle est en pantoufles. »

Le notaire comprit : il était familier aux choses de l'amour, car il était en train de se ruiner avec une demoiselle dont j'ai conté l'histoire dans *Les trois filles du cabaret*. Il fut sur le point de reprendre le sac de mille francs qu'il avait déposé sur la cheminée, mais, en fin de compte, il fut bon compatriote. « Voilà les mille francs, me dit-il; il ne faut pas mourir de misère, après Gilbert et Malfilâtre. Je ne suis pas un père comme le vôtre; il faut que jeunesse se passe; on ne corrige pas les enfans en leur coupant les vivres; si mon fils veut faire comme vous, je serai tout le premier à lui tenir l'étrier pour qu'il enfourche Pégase. »

Le notaire me fit encore quelques citations de l'ancien tems; après quoi, il m'emmena, au grand désespoir de Nini, déjeuner à l'*Hôtel de l'Empereur Joseph*, où l'attendait sa maîtresse que je connaissais bien.

Je croyais ingénument que ces mille francs allaient faire long feu. Je constituai Nini-yeux-noirs gardienne du trésor. Elle fut héroïque contre mes tentations, mais point contre les siennes. Elle eut beau faire : comme on ne comptait pas, on vit bientôt le fond du sac. Que voulez-vous ! trois gourmands dans la vie : ici l'amour, là l'amitié, car Van-Del-Hell était de la communauté les jours d'argent comme les jours de misère. Il me fit remarquer un soir que ma poupée était trop bien habillée. J'ai toujours aimé les objets d'art; or, le suprême objet d'art, c'est la femme : pourquoi ne pas lui donner le surachèvement de sa beauté ?

Un jour que je mis la main dans le sac, je n'y trouvai plus qu'une seule pièce de cent sous. J'en devins pâle de surprise; je pris la pièce de cent sous et je la regardai avec mélancolie. « La belle effigie ! m'écriai-je, je veux garder celle-là. » C'était la tête de Bonaparte, premier consul. « Décidément, me dit Van-Del-Hell, tu es né artiste. »

V

De quelques romantiques

J'étais en vive curiosité devant les romantiques. Je disais tous les jours à Van-Del-Hell : « Montre-moi les dieux ! » Mais il ne les connaissait pas plus que moi. Ce qui ne l'empêchait point de me dire : « Je te conduirai dans l'Olympe. » L'Olympe, ce n'était pas le Collège de France, où le bonhomme Andrieux expliquait alors La Fontaine ; ni la Sorbonne, d'où s'étaient échappés tous les maîtres de l'éloquence pour devenir plus ou moins ministres. Un soir pourtant je vis quelques figures radieuses à une représentation de la *Vie d'un joueur*. Alexandre Dumas, Balzac, Eugène Sue étaient dispersés au balcon. Que dis-je, ils étaient en scène, tant ils jouaient le rôle de leur personnage. C'étaient des signes de tête, des sourires, des clignemens d'yeux, des poignées de main à tous et à toutes ; mais Alexandre Dumas semblait dépasser les autres de dix coudées. C'était d'ailleurs lui qui prenait mes regards. Dans l'entr'acte, j'allai à sa rencontre. Ne sachant pas bien comment me présenter moi-même, je me plantai devant lui comme un point d'admiration : « Voulez-vous permettre à un anonyme de vous dire combien il aime vos œuvres ? — Pourquoi pas ! vous êtes de mes amis. — Je sais, monsieur, que vous en avez cent mille, mais si j'ose vous présenter ma carte, c'est parce que je suis votre compatriote. — Je vous en fais mon compliment. La Fontaine, Racine... — Et Alexandre Dumas. — J'allais le dire. Est-ce que vous voulez devenir célèbre ? — Non, mais j'ai taillé ma plume, vaille que vaille. » Dumas me serra la main et me dit d'aller le voir chez lui, — où il n'était jamais.

C'était au dernier entr'acte. Mon enthousiasme pour Dumas et pour Frédérick Lemaître était au plus haut diapason. Je regardais de tems en tems Balzac. « Voilà mon homme ! » me disait Van-Del-Hell. Eugène Sue aussi était son homme. C'était pour ainsi dire Eugène Sue avant la lettre ; mais mon ami avait deviné, en lisant *Atar-Gull*, le romancier des *Mystères de Paris*. « Est-ce que tous les romantiques sont bruns comme ceux-là ? lui demandai-je tout inquiet de mes cheveux blonds. — Tu es trop bête ! Il y en a de toutes les couleurs ; par exemple, Lamartine, Victor Hugo et Alfred de Vigny sont blonds ; ne parlons pas de messieurs de l'Académie, car ils portent tous des perruques rousses. »

Je ne dormis point de la nuit : il me semblait que Dumas m'eût donné le feu sacré. Je ne rêvais que drames violens et que romans passionnés. Mais dans ce tems-là, la grande difficulté n'était pas de faire un roman ou un drame, c'était de les faire imprimer et représenter. On ne comptait pas les hommes de génie, on en rencontrait dans toutes les avenues de la jeunesse ; aussi le célèbre éditeur Ladvocat pouvait-il publier un livre intitulé les *Cent et un* — et en laisser cent et un à la porte. — En outre, il y avait très peu de journaux. Et d'ailleurs, hormis la *Revue de Paris*, *l'Artiste* et la *Revue des Deux-Mondes*, tous ces journaux étaient inabordables aux gens de lettres, surtout aux romantiques. Ils se croyaient trop sérieux pour « donner dans ces folies ».

Les journaux politiques octroyaient à peine l'hospitalité à la critique de livres et à la critique théâtrale. On n'y publiait ni romans, ni études de mœurs, ni portraits littéraires ; aussi tous les jeunes esprits dévorés de l'amour des lettres se résignaient-ils à vivre de rien. Je crois que la misère n'a jamais été plus aiguë, plus suraiguë que dans ces années si fécondes. Le théâtre donnait de quoi mal vivre, le roman de quoi ne pas mourir de faim. M. de Balzac touchait à peine mille francs par mois de ses libraires. Toutefois, disons-le à la gloire de ceux qui se croyaient quelque chose là, la question d'argent n'était pas la question.

On n'en était pas moins gai, on n'en avait pas moins la foi la plus robuste dans l'art, tandis qu'aujourd'hui on a la foi la plus robuste dans l'argent. Mais il ne faut pas mal dire de l'argent qui est souvent aussi un grand artiste.

VI

L'Insurrection de Juin

Nous comptions toujours sur le lendemain, quand les événemens des 6 et 7 juin vinrent couper court.

Nous nous étions jetés en curieux bien plutôt que par politique dans le convoi du général Lamarque. Les coups de fusil nous montèrent à la tête, nous fûmes bientôt de l'insurrection sans savoir pourquoi ; dans les guerres civiles les jeunes et les ardens prennent toujours parti — parti contre la loi. — Nous ne nous quittâmes pas, ivres de poudre et de fumée, croyant sauver la France contre « ses oppresseurs ». Le pouvoir qui se défend est toujours un oppresseur. Nous étions d'ailleurs de ceux qui croyaient que la révolution de Juillet avait été escamotée et qu'il fallait proclamer la République pour retrouver le paradis perdu. Nous fîmes très gaillardement le coup de feu aux barricades de la rue Sainte-Avoie: c'était la poudre aux moineaux, car nous n'avions pas de balles, si bien que nous courions à la mort sans autre défense que nos baïonnettes. J'étais familier au fusil, parce que j'avais chassé. Van-Del-Hell, vrai gamin de Paris, n'eut pas besoin de prendre des leçons, mais il était aussi dangereux d'être de ses amis que d'être de ses ennemis. Ce fut près du cloître Saint-Méry que je fis la connaissance — une amitié qui dura toujours — de Godefroy Cavaignac. Comme il nous félicitait, je lui parlai d'une amie de ma mère, sa cousine, Mme de Corancez. Il me dit en souriant : « Il ne faudra pas lui dire que nous étions là. » Nous n'y restâmes pas longtems : la troupe fit irruption, jetant la mort à tort et à travers ; nous fûmes entraînés dans l'église Saint-Méry, qui devint durant cinq minutes un vrai coupe-gorge, car nous nous défendions à la baïonnette. Il faut dire pourtant qu'une fois dans le chœur, les soldats du roi ne firent plus œuvre de vengeance.

Je n'ai rien oublié de cette première prise d'armes qui m'a donné la fièvre des révoltes dans les jours troublés, où l'on croit à la terre promise. Voici comment s'alluma cette quasi-révolution.

Les pleureurs officiels suivaient le char funèbre du général Lamarque avec tant de recueillement qu'ils frappaient d'un coup de canne tous les chapeaux ne saluant pas assez vite.

J'étais en compagnie de Van-Del-Hell et d'un étudiant de mes amis qui avait fait le coup de feu en 1830. On s'entraîna en se disant : « Nous allons nous amuser. » On enterrait un général. Nous crions : *Vive la République!* C'est toujours pour nous amuser. Devant un café, des joueurs de dominos ne se lèvent pas pour saluer Lamarque, nous les empoignons et nous les mettons par violence dans le convoi. Le maître du café nous injurie. Nous brisons ses vitres et nous enlevons la dame du comptoir! Jusque-là, il n'y avait point de pleureuses. Tumulte effroyable. Tout à l'heure ce n'était qu'une gaminerie, c'est à présent une émeute. Nous crions si haut, que nous voilà les maîtres de Paris. La troupe arrive, nous la désarmons. Ce n'est pas assez, ceux-ci courent chez les armuriers, ceux-là chez les marchans de couteaux. En moins d'un quart d'heure, nous sommes tous armés. Nous suivons toujours le convoi avec ce beau recueillement; par malheur, le général Lamarque ne sort pas de son cercueil pour nous conduire. Des soldats surviennent çà et là, à pied et à cheval. Nous voilà coupés comme un serpent; mais l'émeute meurt et ne se rend pas. Nous n'avons point de cartouches: *A la baïonnette!* Le charivari funéraire se couronne de larmes sanglantes. On s'entre-tue sans bien savoir pourquoi. Ici, le flux nous emporte: plus loin, il nous rejette. Nos deux joueurs de dominos sont toujours parmi nous. Comme nous, ils ont crié aussi : *Vive la République!* Étrange épidémie de la foi républicaine. Nous leur promettons de faire ce soir une rude partie avec eux, mais auparavant nous voulons poser notre double-six aux Tuileries.

Une ovation ! La foule se rue sur le héros des deux mondes. Il veut apaiser la foule par un de ces beaux discours où il jongle avec tous les mots à la mode ; mais on ne veut pas l'entendre, on le jette dans un fiacre, on dételle les chevaux et on le traîne à la cérémonie. Cette ovation va durer toute la journée. Il faut bien que le peuple souverain s'amuse. Tu l'as voulu, Georges Dandin — Lafayette !

A bas les chapeaux gris ! Un monsieur à chapeau gris veut batailler, mais on se jette sur lui : c'est Roger de Beauvoir. Un autre monsieur pareillement coiffé est tout aussi violemment assailli : c'est Achille Jubinal. Voilà une vraie comédie, car après avoir été malmenés par les révolutionnaires, ils sont mis au poste par les sergens de ville.

O Aristophane ! M. Thiers est prisonnier au *Rocher de Cancale*. L'émeute est maîtresse du quartier Montorgueil. M. Thiers avait pris son parti et s'était mis à table en changeant son ruban rouge contre la croix de Juillet, mais l'émeute a voulu dîner avec lui.

L'armée a eu raison de la révolte ; bientôt l'émeute a fui, comme la poussière devant l'orage. Nous revînmes par les rues avoisinant les boulevards, au risque de nous faire prendre à chaque pas. Par-ci, par-là, on barricadait, mais quand survenait la garde nationale : « Que faites-vous là ? — Nous débarricadons. » Je vous le dis en vérité, des jeux d'enfans qui se font la main pour les futures révolutions. La nuit était venue. Quelques escarmouches, l'effarement, le silence.

Nous couchâmes à la belle étoile — sur la porte Saint-Denis ! — Le lendemain on mesura ses forces, rue Saint-Denis et rue Saint-Martin, parce que là l'émeute n'eut pas seulement les passans pour auxiliaires, elle eut les six étages des maisons. Les régimens décimés n'osaient plus marcher en avant contre des ennemis qui se battaient du haut en bas, surtout au cloître Saint-Méry. Le roi eut le bon esprit de faire le roi : il se montra à cheval devant l'Hôtel de Ville, les révoltés crièrent : *Vive le roi!* Ce fut le dernier mot et ce fut l'épitaphe de la République de 1830.

Je croyais que la France était pour nous, mais nous nous étions levés trop matin. Le lendemain la lumière se fit en moi, je reconnus que c'est à coups d'idées et non à coups de fusil qu'il faut mener le monde. Tous les chefs d'État sont bons pour faire la justice, quel que soit leur titre, roi, empereur ou Président de la République. Je fis mon *mea culpa*, et je jurai de ne plus faire la guerre aux privilèges et aux bras croisés que dans les livres et les journaux, sans d'ailleurs garder beaucoup d'illusions sur le rôle du journaliste politique. « J'ai vu les ambitieux levant la tête comme un cèdre du Liban : j'ai passé et ils n'étaient plus. »

Godefroy Cavaignac ne fit pas son *mea culpa*, mais nous demeurâmes profondément amis. Pendant une longue période, nous nous retrouvâmes chaque semaine à la table hospitalière de Mme de Corancez, au château d'Asnières. C'était bien la plus aimable des survivantes du Directoire. Veuve d'un ami de Jean-Jacques, elle aimait les lettres avec passion. Elle maria sa fille à un autre de mes amis les plus aimés : Émile Le Dien, qui fut maire du dixième arrondissement sous le général Cavaignac.

Cependant, au bout d'une heure, le préfet de police et son état-major vinrent procéder aux arrestations, tout en délivrant les femmes, les curieux, les enfans que l'occasion avait chassés à Saint-Méry. Notre ami l'étudiant s'envola comme par miracle, mais nous deux Van-Del-Hell nous fûmes bien accrochés Van-Del-Hell dit qu'il s'était battu comme un lion, sans savoir pour qui ni pourquoi : on le retint prisonnier. Vint mon tour ; le commissaire de police qui m'interrogeait dit tout à coup : « Comment, c'est toi ? » Je le reconnus aussi. « Oui, c'est moi, » dis-je en voulant le prendre sur le ton de l'héroïsme. « Monsieur, reprit Jennesson en clignant de l'œil, je vous réserve pour la fin. » Et se tournant vers deux sergens de ville : « Qu'on me réponde de cet homme ! »

J'avais reconnu Jennesson, un ami de mon père, élevé à Bruyères, où il venait souvent et où sa maison, bâtie pour une station d'eaux minérales, montre encore orgueilleusement une belle façade Louis XVI. Je le regardai sans bien comprendre, et je demandai à être réuni à Van-Del-Hell; mais mon ami était déjà parti sous bonne escorte.

Quand on eut à peu près mis de l'ordre dans le désordre de l'église, quand la plupart des prisonniers furent sur le chemin de la Préfecture de police, Jennesson me fit signe de marcher devant lui ; bientôt il marcha à côté de moi. « Tu es donc devenu fou ? me dit-il. Ah ! il n'y a point de justice : tu mériterais d'être fusillé ; mais je me contenterai de te mettre demain matin, quand tu auras passé la nuit chez moi, sur la route de Bruyères. » Je voulus encore relever mes moustaches naissantes de révolutionnaire. « Allons donc, gamin, ne fais pas le fanfaron. Si tu dis un mot, je t'abandonne aux conseils de guerre. — Je dirai encore un seul mot : accordez-moi la liberté de mon ami Van-Del-Hell, arrêté à côté de moi : il a fait le coup de fusil, mais il est si maladroit qu'il n'a tué que des insurgés. — Eh bien, je lui ferai grâce. »

Jennesson ordonna à un de ses hommes de me conduire chez lui, rue Boileau, si j'ai bonne mémoire. Mme Jennesson, avec une grâce charmante, apaisa mes idées révolutionnaires. Nous attendîmes son mari jusqu'à minuit pour souper ; ce ne fut pas long, car Jennesson devait passer la nuit à la Préfecture de police. On me donna un lit de camp où je ne dormis guère, tant j'avais la fièvre. J'entendais toujours les échos des coups de fusil, quoique Paris fût silencieux, semblable en cela aux poëtes sifflés au théâtre, qui toute la nuit croient entendre siffler. Je pensais aux hasards des révolutions : Un peu plus cette révolte de Juin jetait le gouvernement par terre pour proclamer la République, mais que serait-ce que cette République ? Serait-ce le rivage après la tempête, ou la tempête après le rivage ? Pourquoi, puisque j'étais un rêveur, avoir voulu devenir un homme d'action ? Je me reprochai, moi, l'engagé volontaire de 1831, d'avoir trahi le sentiment du devoir de soldat en m'armant contre l'armée. Je jurai de ne plus travailler qu'aux révolutions pacifiques.

J'étais désespéré d'être forcé de revenir à Bruyères, car Jennesson qui n'en voulait pas démordre m'exilait de Paris. Que deviendraient nos travaux avec Van-Del-Hell ? Reverrais-je le premier ami de ma vie parisienne ? Ne fallait-il pas dire adieu à tous mes rêves de poëte et d'artiste ? Ma mère allait m'embrasser en pleurant de joie, mais mon père allait m'accueillir avec son froncement de sourcils ? Que ferais-je là-bas ? Il m'obligerait à finir mes études, à entrer dans la magistrature ou à reprendre la charrue.

Le lendemain il me fallut pourtant partir. M. Jennesson qui était un brave homme me consola presque, par une scène inattendue. Comme nous prenions un biscuit trempé de vin de Bruyères, le secrétaire du commissariat fit entrer Van-Del-Hell. « Monsieur, vous êtes libre, » lui dit Jennesson. Je m'étais jeté dans les bras de mon ami. Il fallait partir; nous nous séparâmes. Je ne l'ai jamais revu.

J'oubliais, je le revis une demi-heure après. J'étais retourné à l'hôtel de Malte pour recueillir mes hardes; d'ailleurs la diligence ne partait que le soir. Je retrouvai Van-Del-Hell fumant sa pipe avec beaucoup de philosophie. Il avait promis à Jennesson de se cacher chez son père pendant les jours troublés, mais il reprenait pied sans souci à l'hôtel de Malte. « Je suis revenu pour toi, me dit-il. J'espère bien que tu ne vas pas aller faire tuer le veau gras dans ta famille. — Ni toi non plus. — Dieu m'en garde ! J'aimerais mieux te suivre à Bruyères pour jouer là-bas les Daphnis s'il y a des Chloé. A propos, tu sais que ta princesse a la fièvre, elle est pâle comme un beau soir d'automne. »

Van-Del-Hell acheva sa phrase en chantant. Il appela Nini. Celle-là, c'était la chanson de toutes les heures; il n'y a point d'airs connus et inconnus qui n'aient caressé ses lèvres. Je n'étais pas plus amoureux que cela, mais je ne pouvais plus vivre sans cette chanson de fauvette noire. Aussi ce fut avec un vif plaisir que j'appuyai Nini sur mon cœur. Elle avait pleuré pour tout de bon ; ne me voyant pas revenir depuis deux nuits, elle me croyait déjà victime de la tyrannie; elle commençait à crier: *Vive la République !* Mais dès que nous fûmes à table pour déjeuner, ses belles couleurs lui revinrent; nous n'étions pas au dessert qu'elle chantait déjà. Je crois bien que ce jour-là elle chanta la *Marseillaise*, après avoir fermé la fenêtre.

Un peu avant le soir je lui ouvris mon cœur. Je lui dis que j'allais mourir de chagrin, mais que sous peine de passer en conseil de guerre il me fallait passer en conseil de famille, c'est-à-dire partir pour Bruyères. « Je ne me consolerai jamais, » me dit-elle en pleurant.

Le lendemain, Van-Del-Hell m'écrivit qu'elle était consolée. Ainsi va l'amour dans le pays Latin. Pour moi j'emportai Nini-yeux-noirs dans mon cœur — jusqu'au surlendemain : — l'homme vaut mieux que la femme.

VII

Le papier timbré. — La valse. — La comédie

Je fus consolé en revoyant ma mère et mes sœurs. La famille rouvre d'autres sources dans le cœur et d'autres horizons dans l'esprit. Je dois dire que mon père tempéra mes joies familiales par une sévérité implacable : pendant tout un mois je ne le vis pas sourire. C'est qu'il ne me pardonnait ni ma fuite nocturne, ni mes airs d'enfant prodigue, ni ma folie politique ; pour lui, j'étais un fils perdu, il ne voulait plus me donner de conseils. « Tant pis, disait-il à ses amis, je lui laisse la bride sur le cou, mais qu'il ne compte plus sur le râtelier. »

Je me remis à étudier. Je savais qu'au fond mon père me pardonnerait tout si je passais bientôt mes examens de bachelier pour étudier le droit. C'était le conseil d'un de ses amis, l'avocat Suin, un homme de beaucoup d'esprit qui fut sénateur du second empire. Tout le monde, d'ailleurs, donnait des conseils à mon père ; un autre de ses amis, un homme des tems primitifs, voulait qu'on m'administrât une volée de coups de bâton, pour me remettre dans le bon chemin. J'allai lui demander à déjeuner, voulant prendre la bête par les cornes. Nous nous grisâmes tous les deux. Ce fut la moralité.

On décida enfin que je ne ferais rien de bon à la maison : tout en étudiant je courus quelques études d'avoué et de notaire, jusqu'au célèbre Me Bouclier, membre du caveau et mari — marri — d'une bien jolie femme. Je restai toute une année dans les études de notaire. J'ai bien rédigé dans cette période cinquante contrats de mariage. J'aime à croire que j'ai porté bonheur aux épousés. Du premier coup, j'écrivis un acte notarial comme un acte de tragédie. Sans doute j'eusse été bien plus embarrassé si j'avais su le droit, mais le droit c'est comme le grec, on ne le sait jamais. Ce fut chez Me Niguet, notaire à Cœuvres, que j'usai mes premières plumes. C'était une maison idéale, car il avait non seulement une très jolie femme, mais encore trois belles-sœurs qui étaient trois types de beauté, de grâce, de distinction : Mesdemoiselles de Mainville, cousines de mon ami du Boisgobey. La plus jeune, Herminie ou Hermiane, m'apprit à valser. Je jouai si bien mon jeu que tous les soirs je demandais une nouvelle leçon. Ces dames habitaient à deux lieues de Cœuvres un petit château où nous étions toujours quand elles n'étaient pas chez le notaire. Naturellement j'aimais la belle

Hermiane, qui avait moins de courtisans que ses autres sœurs, parce qu'elle était rousse, une couleur méconnue en ce tems-là. Plus tard on rendit enfin justice à cette opulente chevelure, quand Hermiane fut surnommée la Toison d'or chez madame la princesse M—, car ce fut là que je la retrouvai, au bout de seize ans, toujours belle et victorieuse.

Cependant j'étais un singulier clerc de notaire, c'est-à dire qu'on ne me voyait presque jamais à l'étude. Mon père payait quinze cents francs de pension à Me Niguet, qui ne demandait pas autre chose de moi. Moins que rien ! car c'était quinze mille francs qu'il fallait payer pour mener une pareille existence : presque tous les soirs on dansait ou on jouait la comédie chez Me Niguet, chez Mme de Mainville et au château de Cœuvres, chez le marquis de Rancy qui venait d'épouser une très gracieuse ingénue parisienne, Mlle Thomas — du Soleil.

Il paraît que je jouais la comédie comme si je fusse né là dedans. C'était l'histoire des contrats de mariage que je rédigeais sans savoir le droit. Nous attirions des spectateurs de Soissons, de Villers-Cotterets, de Vic-sur-Aisne et de Cœuvres. J'avais un oncle qui vivait là avec ses enfans* et une sœur de sa femme, ma jolie tante Caroline, une des figures les plus aimées de mon enfance.

Est-ce la peine de vous apprendre que ce fut par un

* Parmi les enfans de mon oncle, l'un d'eux, connu dans les lettres sous le nom d'Édouard Didier, se faisait remarquer par un véritable instinct du théâtre. Il venait aux répétitions pour nous donner des conseils, bien qu'il fût de beaucoup le plus jeune. Je m'étonne qu'après un brillant début au théâtre, *Le rocher de Sisyphe*, il soit resté à mi-chemin avec beaucoup de talent.

coup de théâtre que finit la comédie au château de Cœuvres ? Le notaire n'y trouvait pas son compte. Il paraît qu'il se jouait des comédies dans les coulisses pendant qu'on jouait des saynètes sur la scène. Les trois belles demoiselles de Mainville représentaient les grandes coquettes et les amoureuses ; le marquis de Rancy, les Don Juan et les maris trompés, disant avec sa verve gauloise qu'il était aussi amusant de jouer dans la vie les uns que les autres. Je jouais les amoureux — avec trop de naturel. — Ce fut pour moi la comédie du *Chandelier*, mais non pas au figuré. Le mari rentra avec un chandelier à la main et me le jeta à la tête, ce qui me sauva, car la nuit se fit sur ce tableau à la Fragonard. On n'en ferma pas moins le théâtre et on me « retourna » à mon père qui me remit au régime du froncement de sourcils. J'eus beau lui réciter tout haut des contrats de mariage et des testaments, il ne voulut rien entendre.

Je passai quelques mois à Ambleny chez un notaire pacifique où il n'y avait pas le mot pour rire : mœurs sévères de l'ancien régime, couvre-feu à huit heures du soir. C'était l'hiver ; je m'échappais toutes les semaines pour aller aux fêtes plus ou moins officielles de Soissons.

Après quoi je revins encore à Bruyères, où Me Jamin me donna le gouvernement de son étude. Celui-là était un Parisien pur sang qui aimait la vie jusqu'à en mourir ; aussi mourut-il jeune. En attendant il aimait sa femme et les femmes de son prochain ; il donnait à danser ; il allait valser chez les autres. Habitué du Théâtre-Français, il déclamait comme Ligier et Beauvallet ; aussi chez ses voisins de campagne tout était théâtre pour lui. Le notaire se transfigurait quand on lui demandait le récit de *Théramène* ou tout autre morceau appartenant au *Traité du Sublime*. Mon père n'était pas trop mécontent de me voir rédiger imperturbablement à peu près un acte notarial par jour, mais il voyait avec effroi que tous les soirs je courais les plaisirs du pays avec un notaire si mondain.

Les plaisirs du pays, c'était le spectacle à Laon où on applaudissait çà et là quelques acteurs de Paris. C'était une comédie de M. de Moydier, un thé chez M. de Hennezel, un tour de valse chez Mmes de la Bretèche, une charade chez M. de Givry, dans la compagnie des Coëtlogon, des Courval, des Montbreton, des de Blecourt, des de Beffroy.

Le pays de Laon est un des plus riches de France, non seulement en terres, mais en châteaux. Et ce ne sont point des châteaux pour rire. Chaque village a le sien s'il n'en a deux. Le Moyen Age et la Renaissance se donnent la main dans toutes ces demeures princières, hormis en certaines vallées où règnent les styles Louis XIII et Louis XV. En un jour, on peut visiter vingt châteaux plus ou moins contemporains, mais dignes de ceux qui aiment l'histoire : par exemple, la tour de Coucy, la tour de Neuville, la tour de Presle. Je pourrais aller jusqu'à dix châtellenies, on ne les compte pas. Et les châteaux! à commencer par le château de Marchais, cher à François Ier, habité aujourd'hui par le roi de Monaco, au voisinage du château de Saint-Vallier. On pourrait en nommer vingt autour de Laon.

Et combien de châtelains, qui, se moquant des orages révolutionnaires, comme les Courval, les Montbreton, les La Mare, les Poilly, les la Tour-du-Pin, les Brancas, les Saint-Vallier, disaient après le sieur de Coucy : « Je ne suis roi, ni prince aussi, je suis le sire de Coucy. » Inspiration de la fameuse devise des Brohan, j'ai failli dire des Rohan : « Princesse ne daigne, reine ne puis, Brohan suis. »

C'est surtout après la révolution de Juillet que les châtelains des pays de Laon emmenèrent le Tout-Paris dans leurs châteaux. Que faire en ces châteaux à moins que l'on y chasse? On chassait beaucoup. Je n'y prenais pas grand plaisir, parce que les femmes ne chassaient pas comme aujourd'hui. Les châtelaines donnèrent des fêtes où on valsait pour oublier et où on jouait la comédie pour s'aguerrir. Chez M. de Courval, on jouait mieux que partout. Acteurs bien connus sur le théâtre du monde : le comte d'Alton-Shée, ce jeune pair de France révolutionnaire; le duc de Guiche, qui fut le duc de Gramont dans les mauvais jours; le comte d'Albon, le baron de Dion, le vicomte de la Tour-du-Pin, le comte de Coëtlogon, le comte de Lauriston. Les coulisses étaient interdites aux maris. La belle comtesse de Rougé se distinguait parmi les comédiennes. Les autres n'étaient pas moins jolies. Tous les spectateurs étaient enthousiastes, moins le duc de Caumont-la-Force, qui voulait en avoir pour son argent et qui redemandait ses six sous en sortant. Les femmes lui disaient des injures et le renvoyaient à ses adorations du Théâtre-Français; mais il continuait à jouer le *Misanthrope*.

On ne jouait pas seulement la comédie chez M. de Courval, on la jouait partout. On n'en était pas encore arrivé aux proverbes. On jouait Scribe et Cie. Un jour, nous avons été jusqu'à représenter les *Cuisinières*.

Mais tous ces gais oiseaux s'envolèrent un jour ; on a

beau braver les révolutions, il faut vivre des révolutions, témoin M. de Saint-Vallier, de mon voisinage, qui était hier ambassadeur à Berlin. Les jeunes gens comprirent qu'ils devaient ressaisir leur épée, les femmes reprirent le chemin de Paris, on ne laissa dans les châteaux que les chasseurs obstinés qui criaient à la trahison du duc d'Orléans et qui n'en voulaient pas démordre : j'en sais encore plus d'un qui proteste et qui attend Henri V depuis un demi-siècle.

J'avais tout un autre monde autour de moi qui croyait à ma fortune littéraire. Mes amis du moment, c'étaient mes cousins Houssaye et Mailfer; Jules de Givry, un gentilhomme rimant des chansons; Jules Godon, un poëte qui ne s'attarda pas dans les lettres pour devenir un grave magistrat; La Bretèche, mon second clerc, qui s'engagea bientôt dans les dragons où il fit sa carrière; Bouquet, qui dirigeait le *Journal de l'Aisne* avant Édouard Fleury, frère de Champfleury; le marquis de Veslud et le baron d'Éterpignies, camarades de collège; Paul Clippé, mon ancien maître, qui a traduit en maître les tragiques grecs; Labouret, un jeune peintre, élève de Gros, que la province a dévoré; enfin Antoine Cocu, un romantique échevelé, fils d'un avoué de Laon, qui, pour se venger d'un substitut l'ayant malmené, avait cloué sa carte sur la porte du magistrat, si bien que le matin on y lut : *Cocu avoué**.

Bouquet, qui n'avait rien à imprimer, demanda sur ma prière *De profundis* à Lecointe qui ne le publiait toujours pas et qui avait bien raison. Il imprima donc

* M. Cocu père portait d'autant mieux son nom qu'il ne prit jamais l'adjectif. Un soir on appelait les voyageurs de la dili-

ce roman et fut de moitié dans les bénéfices avec l'éditeur. Je veux dire de moitié dans les pertes, car malgré le titre et la vignette romantiques, qui annonçaient tous les épouvantemens des romans à la mode, ce chef-d'œuvre où Van-Del-Hell avait mis la main ne fit pas fortune.

Le roman parut, et je fus si désolé d'avoir écrit une pareille folie que je fis le vœu de ne plus écrire que des contrats de mariage : au moins les fautes de l'auteur ne seraient plus imprimées; mais un mois après, j'étais revenu à Paris pour prendre ma revanche avec *la Couronne de Bleuets*, cette fois sous mon nom, car *De profundis* parut sous le nom d'Alfred Mousse.

Chamfleury constatait ces jours-ci dans *le Livre* que j'avais tué l'épigraphe dans *De profundis* par un malin chapitre. Pour créer une figure de femme et pour railler les épigraphiles, j'avais trouvé tout simple d'emprunter, à la manière du statuaire grec, des fragments radieux aux poëtes et romanciers du tems, si bien qu'il n'y avait pas un seul mot de moi dans tout le chapitre, et que mon héroïne était d'une beauté incomparable. Il se trouvait encore çà et là dans ce mauvais livre un chapitre original, mais ma seule excuse est de ne l'avoir pas signé.

A vingt ans de là, Bouquet qui fut le vrai coupable,

gence au moment du départ. Le père Cocu avait retenu la première place du coupé. Le conducteur crie : *Cocu!* avec emphase. On ne répond pas. Je causais avec le père et le fils. Le conducteur appelle les autres voyageurs. Il donne à M. Cocu les cinq minutes de grâce. A la dernière seconde, M. Cocu se présente : « Comment, vous étiez là et vous ne répondiez pas? — Je croyais que vous appeliez d'autres Cocu pour le même voyage. »

puisqu'il le publia bien malgré moi, me dit un jour à la gare du Nord : « Je ne serai pas longtems sans chanter mon *De profundis.* » Je ne compris pas. On disait Bouquet très riche et très heureux. Il venait d'épouser une jeune fille qui était jolie; il remuait beaucoup d'or à la Bourse, car il était quart d'agent de change et il jouait un jeu d'enfer. L'argent ne fait pas le bonheur, surtout quand on le perd. Un matin, l'agent de change en titre, entrant dans son cabinet, trouva Bouquet qui venait de se brûler la cervelle. Il avait voulu mourir, sur son champ de bataille, le dernier de ses soldats, puisqu'il n'avait plus un sou.

Je croyais bien que c'était la dernière fois qu'on me parlerait de ce roman, mais je fus très surpris, il y a quelques jours, quand je lus dans un journal que le *De profundis*, « toutes marges avec la célèbre vignette représentant une danse de morts », se vendait cent francs dans le monde des bibliophiles. Ainsi vont les livres! Quand celui-là parut, on n'en voulait pas pour cent sous!

Schopenhauer a dit des tableaux et des statues : « Il faut se comporter avec les chefs-d'œuvre de l'art comme avec les grands personnages : se tenir simplement devant eux et attendre qu'ils vous parlent. » C'est ainsi qu'il faut se comporter avec l'Inspiration. Je n'avais pas attendu qu'elle me parlât quand j'écrivis *De profundis.*

VIII

Paris

Jusqu'ici, je suis confus de ne montrer qu'un chercheur qui ne trouvait pas. Que de sentiers perdus loin du vrai chemin ! Comme l'écolier de l'Antologie, je ne rapportais dans mon panier que des papillons, des roses et des sauterelles. Pas un seul épi d'or cueilli dans le champ de la sagesse ! Mais quand ma conscience me reprochait ce vagabondage à travers les folies, je répondais par la folie des autres.

Et où aller acheter de la sagesse ? Il y a la boutique des sages de la Grèce. Mais pourquoi ne dit-on pas les sept fous ?

Selon Thalès, l'eau était le principe de toutes choses. Et sur ce beau mot, il vidait sa coupe pleine de vin. Solon, qui prêcha l'égalité, se fit esclave de Pisistrate. Chilon, qui voulait qu'on vécût loin du plaisir comme loin de la douleur, osa mourir de joie, parce que son fils avait tué un homme aux fêtes de Pugilas. Fut-il moins fou ce tyran Périandre, ce sanguinaire qui confisqua les bijoux des Corinthiennes pour une offrande aux dieux, parce que ses chevaux concouraient aux jeux olympiques ? Pittacus ne fut pas plus sage que Solon, puisqu'il traîna aussi son péplum dans le sang. Qui encore ? Simonide, un malin, le jour où il enseignait l'art de n'être point volé : l'art d'aller tout nu !

Je ne donnerais pas une cigarette pour la sagesse de ces sages-là.

C'est pourtant de l'histoire; mais il n'y a pas d'histoire, il n'y a que des légendes. Ainsi, qu'est-ce que le banquet des sept sages de la Grèce, qui n'ont jamais dîné ensemble ?

Cependant tout m'appelait à Paris, même la misère. Mon père, riche en terres, n'était pas argentier; il me laissait bien libre d'y retourner, « à la condition d'y vivre de ton génie », me disait-il d'une lèvre amère. Certes il aurait pu très aisément me faire des rentes pour m'amuser à Paris, mais cette belle idée n'ébréchait pas ses principes. Il disait qu'il laisserait un million à ses enfans : nous étions déjà quatre, et il avait bon pied, bon œil. Il me donna mille francs pour la saison, à la condition que j'étudierais le droit, mais il voyait bien que je ne tiendrais pas longtems dans la basoche; il ne me croyait pas destiné à devenir Démosthène ni Cicéron. Il pressentait que je ne ferais rien et il ne voulait pas payer les frais de ma paresse. Je savais donc que si j'allais à Paris c'était sans lettre de recommandation, c'est-à-dire sans lettre de change. Je partis.

C'était la seconde fois que je m'aventurais dans cette solitude plus ténébreuse que celle de ma forêt. J'étais revenu de Paris en juin 1832, j'y retournai après plus d'une année perdue en pérégrinations insensées.

Je me retrouvai seul à Paris presque aussi pauvre que la première fois. Je n'ai jamais su compter avec la misère, non plus qu'avec la fortune. Or, je les ai vues de très près, ces deux hautes capricieuses. Il me fallut me remettre au régime de manger çà et là, de voir de loin le luxe de Paris sans y toucher, de dormir dans un hôtel garni où passent et repassent tous les pauvres diables qui croient au lendemain. Je n'avais plus pour me réconforter la gaieté de mon ami Paul Van-Del-Hell, que la mort venait de coucher à vingt ans dans le tombeau*.

Après une année, on ne retrouve plus le Paris qui vous souriait. C'est la même comédie parisienne, mais les rôles changent de comédiens. J'étais résigné à tout, non que j'eusse une foi robuste en moi, mais peut-être parce que je n'attachais pas un grand prix à l'étoffe de la vie. Et puis, jusque-là, je n'étais pas accoutumé à un sybaritisme effréné ; j'avais heurté du pied plus d'un pli de roses, je m'étais fortifié contre l'impossible, je ne désespérais pas de l'imprévu. J'étais d'ailleurs pareil en cela à beaucoup d'étudiants qui s'acharnent à la science du droit et de la médecine, sans se préoccuper de leur oreiller ni de leur table. Advienne que pourra : la jeunesse vit un peu de l'air du tems. Il n'est pas mal de payer sa dette à la misère, d'en subir les étreintes et de s'écrier comme le philosophe : « Tout espérer et ne rien craindre. » Par bonheur, c'est la belle saison des amitiés. Le pauvre n'a pas d'amis : qui a dit cela ? C'est le riche qui n'en a pas. Sans l'amitié, quel est l'étudiant qui aurait le courage de vivre à Paris, l'hiver sans feu, après avoir mal dîné, à moins que l'amour ne soit de la partie ?

Je retrouvai donc des amis. Parmi ceux de ce tems-là, l'un est aujourd'hui sénateur, l'autre est conseiller à la Cour, le troisième est resté poëte, le quatrième n'est rien du tout, c'est le plus sage et le plus heureux. Tous les quatre nous nous étions promis, il y a un demi-

* Je retrouvai sa jeune sœur sur le point d'épouser Desessart, un saint-simonien qui devint, après Eugène Renduel, le libraire des romantiques. Il débuta par la *Pécheresse* et la *Comédie de la mort*.

siècle, après un festin chez Flicoteaux, d'arriver à tout. Nous avions bien dépensé ce jour-là cent sous à nous quatre. Nous avons voulu dîner ensemble au dernier hiver, pour nous rappeler cette cuisine légendaire. Eh bien, j'ai trouvé qu'on dînait mieux aujourd'hui ; il est vrai que nous ne dînions pas chez Flicoteaux. Mais le sénateur qui regrette ses vingt ans, parce qu'il a eu la bêtise de ne pas les emporter avec lui comme j'ai toujours fait, a décidé qu'on dînait mieux chez Flicoteaux, même sans perdreaux truffés, sans vin de Château-Yquem et sans vin de Champagne frappé.

C'est que le sénateur est obligé de dîner chez les ministres.

Quand un étudiant vient à Paris, il va tout naturellement frapper à la porte des étudians de sa province. Je voulus connaître, moi plumitif surnuméraire, tous les plumitifs en titre de mon pays. Ce fut d'ailleurs bientôt fait, car il n'y avait guère que Dumas et Henri Martin. Il y avait bien encore Félix Davin, un romantique accaparé par Balzac qui avait lu avec délice *le Crapaud.* Il y avait bien aussi Bergeron, cet ami d'Armand Carrel, ce viveur spirituel qui fut accusé d'avoir tiré sur le roi au pont Royal et qui fut acquitté pour un mot. Après avoir regardé le pistolet, pièce de conviction : « Quoi ! c'est avec ce pistolet que j'aurais tiré sur le roi ? Il n'y a même pas de quoi tuer un roitelet. » Le tribunal éclata de rire et fut désarmé de la guillotine.

Bergeron, qui eût été poëte avec un peu moins de scepticisme, m'adressa alors ces vers qui ont eu leur jour de célébrité :

CONSEILS A UN POËTE EN HERBE

Plus d'un jeune écrivain
Vain,
Dédaignant l'humble prose,
Ose,
Pour se faire imprimer,
Rimer
Des vers que sa servante
Vante.
Mais qu'en sort-il souvent?
Du vent.
Lui seul est de son livre
Ivre;
Ses vers, trois jours au plus
Lus,
Seraient sans leurs vignettes
Nettes,
A jeter aux charbons
Bons.
Et, voyant son libraire
Braire,
De dépit le rimeur
Meurt.
Veux-tu faire merveille?
Veille.
N'as-tu pas à vingt ans
Tems?
Crois-moi, mon cher Houssaye,
Essaye.
Ainsi l'écrivain prend
Rang.

J'avais emporté à Paris un roman ébauché et tout un recueil de vers, que dis-je? une tragédie! mais dès que je me sentis sur le point de me risquer dans la mêlée littéraire, j'eus le bon esprit de me recueillir et de retremper mes armes, comme ces aspirans qui, à la salle d'armes, regardent les coups de maître avant de ferrailler eux-mêmes. J'aurais voulu attendre plus longtems, mais la faim qui fait sortir les loups hors du bois précipite trop les hommes de lettres dans les hasards des débuts. Ils montrent le défaut de la cuirasse avant de montrer leur force. Je n'y échappai point en publiant *la Couronne de bleuets*. Heureusement je fus sauvé du péril, parce qu'au lieu de trouver en moi un imitateur, on me reconnut, vaille que vaille, une originalité.

IX

La toile de Pénélope

Godefroy Cavaignac me présenta à Armand Carrel un jour que nous allions déjeuner ensemble chez Mme de Corancez; il voulait que je me fisse les griffes dans le *National* « le salon de l'opposition ».

Nous nous étions rencontrés au cloître Saint-Méry, Cavaignac ne doutait donc pas de mes sentimens républicains; mais j'en doutais moi-même, parce que je n'avais de passion que pour la république des lettres. L'autre me semblait une terre promise où on n'aborde jamais. Je voulais aborder. Toutefois, je donnai un jour

* C'était *Phèdre* avec un *Hippolyte* d'elle, avec une *Aricie* jalouse, mais sans le récit de Téramène.

un article à Cavaignac pour qu'il le remît à Carrel, mais Cavaignac me dit tout de suite : « Vous êtes un rêveur, vous vivez dans la république de Platon et non dans la république de 1792. » Mon tort, aux yeux de Cavaignac, était de ne pas vouloir me retourner en arrière. Les idées de Saint-Simon m'avaient dévoilé un monde nouveau que je ne voyais pas dans l'horizon du *National*. Je jetai mon article au feu, bien décidé à ne plus tenter ces chimères. Mais je n'en avais pas fini avec les aspirations vers le gouvernement des esprits. Ceux qui ne savent pas conduire leur vie sont surtout ceux qui veulent conduire les nations.

Aujourd'hui nul n'a le droit absolu de vivre en dehors des hommes, parce que la lumière s'est faite sur les devoirs ; il n'y a pas de douleur humaine, fût-ce au bout du monde, qui n'ait son contre-coup en France. Autrefois on enchaînait la fraternité aux frontières, aujourd'hui elle franchit tout de ses ailes de flamme. C'est que tout homme, même le plus sceptique, même le plus emprisonné dans son moi, a l'inquiétude de l'idée du bien devant l'ennemi toujours armé qui s'appelle le mal Aussi tous les grands esprits regardent avec quelque pitié le travail de la politique dans les divers États. C'est la toile de Pénélope. On fait et on défait sans avoir l'air de comprendre que la loi irrévocable du monde nous condamne à la douleur et au sacrifice en même tems qu'elle nous octroye les joies de l'amour et de l'idéal : ce qui prouve que nous avons une âme et que cette âme est immortelle. Pourquoi le mal semble-t-il victorieux sur le bien? Pourquoi Dieu a-t-il permis ce combat éternel? Pourquoi le Christ, ce symbole de tout amour et de tout sacrifice, a-t-il crié à Jéhovah : « O mon père, tu abandonnes ton fils ! » Nul ne répondra. S'il était permis de comparer les grandes choses aux petites, on dirait que c'est l'histoire d'un drame dont on ne sait pas le dénouement. Vainement on se demande la raison d'une scène de sang, d'une scène de larmes. Ce n'est qu'à la chute du rideau qu'on commence à comprendre, et alors l'auteur dit son nom. Il y a encore des critiques après la pièce comme pendant la représentation, mais qui ne changent rien à l'œuvre. Ce qui est écrit là-haut est écrit. Voilà pourquoi, tout en prêchant la fraternité, comme l'Évangile, il faut prêcher aussi la résignation. On aura beau se réfugier dans l'athéisme et arracher toutes les énigmes de la science, on ne fera pas marcher l'humanité plus vite vers ses destinées.

X

Le duel de Pierrot

Le premier journal où j'écrivis n'avait qu'un abonné. Il s'appelait *la Renommée*, mais il ne la donnait pas. Grand et beau journal, d'ailleurs, paraissant tous les matins comme le soleil. Il n'était rédigé que par des inconnus comme moi, ce qui n'empechait pas ce papier politique et littéraire d'être prôné à outrance par un mien ami, — ami de cigares, — qui s'appelait Georges Dumay. C'était un méridional infatué et tapageur, surnommé la mouche du coche. Il prenait le matin une infusion de l'abbé de Saint-Pierre et de Joseph de

Maistre pour servir un second premier Paris. Il croyait déjà gouverner l'opinion publique, cette révoltée qui ne le connaissait pas.

Il m'avait conduit, avec une allure donjuanesque, chez des modistes de la rue de Provence, où la plus jolie, une Bordelaise, s'était prise à mes cheveux blonds, tandis qu'il était tombé sous la main d'une grande demoiselle surnommée La Guêpe, qui lisait George Sand et qui forçait Don Juan à jouer au Werther.

C'était au tems du carnaval. Un soir, nos deux poupées nous donnent rendez-vous au bal de l'Opéra-Comique. Nous arrivons déguisés en pierrots. Elles nous ménageaient une forte surprise : ces deux folles s'étaient déguisées en Vénus et en Amour. Dès notre entrée, nous voilà assaillis. L'Amour, c'était le mien. Il n'y eut qu'un cri d'admiration. Mais à la vue de cette Vénus ridicule, un vrai carême dans le mardi-gras, je déclarai que je n'étais plus de la fête, car il fallait danser, valser et souper en sa compagnie. J'entraînai Cupidon.

Mais à la fin du bal nous nous retrouvâmes. Mon ami me dit que c'était une injure à Vénus; il le prit de plus haut que jamais. Je saisis, pour le souffleter, une flèche dans le carquois de l'Amour; mais il ne voulut pas rire: il déchira son gant pour riposter. « Monsieur, lui dis-je, nous nous battrons. — Oui, s'écria-t-il, à l'instant même. — Tudieu! Monsieur, où est le Pré-aux-Clercs? Vous me laisserez bien le tems de reconduire l'Amour dans sa mansarde, quand l'Amour voudra s'en aller. »

Il ne voulait pas m'accorder une heure. « Non, dit-il, je vous donnerai un coup d'épée et j'irai déjeuner après. » C'était du plus pur talon rouge. « Et les témoins, Monsieur? — Pâques-Dieu! Nous irons dans l'atelier de votre ami Contant : il y a des épées ; on doit y souper ; nous y trouverons des témoins. — Après cela, repris-je, n'avons-nous pas Vénus et l'Amour ? M. de Cupidon sera mon témoin, n'est-ce pas madame Vénus ? »

L'Amour et Vénus voulaient s'amuser, mais cette querelle ridicule tournait au tragique, parce que malgré mes railleries, ou à cause de mes railleries, Georges ne voulait pas rire du tout. Au lieu de descendre sur le champ de bataille de la danse, nous montâmes à l'atelier de mon ami Contant, le décorateur de l'Opéra et du Vaudeville. Il n'y avait pas âme qui vive, mais on y trouva des épées.

Vénus et l'Amour ne pouvaient pas croire que nous ferions la folie de nous couper la gorge ; mais à peine dans l'atelier, mon adversaire, impatient, jeta l'habit bas et se mit en garde, épée menaçante et yeux flamboyans. Je n'étais pas très content, parce que je jugeais que, dans sa folie furieuse, il était capable d'un mauvais coup. Mais je me mis bientôt à son diapason, parce que Mme Vénus, fière de son amant, me regarda avec une vague expression de pitié. « Faites-lui des excuses, me dit-elle. — Des excuses ! je n'en ferais même pas si je vous avais dit que vous êtes belle. » Dans un duel, la colère aimante les épées ; l'acier attire l'acier comme le paratonnerre attire la foudre. Dès qu'on voit la lame de son adversaire, on est pris par la fureur du combat. Je rompis et je frappai à tort et à travers, croyant que l'autre me jouerait le jeu classique. Il fut quelque peu dérouté, mais il se déroba avec beaucoup d'art. Et moi j'allais toujours en aveugle, abusant de ma taille. Voilà que tout à coup l'Amour s'écria : « Du sang ! » J'avais atteint mon adversaire au bras, mais il m'avait coupé le pouce. J'en garde encore rudement la marque. Georges Dumay prit une pose sublime, à peu près comme le dernier *Horace* revenant seul dans son triomphe. « Ce n'est pas la peine, lui dis-je. En garde ! »

Mais la Vénus se jeta sur l'Amour. Ce fut tout un charivari de cris, de larmes, de rires et de prières.

C'était le duel de Pierrot avant la lettre. Gérôme l'a peint mieux que moi.

Ces belles amours n'ont duré que l'espace d'un matin. Mme Vénus, bientôt abandonnée par Georges Dumay, alluma le charbon fatal et se manqua, — parce qu'elle regardait par la fenêtre si son amant ne revenait pas. — Celle qui s'était déguisée en Cupidon partit pour la Russie, d'où elle m'écrivit de lui envoyer de quoi revenir en France : Je ne réponds jamais *à* ces lettres-là — par principes.

LIVRE V

L'OLYMPE ROMANTIQUE

CHATEAUBRIAND. — LAMARTINE. — VICTOR HUGO.
ALEXANDRE DUMAS. — ALFRED DE MUSSET.

I

Les Drames de l'idée.

Né il y a cent ans, je me fusse armé de l'épée au lieu de prendre la plume, car je n'aurais pas traversé la Révolution et l'Empire pour conter des romans ou pour écrire des sonnets. Mais je ne suis venu au monde qu'au tems où je ne pouvais plus tenter de faire figure dans les grands tableaux de la Révolution, ni dans l'incroyable épopée impériale, deux légendes que les historiens ne pourront pas effacer de l'histoire. Alors ceux qui écrivaient leurs mémoires étaient les acteurs d'un drame inouï, tandis que moi, infiniment petit dans une époque effacée, que puis-je peindre ?

Je vais vous le dire.

Après que l'empereur eut emporté à Sainte-Hélène toute la splendeur épique de son époque, il y eut une autre révolution, la révolution dans les lettres. Chateaubriand en fut le Mirabeau, Lamartine le Vergniaud, Victor Hugo le Danton. Et tout autour de ces trois maîtres illustres, on vit, au versant de leur Olympe, je ne sais combien de dieux ou demi-dieux qui montaient : Dumas, Alfred de Vigny, Balzac, Alfred de Musset, Sainte-Beuve, Jules Janin, Théophile Gautier, George Sand, — et tant d'autres. — On a parlé d'une pléiade, il y en avait deux, trois, quatre ; on ne les comptait plus au ciel littéraire, comme les éloquences sous la Révolution, comme les héroïsmes sous Bonaparte. Ç'a été la période de ma première jeunesse; dans mon éblouissement, je voulais me croiser les bras, mais tous les arbres fleurissent, même ceux qui ne donnent pas de fruits; tous les oiseaux chantent, même ceux qui ne sont pas écoutés; il n'est pas jusqu'aux étoiles filantes qui n'aient leur moment.

Spectateur charmé, çà et là acteur applaudi, j'ai vu, mieux que beaucoup d'autres, tous ceux qui ont continué par le génie le siècle de Napoléon. J'ai voulu peindre ces radieuses figures, que les contemporains ont à peine ébauchées.

Les drames de l'idée ont aussi leurs péripéties. L'âme d'une nation n'est pas toujours dans les sphères politiques ou guerrières; elle est aussi, elle est surtout dans les miracles de la poésie, de l'art, de la littérature.

Plus que les rois, les poëtes sont les pasteurs des peuples; les artistes allument les imaginations; les journalistes ne sont-ils pas les représentans du quatrième pouvoir de l'État?

La révolution politique de 1830 fut une révolution stérile. Les vagues ne fécondent pas l'océan. Mais elle donna la secousse de la révolution littéraire qui fut féconde. Les romantiques escaladant l'Olympe jetèrent à pleines mains le feu du ciel qui crée les chefs-d'œuvre. Là fut la vraie révolution. Il ne resta aux vieilles écoles que les académies. Les romantiques s'emparèrent du livre et du théâtre. La poésie renia ses faux dieux. Dans son enthousiasme, elle renia presque ses dieux: Racine après Viennet. Mais elle reconnut ce sacrilège. Beau spectacle, ce triomphe de la vie radieuse! Ç'a été comme une autre création du monde. Nouvelles idées, nouvelle langue. La peinture était déjà une poésie parlante, la poésie devint une peinture éclatante. Le *Traité du Sublime* fut brûlé dans un feu de joie sur le puits de la Vérité. La périphrase, qui était devenue le génie du style français, fut jetée dans le capharnaüm des vieilles modes, de celles qui ne reviendront jamais. On proclama dans l'Art la Vérité, la Beauté, la Liberté. Plus d'école. Chacun créa sa grammaire pour créer son œuvre. Shakespeare est Dieu, Victor Hugo est son prophète. Chateaubriand avait pu s'imaginer qu'il serait le premier président de cette république des lettres, mais sa prose poétique était déjà démodée, grâce surtout à ses disciples, M. de Marchangy et M. d'Arlincourt. Lamartine, grand esprit et grand poëte, aurait eu plus de droit à cette royauté, s'il n'eût jusque-là vécu presque toujours hors de Paris, tantôt dans son château de Saint-Point, tantôt en Italie, aspirant ambassadeur. Victor Hugo se nomma tout d'une voix, parce qu'il était le véritable représentant de cette révolution. Il avait l'audace et le génie qui font les dictateurs et les maîtres ; d'ailleurs, il ne s'évanouissait pas comme Lamartine dans les nuées de l'Olympe ; il ne jouait pas à l'invisible et à l'infini ; il savait que le livre ne prend pas tout le monde, il triomphait par le théâtre : il parlait aux yeux comme aux âmes. Après avoir surpris et enchanté les imaginations par les *Odes et Ballades*, par les *Orientales*, par toutes les merveilles de la poésie, il prenait les cœurs par la passion, par la terreur tragique, par les coups de théâtre imprévus.

Alexandre Dumas ne donnait pas à Victor Hugo sa part de royauté : il protestait par des chefs-d'œuvre, mais il disait gaiement : « Je n'ai pas le tems de faire le roy. »

Je n'avais d'abord été initié au romantisme que par Lamartine. Autour de moi, dans nos montagnes, on ne parlait que de Béranger, de Delavigne, de Chateaubriand — et de Chênedollé ! — parmi les maîtres contemporains. On disait que Lamartine donnait des espérances. On riait à gorge déployée des hardiesses de Victor Hugo. On citait l'*Ode à la Lune*, d'Alfred de Musset, comme l'épouvantail des chastes Muses.

Quoique j'eusse au fond de moi-même un sentiment bien personnel de la vérité et de l'idéal dans l'art, avec ma passion des poëtes du XVIe siècle, expression suprême de l'esprit gaulois et du génie français, je n'osais brûler la politesse aux dieux consacrés pour saluer les révoltés, d'autant plus qu'on pouvait admirer, sans se compromettre, de belles pages de prose dans Chateaubriand, de belles strophes dans Béranger et de beaux vers dans

Delavigne. Celui-ci, par exemple, pour entraîner les Polonais contre les Russes :

Qui vivra sera libre et qui meurt l'est déjà !

Pas un antique, pas un moderne n'a jeté dans le combat une flèche mieux trempée. Il est vrai que Delille lui-même a fait un vers romantique en prenant son café :

Je bois dans chaque goutte un rayon de soleil.

Mais, pour les batailleurs de vingt ans comme moi, ces poëtes étaient trop contenus dans leurs rives.

Il nous fallait alors le lyrisme échevelé.

Aimezv-ous le lyrisme ? on en a mis par tout : Châteaubriand, dans l'ancien et dans le nouveau monde ; Lamartine, sur la terre comme au ciel ; Hugo, de l'orient à l'occident, du Moyen Age à la Renaissance ; Dumas, dans ses drames de la vie privée comme dans ses drames de l'histoire ; Alfred de Musset, dans son rire comme dans ses larmes ; Sainte-Beuve, dans ses désolations ; Sénancourt, dans ses solitudes ; Lamennais, dans ses révoltes ; Balzac, dans ses femmes de trente ans ; George Sand, dans sa passion ; Alfred de Vigny, dans ses évocations bibliques. Ce n'est pas une source vive, c'est un fleuve ; ce n'est pas un fleuve, c'est un océan. Heureusement qu'on se remit à lire les contes de Voltaire ; heureusement que la raillerie qui est l'éclair du génie français revint illuminer les fronts noyés dans les brumes ossianesques.

Mais ne nous moquons pas du sentiment de la grandeur devant les hommes d'aujourd'hui qui ont peur de peindre plus grand que nature.

C'est à peine si j'ose, en face de nos poëtes et de nos romanciers à la mode, mettre en scène ces figures de mon tems : Chateaubriand, Lamartine, Victor Hugo, Alexandre Dumas et Alfred de Musset — les démodés du romantisme, disait hier un journal.

Qu'importe ! J'écris pour les lecteurs de 1930. Ceux-là me comprendront dans ma religion pour les maîtres.

Jamais siècle n'apparut sous de plus glorieux augures : Chateaubriand, Lamennais, Joseph de Maistre, la tête tournée vers le passé, versaient les rayons ou les éclairs sur les ruines d'une ancienne société qui cherchait à renaître, quand déjà tant d'autres esprits surgis et tournés vers l'avenir prophétisaient les grandeurs d'un monde qui allait sortir des ténèbres. Les regrets et les espérances combattaient dans un ciel encore orageux, plein de mélancolie et de solennité. C'était la lutte des dieux tombés et des dieux nouveaux : les uns tristes de leur blessure et répandant leur sang immortel sur le soleil couchant, les autres ardens et éblouis par les premiers rayons d'une aurore qui allait peut-être se couvrir de nuages. Les uns et les autres étaient mécontens du présent : — quel poëte fut jamais content de son tems ? — Mais les illusions d'un passé doux au souvenir comme celles d'un premier amour, mais les tressaillemens de l'inconnu répandaient une sorte de joie majestueuse sur les esprits. On peut dire du siècle enfant, comme du fils d'Hector, qu'il souriait à travers ses larmes.

De 1825 à 1830, sous un premier rayon de liberté littéraire, se leva une génération tumultueuse et envahissante. C'était à qui escaladerait les hauteurs nouvelles, à qui percerait des horizons éblouissans dans la forêt sauvage de l'avenir.

Lamartine retrouvait la poésie aux sources trop longtems perdues du sentiment religieux, mais aussi aux sources de la nature; Victor Hugo conquérait un monde de lumière; Guizot renouvelait la philosophie de l'histoire; Villemain éclairait la critique au flambeau, pâli sous ses mains, des littératures étrangères; Cousin rappelait de l'Allemagne la philosophie française, naturalisée allemande, dont il écartait les brouillards. Déjà s'annonçait Michelet, en coup de foudre; déjà Mignet et Thiers mettaient en scène le drame shakespearien de la Révolution.

C'était un temps d'inquiétude, mais de lutte féconde : la révolution commencée par Chateaubriand dans la forme littéraire s'étendait aux idées. Le combat durait encore, mais la victoire n'était plus douteuse. Tous les esprits commençaient à se tourner vers la lumière d'une rénovation universelle. Les poëtes eux-mêmes n'avaient-ils point pris les voix de l'avenir pour chanter les grandeurs du passé ? Les plus fervens apôtres de la Restauration commençaient à être inquiets dans leur foi. Chateaubriand et Lamennais avaient prédit un naufrage. Or, ce sont les naufrages qui font découvrir les îles nouvelles.

La révolution de Juillet éclata comme un coup de soleil et un coup de foudre sans étouffer la révolution littéraire. Lamartine, Hugo, Balzac, Dumas, Mérimée, Sainte-Beuve, Michelet, Stendhal, Janin, Méry, Gozlan, Karr prouvèrent que la littérature marche toujours avant la politique.

Quand on songe que la même heure vit toutes les

gloires réunies : Chateaubriand, tête blanche, dictant ses mémoires à la tombe; Lamennais, déjà vieux, mais rajeuni par le souffle de l'esprit nouveau, jetant vers Rome ses *Paroles d'un croyant;* Béranger disant ses dernières chansons aux échos d'un monde qui venait de finir, aux hommes d'un règne qui commençait; Lamartine se recueillant dans la force de son siècle et dans sa sérénité chrétienne pour verser des *Harmonies* sur l'écroulement de ses rêves; Victor Hugo secouant au vent d'une révolution ses *Feuilles d'automne* et risquant *Notre-Dame de Paris* entre deux émeutes; George Sand mêlant dans une prose virile les mirages du Berry aux rêves d'or du saint-simonisme naissant et aux indomptables révoltes de l'esprit; Balzac commençant sa comédie de la *Comédie humaine* et burinant les traits d'une société qui se reconstituait sur les naufrages d'une dynastie.

Derrière ceux-là grondait déjà une génération plus jeune, encore plus impatiente, comme les flots derrière les flots. Toutes les barrières étaient renversées, toutes les idoles abattues. Le roman, l'histoire, la critique subirent tour à tour ou en même tems la loi du vainqueur; tous les genres de poésie furent touchés et trans formés; le théâtre, malgré sa résistance, se vit, non sans fracas, envahi par des nouveautés effrayantes qui firent reculer l'ombre d'Athalie! Quelle armée de Christophes Colombs décidés à explorer le monde moral avec ses océans, ses mystères, ses forêts, ses abymes, ses archipels, ses populations connues et inconnues! L'esprit humain allait-il escalader les astres? Oui, mais pour retomber encore — et toujours!

Et combien de philosophies nouvelles qui se proclamaient religions ! puis quelle déroute après tant d'aspirations audacieuses ! On peut saluer des œuvres, mais quelle idée est restée debout autour de cette philosophie du doute ?

II

Chateaubriand

I

On a dit que M. de Chateaubriand et Mme Récamier s'étaient mariés moralement. Tout esprit et tout cœur, rien de plus. C'est qu'ils ne pouvaient rien de plus. N'est-il pas singulier de songer à cette union d'un homme qui ne fut pas plus un homme que la femme ne fut une femme, ce qui ne les empêcha pas d'inspirer beaucoup de passions ?

Chateaubriand se peint lui-même dans son détachement des choses corporelles. En revenant d'Amérique avec deux sauvages d'une espèce inconnue, Chactas et Atala, il trouva en Bretagne celle qui devint Mme de Chateaubriand. « Elle était blanche, délicate, mince et jolie ; elle laissait pendre comme un enfant de beaux cheveux blonds naturellement bouclés ; je ne me sentais aucune qualité du mari. » Mais il dit à sa sœur, sa trop chère Lucile : « Faites donc. » Et plus loin : « Mlle de Lavigne, devenue Mme de Chateaubriand, fut enlevée au nom de la justice et mise au couvent, parce que le mariage avait été fait par un prêtre non assermenté. » Les tribunaux décidèrent qu'il fallait passer outre : Chateaubriand passa-t-il outre? Il dit dans la page suivante que sa femme l'admirait sur parole sans avoir lu deux lignes de lui : Se contenta-t-il de l'aimer sur parole? Faut-il croire que le duc de Raguse était bien informé quand il en fait un esprit et non un homme ? Quoi qu'il en soit, il fut plus heureux en mariage que le duc de Raguse, qui était pourtant un homme, celui-là. En hyménée, la douceur c'est la force. La moralité, c'est que Marmont fut obligé de fouetter sa femme avec des branches de roses, tandis que Chateaubriand chanta un hymne à la sienne pour l'avoir empêché par la dignité de sa vie de devenir la proie de quelque indigne créature. « N'aurais-je pas gaspillé et sali mes heures comme lord Byron? » On ne s'attendait pas à voir lord Byron en cette affaire; un peu plus on y voyait apparaître Alfred de Musset. Or, si lord Byron et Alfred de Musset rencontrent dans quelque septième ciel M. de Chateaubriand, ils ne manqueront pas de lui dire qu'ils ont rudement racheté ces heures-là par les plus beaux vers de leur tems, tandis que Mme de Chateaubriand non plus que Mme Récamier n'a pu inspirer ni un poëme ni un sonnet à Chateaubriand.

Mais s'il ne fut pas un poëte en vers, quel merveilleux poëte en prose, dans ses *Mémoires d'outre-tombe* comme dans ses *Études historiques*, comme dans le premier roman de son cœur! N'a-t-il pas refait la langue par les idées, par les sentimens et par les mots? N'a-t-il pas, comme l'aurore, ouvert les portes du soleil romantique?

II

Voici comment je connus M. de Chateaubriand. Sainte-Beuve, qui ne savait rien du pays de Jean La Fontaine, trouvait à ma poésie je ne sais quel air d'abandon et de grâce rustique, une vraie paysanne qui court les fromens pour cueillir des bleuets et des coquelicots. J'avais pris son amitié par mes deux petits poëmes : *Le Foin* et *le Blé*. Il voulut me présenter à sa mère qui ce jour-là me retint à dîner ; il paraît que je parlais si bien à son cœur qu'elle me rappela souvent à sa table. C'était là des dîners sommaires s'il en fut ; mais Sainte-Beuve s'y trouvait toujours bien, car ses amours compliquées ne l'ont jamais détourné du seuil sacré. Je n'ai pas oublié, je n'oublierai pas cet intérieur où le fils se reposait de ses aspirations et de ses critiques dans l'amour de sa mère ; où la mère nouait ses dernières années à la renommée de son fils. Elle mettait fièrement un pied dans l'Olympe, la bonne femme qui ne croyait pas avoir chanté si haut quand elle avait conçu Sainte-Beuve.

Il commençait alors à cultiver un bas bleu solennel qui s'appelle l'Académie.

« Il faut être un des Quarante, me dit-il un jour, savez-vous pourquoi ? C'est qu'une fois qu'on a son fauteuil, on est à l'abri de toutes les batailles littéraires, on défie toutes les opinions. L'Académie donne la quiétude absolue. Voyez : tous les hommes de l'autre monde, je voulais dire de l'autre siècle, qui sont à l'Académie, s'imaginent non seulement qu'ils sont immortels, mais que le monde n'a pas fait un pas depuis le tems de leur succès. Questionnez plutôt M. Jay, M. Jouy, M. Baour Lormian et autres illustres sous la coupole. Voilà pourquoi j'irai ce soir chez Mme Récamier. Voulez-vous que je vous présente à Chateaubriand ? »

Cela me fit peur : Chateaubriand était la grande figure de ce tems-là, comme Victor Hugo est la grande figure d'aujourd'hui. Qu'irais-je faire, moi le plus inconnu, dans ce salon légendaire où passaient toutes les renommées du jeune siècle ?

A quelques jours de là, rencontrant Sainte-Beuve à la porte d'Alfred de Musset, devant la fontaine somnolente de Bouchardon, je lui dis que je serais très heureux de saluer Chateaubriand. Tout justement, il allait à l'Abbaye-aux-Bois ; il me regarda pour voir si je n'étais pas trop habillé en romantique ; il me trouva présentable, il me prit le bras, il m'entraîna. Je ne parlerai pas de mon émotion en montant l'escalier ascensionnel : tous les gens de lettres, tous les artistes ont passé par ce battement de cœur. Nous entrâmes. Sous le regard pénétrant de Mme de Staël peinte par Gérard, les deux illustres personnages étaient à moitié endormis, quoique Ballanche fût dans le salon ; mais Ballanche était une théorie plutôt qu'un homme.

Sainte-Beuve prononça mon nom à Mme Récamier qui eut l'air de lui dire : Qu'est-ce que cela me fait ? Chateaubriand, au contraire, daigna s'éveiller un peu, non pas sans doute à mes complimens, car il était las de porter sa gloire, comme si les lauriers surchargeaient son front, pareil à ces cantatrices italiennes qui étouffent sous les bouquets.

Celui qui a écrit *René* fit semblant d'avoir ouï parler

de mes romans. Pure politesse d'un grand homme qui n'y était pas obligé. Il me dit que, pour lui, son seul regret était d'avoir écrit. Paroles déjà dites par lord Byron ! Il me dit encore que s'il recommençait sa vie, il ne ferait rien de ce qu'il avait fait, hormis ses actions de chrétien, parce que Jésus seul ne trompe pas. Vivre oublié, ce fut son dernier mot. C'est qu'il se savait inoubliable.

Sainte-Beuve, qui avait causé avec Mme Récamier et qui lui avait prouvé qu'on était toujours sous le Directoire ou sous le Consulat, vint à Chateaubriand et lui dit éloquemment que s'il eût vécu oublié l'esprit moderne n'aurait pas fait son apparition : « Nous devons tout à Chateaubriand, cet Homère chrétien. »

La séance d'ailleurs ne fut pas longue, car il arriva M. de Humboldt, escorté de deux ambassadeurs, bientôt suivi de Mme de Boigne.

Quand nous fûmes descendus, je m'arrêtai avec admiration devant une belle fille mal nippée qui s'en allait à la fontaine voisine, un seau de faïence à la main.

Sainte-Beuve, dont la pensée était encore dans le salon de l'Abbaye-aux-Bois, me dit que c'était beau de voir rayonner encore ces deux figures qui avaient été tout l'esprit et toute la beauté d'un tems déjà lointain.

Mais moi, tout à la belle fille qui m'avait ébloui et qui se retournait en souriant, je dis à Sainte-Beuve : « N'est-ce pas que c'est beau les vingt ans qui passent ? » Ce sonnet marque bien mon impression :

Sainte-Beuve me prit dans une après-dînée
Pour voir Chateaubriand à l'Abbaye-aux-Bois.
La Thermidorienne était tout aux abois,
Un gazetier malin l'ayant fort malmenée.

Sainte-Beuve jamais ne perdit sa journée :
Il chanta son antienne au pontife. Je vois
Encore son travail pour gagner une voix :
Il fut un des Quarante à la fin de l'année.

Il me dit en sortant : « N'est-ce pas que c'est beau
« De voir ces revenans aux portes du tombeau
« Évoquer un passé dont mon esprit s'abreuve? »

Une femme passait dans l'éclat des vingt ans :
« N'est-ce pas que c'est beau, mon ami Sainte-Beuve,
« La jeunesse qui rit comme un jour de printems ? »

Mais reparlons du dieu et de la déesse, car je les ai revus à l'Abbaye-aux-Bois. On y disait la messe tous les jours; le Dieu s'appelait Chateaubriand, la sainte Vierge, Mme Récamier. Vierge sans doute, mais pas sainte du tout. Il y avait l'autel, les fleurs artificielles, les prêtres, les prêtresses et les enfans de chœur. Parmi les enfans de chœur, tous ceux qui se destinent à l'Académie, car il y a des gens qui se destinent à l'immortalité comme il y en a qui se destinent à la quincaillerie. Quand ils sont morts les uns et les autres, c'est la même épitaphe. En cette église, on dépensait beaucoup d'encens ; le Dieu ne respirait bien que la fumée odorante des duchesses. C'est qu'il n'y a que les femmes qui savent bien trousser un compliment. Quand Zeus Chateaubriand était content de son monde, il daignait déclamer une page de ses Mémoires — mémoires d'outre-tombe — car on se demandait en le voyant s'il n'était pas mort depuis longtems. Un jour je lui entendis lire des pages de sa jeunesse. On espérait voir apparaître la figure de sa sœur bien-aimée, mais les faiseurs de mémoires ne disent que ce qu'ils veulent perdre. M. de Chateaubriand parla de son rôle de soldat. Ce n'était pas la peine, puisqu'il n'était ni à Jemmapes, ni à Austerlitz. Une femme d'esprit, Mme de Boigne, lui disait : « Voulez-vous savoir pourquoi Chateaubriand est plus grand que Jean-Jacques ? C'est que, bien jeune encore, il sentait déjà qu'il écrirait un jour ses mémoires. Il marchait dans la vie avec cette arrière-pensée. Ç'a été sa conscience. Voilà pourquoi toutes ses actions sont dignes d'être racontées, voilà pourquoi Jean-Jacques qui n'avait pas cette conscience a vécu comme un laquais. » Je ne contresigne pas.

On retrouvait à l'Abbaye-aux-Bois un peu de cet ameublement qui semblait démodé à tout le monde en 1842, mais qui me plut par son caractère altier. Tout un peuple de héros s'était assis dans ces fauteuils et avait pris le thé sur ces tables, où les cariatides et les bas-reliefs s'ennuyaient depuis 1815. C'est que les femmes, même celles qui font des académiciens, ne s'amusent pas dans leur soleil couchant.

Chateaubriand, toujours amer, me dit à une troisième et dernière visite : « Monsieur, j'ai lu votre article sur les *Aurores littéraires*, joli titre, joli sujet, joli article. Vous dites là que vous aimez mieux ceux qui viennent que ceux qui s'en vont. Je suis un homme qui s'en va, Monsieur. »

Je ne savais trop que répondre, d'autant moins que Mme Récamier me regardait d'un œil d'acier. Je hasardai ceci : « Les hommes comme vous, monsieur de Chateaubriand, ne s'en vont jamais ou reviennent toujours. »

La glace fondit, M. Ballanche daigna sourire, mais

M. de Chateaubriand, sur le même ton, répliqua : « Je vous jure que je serais très heureux de m'en aller et de ne pas revenir. »

Un nouveau venu nous interrompit. Je m'approchai de Mme Récamier pour lui parler un peu du Directoire, c'est-à-dire pour remettre un air de jeunesse sur sa figure morose. « C'est triste, n'est-ce pas ? me dit-elle, de ne pas se résigner. M. de Chateaubriand est désolé de vivre, mais il serait désolé de mourir. Il dit toute la journée qu'il s'ennuie et qu'il ennuie les autres. Je vous assure qu'il s'amuse toujours du spectacle et qu'il nous amuse toujours par ses grandes pensées. — Les grandes pensées lui viennent de votre cœur, Madame. »

Rien n'était plus faux, rien ne pouvait faire plus de plaisir à Mme Récamier.

III

Lamartine

I

On entend dans la poésie de Lamartine les battemens d'ailes de l'aigle, les harmonies de la voie lactée, les litanies des vagues, les sanglots des psaumes de David; on est effrayé de le voir monter si haut dans les nues et s'embarquer dans les océans ; mais il ne faut craindre pour lui ni chute ni naufrage. S'il y a des ombres, c'est qu'il y a des rayons; il ne faut pas s'effrayer avec lui des orages, des tourbillons, des tempêtes. Les chevaux d'Apollon ne verseront pas dans l'azur le char étoilé de sa Muse; l'esquif qui court sur les mers ne sera pas emporté par les flots tumultueux; il faut que cette poésie éclate partout en face de Dieu, comme l'hymne de la terre au ciel.

On critique le poëte en disant que sa poésie est fuyante et insaisissable comme la vague et le nuage; mais qu'importe, si le nuage est doré par le soleil et si la vague réfléchit le pays des étoiles ? Et d'ailleurs, la nature, cette image de Dieu, ne resplendit-elle pas toujours dans les *Harmonies* et les *Méditations ?* Certes, Lamartine ne se soumet pas à copier un coin de paysage; ce qui le frappe dans la nature, c'est qu'elle n'est que la mise en scène de Dieu et de l'homme; c'est là que se joue la Divine Comédie. Le poëte est trop poëte pour se contenter de ne peindre que le décor du drame humain et surhumain.

Tout à l'heure Victor Hugo continuera Dante et Shakespeare; déjà Lamartine continue Racine et André Chénier tout en les exaltant, mais il a aussi des échos lointains de Moïse et de David. Tous ceux qui l'ont vu jeune l'ont comparé à Raphaël pour la figure et pour le génie. Oui, le génie. C'est la même volée spiritualiste et chrétienne, c'est la même douceur dans la force. Il est grand, mince, souple; la figure est moins harmonieuse quoique le dessin soit régulier. Il y a je ne sais quoi de heurté et d'inquiet qui est l'expression de son tems. Né dans la Révolution, il a traversé l'Empire; aussi vous le verrez souvent jeter sur ses épaules un manteau de soldat. Son air hautain vous frappe; il n'est pas plus fier qu'un autre; mais nul comme lui ne se détache du monde où s'enchaînent les créatures vulgaires. Il ne marche pas, il plane. Comme tous les grands hommes, il a vécu dans tous les siècles. Aussi quand vous le croyez attaché à votre bras, il est avec Hésiode, Pindare, Homère, Platon, Virgile, saint Augustin. Vous croyez que son œil vous regarde, détrompez-vous, il erre dans le monde peint par Tacite, il salue les hommes de Plutarque. Il a vécu des siècles pendant ses années de jeunesse. Il n'est pas de coin dans le passé qu'il n'ait fouillé par le regard du poëte comme par le regard du philosophe; aussi il sait si bien tout, que plus tard, quand il se fera historien, il n'ouvrira plus un seul livre. Et puis ce qu'il ne sait pas, il le devine; ce qu'il ne devine pas, l'inspiration le lui dit. Il chante les *Harmonies* de son âme; il peint les grandes figures de César et d'Alexandre; il écrit l'*Histoire des Girondins,* qui est aussi l'histoire des Montagnards; il confesse sa jeunesse; il pleure ses *Méditations;* il conte *Jocelyn*. Quoi qu'il fasse, c'est une source vive, c'est un fleuve, c'est un océan de lumière. Il est si éblouissant que les jaloux disent : « Son style est en stras, » tandis qu'il est toujours en diamant; c'est le miracle de la pensée et de l'harmonie. Les orfèvres de l'art ne s'y méprennent pas.

Du moins c'était ainsi jusqu'en 1848; depuis, nous avons changé tout cela : nous dédaignons ces beautés qui nous renversent, parce que nous ne sommes plus au diapason, parce que la mode n'est plus au lyrisme. Or, la mode gouverne le monde des esprits comme le monde des chiffons.

II

Ce fut dans l'hiver de 1845 que je connus Lamartine. Je me trouvais assis près de lui à un dîner chez M. de Salvandy. Quoiqu'il fût à tout le monde, il eut la bonne grâce de se tourner souvent vers moi pour jaser poésie. Au fond, tous ces poëtes, devenus politiques, n'attendent toujours que l'occasion de redevenir des poëtes. Il me parla de lui, mais il me parla de moi. Chaque volume a sa destinée. Un bibliophile avait oublié sur la table de Lamartine un petit volume qui avait pour titre : *La Poésie dans les bois.* Si j'avais envoyé ces vers au grand poëte, il ne les eût pas lus : le flot emporte le flot. Tous les jours, en ce tems-là, il recevait une bibliothèque. Mais un volume déjà coupé le frappa. Il prit une heure d'entr'acte et lut mes poésies. Qu'y trouva-t-il ? Il m'affirma que c'était du pur Théocrite, par exemple les poëmes du *Foin* et du *Blé.* Je n'en revenais pas d'être si bien lu. Lamartine fut cordial : il m'offrit mes grandes et mes petites entrées chez lui, à Paris et à Saint-Point. Ce qui me prouva que ce n'était pas de l'eau bénite de cour, c'est que le soir même il remercia M. de Salvandy de son voisinage, non seulement parce qu'il avait eu la droite de Mme de Salvandy, mais parce qu'il avait eu un poëte à sa droite : ce qui contribua bien un peu, je crois, à me faire chevalier de la Légion d'honneur, quoique déjà M. de Rémusat se fût mis en campagne pour moi. Qui sait? Je me suis peut-être recommandé moi-même par ce mot bien naturel : On parlait du sommeil. Le ministre se vanta de ne dormir que trois ou quatre heures par nuit. « Oui, monsieur le Ministre, lui dis-je, mais vous vous rattrapez en présidant le Conseil de l'Instruction publique. » Je fus très surpris de voir que tout le monde riait.

M. de Lamartine recevait le dimanche. Le dimanche suivant, j'allai en son hôtel de la rue de l'Université, où le monde politique étouffait le monde littéraire. C'était alors une vraie réception de premier ministre, car déjà Lamartine était ministre des idées. On avait longtems raillé le chantre d'Elvire, il finissait enfin par s'imposer par la force du génie. Mais il est si difficile en France de paraître un grand homme quand on l'est, et il est si facile de le paraître quand on ne l'est pas! Ç'a été la même histoire pour Victor Hugo. L'inconnu en politique a une attraction inouïe. Les gouvernemens ont toujours peur des personnalités.

Je continuai à voir Lamartine; je dînais et je déjeunais chez lui dans un monde très varié et très variable. On dépensait beaucoup d'argent pour recevoir, mais c'était de l'argent perdu, car tout était mal ordonné : les grands vins étaient versés dans les carafes, tandis que les vins quelconques étaient offerts dans des bouteilles : vraie cave de poëte, je veux dire vraie bibliothèque où l'on prend le livre qu'on ne cherche pas, parce qu'on n'a pas trouvé le livre qu'on cherchait. A cela près, cordiale hospitalité.

Je peindrais mal l'enthousiasme de plus en plus flambant qui montait vers cet Olympe. Les dernières femmes romantiques s'épuisaient en œillades idolâtres : c'était plus qu'un poëte, c'était un Messie. Il y a toujours en France un homme qui est l'homme de tout le monde : c'était alors Lamartine.

Quand il écrivit l'*Histoire des Girondins*, je lui donnai des lettres de Condorcet : « Je prendrai ma revanche, me dit-il, en vous donnant quelques pages pour *l'Artiste* avant la publication. » Il m'oublia. J'allai un matin chez lui. Il ne recevait pas, mais il me reçut. « Je ne vous ai pas oublié, mon ami ; nous allons causer et déjeuner, après quoi je vous donnerai le fragment promis. » Nous causâmes. Il avait du papier sur ses genoux et un écritoire sur la cheminée. Il se mit à écrire sans pour cela cesser de parler ou de m'écouter. C'est qu'il était de ceux qui peuvent toujours faire deux choses à la fois. « Que faites-vous là ? » lui demandai-je en le voyant à sa troisième feuille de papier où il jetait rapidement sa belle écriture. « Eh bien, j'écris le chapitre pour *l'Artiste.* » Je n'en revenais pas, car nous ne parlions pas du tout de la Révolution. Je crois qu'il lui était revenu des mots fâcheux de Mme Récamier. Nous disions du mal de notre prochain en nous tournant vers l'Abbaye-aux-Bois. Quand on nous vint avertir pour le déjeuner, le fragment qu'il me destinait était fini.

Le 24 février, j'ai rencontré Lamartine allant à l'Hôtel de Ville ; il était comme toujours calme et beau, dominant les autres et se dominant lui-même. « Prenez garde, lui dis-je, il y a un abyme sous vos pieds : ce n'est pas la révolution d'aujourd'hui, c'est celle de demain. » Il me répondit : « Nous avons franchi le Rubicon, nous franchirons l'abyme. » L'abyme fut franchi, mais il resta de l'autre côté.

15

Quand j'étais directeur du Théâtre-Français, on m'annonça un jour ce nom magique, qui pour moi n'avait rien perdu de sa lumière. Il venait me proposer *Toussaint Louverture*. Mais il voulait Frédérick Lemaître; il voulait Mlle Rachel; il voulait ne pas lire devant le comité; il voulait une prime de vingt mille francs; il voulait beaucoup de choses que je ne pouvais pas lui donner.

Il m'emmena dîner et me lut de belles scènes. Je lui demandai quelques jours pour lui répondre. Le lendemain, j'allai à l'Élysée dire les conditions de Lamartine. Le prince me répondit tout de suite : « Faites bien vite tout ce qu'il vous demandera. — Mais le Décret de Moscou? car Lamartine ne veut pas lire devant le comité. — Ah! il ne faut pas toucher au Décret de Moscou! » Survint le ministre de l'intérieur qui représenta que c'était impossible. Je lui dis que pour Lamartine rien n'était impossible. On pouvait bien engager Frédérick pour les représentations de *Toussaint Louverture;* Mlle Rachel aimait trop Lamartine pour ne pas jouer un rôle effacé; les vingt mille francs de prime pouvaient être payés sur la subvention, par ordre du ministre ; je pourrais lire moi-même au comité la pièce, que sans doute on ne refuserait pas. « Illusion Lamartinienne! reprit M. Baroche; car si on sait que Frédérick Lemaître viendra victorieusement sur la scène au Théâtre-Français, il y a plus d'un de ces messieurs du comité qui jettera sa boule noire, d'autant plus qu'on dit que la pièce n'est pas bonne. — Il est si difficile de juger une pièce avant la représentation! — Et même après, dit celui qui devait être Napoléon III; rappelez-vous les jugemens de l'Académie sur le *Cid*. »

On décida que je m'assurerais du comité et de Mlle Rachel.

J'étais bien sûr que Mlle Rachel refuserait le rôle que lui destinait Lamartine, surtout en compagnie de Frédérick Lemaître; mais j'espérais prouver au grand poëte que Mlle Judith était la femme indiquée, bien plutôt que Mlle Rachel. J'espérais aussi vaincre le comité, du moins les burgraves du comité, car les jeunes étaient acquis aux tentatives hardies, même périlleuses; mais j'étais à peine en travail auprès de Beauvallet, le plus atteint par cette aventure, puisqu'il eût merveilleusement joué lui-même *Toussaint Louverture*, quand Lamartine m'écrivit ce mot :

Mon cher Arsène Houssaye, pour cette fois je n'irai pas au Théâtre-Français. Frédérick Lemaître a peur de n'être pas chez lui dans la maison de Molière.

Votre ami.

LAMARTINE.

Frédérick Lemaître eût été chez lui dans la maison de Molière; Beauvallet lui-même, après avoir éclaté comme la tempête, m'avait dit tout à coup : « Eh bien! après tout, qu'il vienne jouer ce rôle ici; il verra que je suis un bon camarade. Je ne lui serai pas noir, car je serai le premier à battre des mains. » Il n'y avait pas dans le monde des théâtres de meilleur homme que Beauvallet, un grand artiste qu'on avait le tort de ne pas apprécier à sa hauteur, parce qu'il était sociétaire du Théâtre-Français. C'est un peu l'histoire de l'Académie française; on est plus injuste pour un immorte que pour un simple mortel. Tout se paie.

J'ai revu Lamartine de loin en loin; toujours charmant, toujours cordial.

Dans la dernière année, je suis allé lui serrer la main rue de la Ville-l'Évêque, en ce triste rez-de-chaussée qui me sembla le vestibule de son tombeau. Je n'ai plus trouvé que l'ombre de Lamartine. Cette grande lumière s'était obscurcie ; chaque jour éteignait un rayon, la nuit éternelle tombait sur ce beau front. Il restait à son intelligence un seul sillon demi lumineux qui lui permettait de penser encore ; mais c'est en vain qu'il voulait soulever les nuées des horizons. La mort était là déjà, implacable avant de frapper. Il ne me dit rien, parce que le silence seul était éloquent. Je retrouvai la bonté dans son regard, la bonté, la dernière vertu de cette grande âme. Quand je sortis, je pleurai ; je pleurai de voir l'humanité soumise à ces déchéances, jusque dans ses représentans les plus glorieux. Je pleurai dans Lamartine un des six grands hommes du siècle, — pas un de plus, — à moins qu'il n'en vienne un septième. Aussi peut-on inscrire sur son tombeau le plus beau de ses vers :

L'homme est un Dieu tombé qui se souvient du ciel.

L'homme est ainsi fait, qu'il n'aime pas l'homme de génie s'il est heureux. C'est ce qui explique son adoration pour Molière trahi par sa femme ; pour Corneille raccommodant ses chausses ; pour La Fontaine, pauvre, recueilli par Mme de la Sablière. Il s'éloigne déjà de Racine, parce que Racine est familier de la cour ; il ne le plaint pas si l'ami de Mme de Maintenon meurt d'un mauvais regard de Louis XIV. Il aime Homère mendiant, Shakespeare misérable, Camoëns mourant de faim et Le Tasse mourant de folie. Il aime Voltaire exilé et Victor Hugo proscrit. Il aime Alfred de

Musset se consolant de l'amour par l'ivresse. Il aime Alexandre Dumas ne refusant d'argent à personne, hormis à ses créanciers et à lui-même. Il aime André Chénier qui meurt sur la guillotine ; mais il ne salue pas son frère, un autre grand poëte, parce qu'il n'est pas guillotiné.

En un mot, il faut à tout homme de génie une légende de misère et de malheur. « Comment, coquin, tu t'avises de faire un chef-d'œuvre avec un cœur content ? Comment, tu t'avises d'être riche et gai en face de ton lecteur qui te lit pour se consoler de n'avoir pas le sou ? Dépêche-toi de mourir de mort violente ou tout au moins d'aller à l'hôpital. »

Lamartine, mourant à la peine avec ses châteaux, n'a jamais pris que pour un jour le cœur du peuple *.

III

Victor Hugo a trouvé un arbre pour séduire Ève, Lamartine en trouva plus d'un.

Les douceurs de la volupté ne se cueillent pas aussi facilement que des prunes. Don Juan savait son métier. L'échelle de soie c'est l'échelle des femmes : il faut savoir y monter; Lamartine le savait, mais la politique le retint souvent au premier échelon.

* Mais Dieu était pour lui, puisqu'il ne fut pas abandonné des femmes. Cette adorable Valentine de Cessia aura une page dans l'histoire littéraire pour avoir veillé sur le poëte à sa dernière heure, comme une image souriante de l'immortalité de l'âme.

En 1848, je vis deux fois Lamartine à son ministère des relations extérieures, boulevard des Capucines; il me présenta à une jeune fille toute blanche dans sa robe noire, en me disant : « Je vous présente à la France. — Mademoiselle, je suis Français, » dis-je en m'inclinant.

Je la regardais tout surpris; c'était une statue de marbre habillée à la mode de 1848, avec je ne sais quel air de l'ancien tems. Je fus frappé de ses beaux yeux noirs, fiers et doux, des éclairs sur le velours. Elle était silencieuse, mais elle jetait çà et là un mot dans la causerie, mot toujours juste et profond. C'était une sibylle qui parlait.

Je me demandai ce que pouvait faire là cette demoiselle. Pourquoi Lamartine la symbolisait-il par ce mot: « la France »? Quoique le poëte fût très familier avec ses amis et qu'il ne se posât pas en Jéhovah, je n'osai l'interroger par respect pour la jeune fille. Je supposai qu'elle jouait avec lui le rôle de George Sand auprès de Ledru-Rollin. Cela ne me regardait pas.

Quand il fut revenu des grandeurs sans descendre un degré de sa renommée, je lui parlai de la sibylle. « Oui, dit-il, vous avez deviné, c'était une sibylle. » Et sans se faire prier le moins du monde, il me raconta ceci : A peine était-il en son ministère, tout à son manifeste aux nations de l'Europe, qu'il vit arriver à lui, dans sa blancheur idéale, cette jeune fille inconnue qui marchait légère comme une symphonie. Il crut encore à une apparition de la muse; il s'avança à sa rencontre et la baisa sur le front. C'étaient deux sympathies qui se touchaient. Il s'aperçut pourtant qu'il ne rêvait pas; il prit la main de la jeune fille et lui indiqua un fauteuil, mais elle voulut rester debout. Naturellement elle avait quelque chose à dire. Elle parla ainsi : « Monsieur de Lamartine, je viens à vous parce que je vous aime de toutes les forces de mon âme... » Ce début ne la fit point rougir. Elle regarda l'homme d'État avec toute la douceur, mais avec toute la fierté de ses beaux yeux. Lui seul était ému. Elle continua : « Vous avez sauvé la France du drapeau rouge, mais vous ne l'avez pas sauvée du drapeau tricolore. Or, pour moi, c'est le pire des drapeaux. — Pourquoi ? demanda Lamartine surpris. — Ce n'est pas seulement parce qu'il est laid. On dit que c'est l'arc-en-ciel de la Liberté, mais je suis trop coloriste pour reconnaître là les adorables couleurs du prisme. Ce n'est ni le même bleu ni le même rouge. — Voyons, reprit Lamartine en souriant, est-ce l'art qui vous fait parler ou l'opinion ? — Tous les deux, car je suis un peu artiste et beaucoup royaliste. — Eh bien, Mademoiselle, mettez toute votre politique dans l'art, vous ferez des chefs-d'œuvre. — Oui, à peu près comme M. de Lamartine, si sa politique ne lui avait pas caché la vérité. »

Ici une dispute à armes courtoises. La jeune fille reprocha à Lamartine d'avoir trahi deux fois son drapeau comme poëte et comme royaliste. Lamartine le prit de haut pour faire un tableau rayonnant des destinées futures de la France par la République. La jeune fille ne fut pas convaincue ; elle dit que, puisque la France était l'œuvre de la monarchie, la France ne pouvait vivre que par la monarchie ; elle évoqua des images du passé avec une éloquence moins aérienne mais plus saisissante que celle de l'homme d'État pour peindre sa terre promise. « Ah ! si vous vouliez ! » dit-elle tout à coup. Et elle se jeta les bras ouverts sur le sein de Lamartine. Une seconde fois il la baisa au front, elle releva la tête pour montrer ses larmes : elle était sublime à force de beauté et d'enthousiasme. Ce fut alors qu'il lui dit : « Vous avez je ne sais quoi de souverain, Mademoiselle, et vous me représentez la France. — Eh bien ! Lamartine, appelez-moi la France, mais croyez en mes paroles. »

Il survint du monde. La jeune fille s'éclipsa, il eut à peine le temps de lui dire : « Vous reviendrez. »

Elle revint. Il mit tout le monde à la porte ; il s'enferma avec elle, tant il était heureux de la regarder dans cette période du laid, où les faubouriennes étaient descendues sur les places publiques et sur les boulevards. Lamartine avait beau faire, il avait trop de racines dans la France ancienne pour ne pas se laisser reprendre aux visions de sa jeunesse. Cette jeune fille en était une, mais ce n'était pas seulement pour lui le symbole de l'ancienne France, cette blanche statue, c'était surtout une femme. Elle le brûlait de ses regards ; il se sentit pris du cœur à la tête par une de ces passions qui empourprent la vie au soleil couchant. Un matin Lamartine se réveilla amoureux. Un voile passa sur la République. Il ne vit plus que celle qu'il appelait la France. Elle venait souvent à midi et restait toute une heure. Il fut impatient plus d'une fois en reconduisant les visiteurs officiels. Un jour il jeta un coup d'œil dans le salon d'attente comme si la jeune fille s'y fût attardée. Il fallait aller à l'Assemblée nationale. Il donna encore un quart d'heure de grâce à sa blanche vision. Enfin elle parut. Elle était plus pâle que de coutume ; ses grands yeux jetaient des flammes plus vives. Pourquoi cette pâleur et ces yeux allumés ? Elle se jeta sur lui avec des larmes dans les yeux. « Je t'aime, » murmura-t-elle en appuyant son visage sur le bras du poëte. Cette fois, ce n'était plus un symbole qui parlait, c'était une femme de chair, c'était un cœur, c'était une âme. Lamartine se sentit touché à vif par ce cri de l'amour, comme il se sentit enivré par les senteurs toutes pénétrantes de cette belle chevelure noire où il égarait ses lèvres. Elle s'abandonnait comme si elle fût déjà prête au sacrifice : pour elle, Lamartine était un dieu, elle ne voulait pas jouer à la Célimène, elle se donnait toute : le dieu ne la prit pas. Il habitait toujours un peu les nues, même en ces jours où la révolution le clouait terre à terre.

Il ne s'est pas consolé de la chute de sa république. S'est-il consolé de l'envolement de la sibylle qui lui avait redonné des heures rayonnantes de jeunesse ? Non, sans doute, puisqu'il me parla longtemps après de celle qu'il appelait la France.

L'homme fait l'homme à son image corporelle, mais jamais à l'image de son esprit. Ne semble-t-il pas que la création de l'esprit vienne de plus haut ?

On ne s'étonne pas d'étudier les races idéales comme les races palpables. Lamartine est de la lignée de Pindare. On peut dire aussi qu'il est frère de Chateaubriand, un Chateaubriand en vers. Jusqu'à lui la France avait eu des lyriques : ils se sont tous évanouis devant sa muse radieuse, comme les étoiles devant l'aurore. Il a été sublime dans son vol, mais le malheur de son origine, c'est qu'il était condamné à ne jamais marcher sur la terre, sinon comme un rayon qui passe.

Ah ! s'il avait eu un ami pour arrêter les chevaux d'Apollon et les ramener çà et là dans le chemin des mortels ! mais ce n'était pas le tems : Chateaubriand avait marqué pour lui et les siens les routes azurées. On eût crié au sacrilège.

Lamartine ne fut donc pas maître de lui dans ses emportemens ; plus d'une fois il se pencha sur le monde réel et voulut s'y acclimater ; mais l'inspiration le détachait bientôt ; il ne voyait plus la vérité qu'à travers les brumes argentées du matin, les arcs-en-ciel de l'orage, les empourpremens du soleil couchant. Aussi était-il moins un homme qu'un poëte : le Sinaï était son Olympe ; il pouvait dire, chaque fois qu'il remontait aux cimes rayonnantes : « J'ai la nostalgie du ciel. « Ç'a été aussi le ciel de Mahomet. Moins humain que divin, Lamartine fut pourtant le poëte adoré de toute une période. Les cœurs battaient à ses battemens de cœur ; sa poésie avait le pouvoir d'élever toutes les âmes vers l'infini. On se consolait de la vie naturelle par la vie supernaturelle. Chaque vers du poëte nous emportait dans son vol ; aussi vivait-on bien moins chez soi que dans les astres. On ne songeait pas comme aujourd'hui à enfouir des trésors dans son intérieur, à faire un musée de sa maison, comme si on dût y vivre cent ans. L'ameublement lui-même faisait pitié à voir. On était à cent mille lieues de la chinoiserie et du japonisme. Ni tapis de Smyrne, ni tapisserie des Gobelins. A quoi bon, puisque l'esprit était toujours dehors ? Ce fut la force du génie de Lamartine d'emporter ses contemporains dans les voyages aériens. C'étaient les vrais voyages à travers l'impossible. Aussi, qui ne courait alors à la recherche de l'absolu ?

Victor Hugo ne fut pas moins un dieu de la poësie parce qu'il fut plus un homme, comme Alfred de Musset qui survint appuyé gaiement et douloureusement au bras d'une muse jusque-là méconnue, la Passion.

III

Victor Hugo

I

Comment parler de Victor Hugo, quand on est plus ou moins poëte, sans lui faire d'abord le salut poétique comme le soldat fait le salut militaire à son général.

Ce siècle avait deux ans. Rome remplaçait Sparte ;
Déjà Napoléon perçait dans Bonaparte,
Quand la France inquiète accoucha d'un enfant.

Ce fut Victor Hugo : tout une autre épopée ;
Le poëte qui fit de sa plume une épée
Et qui livra bataille et qui fut triomphant.

Ce n'était plus la guerre et ses sanglans trophées,
Ce fut le dieu du jour conduisant les Orphées.
Il fit le siècle grand des grandeurs de son nom.

Et le siècle aujourd'hui n'a pas d'autre victoire.
Qu'est-ce que celles-là qui font pleurer l'histoire
En la tachant du sang de la chair à canon ?

Gloire à Dieu, gloire à toi : le siècle a sa lumière.
Son couchant est plus doux que sa clarté première,
Parce que ton génie a rayonné toujours.

Chêne majestueux sur tes branches chenues,
Tous les beaux oiseaux bleus qui descendent des nues
Chantent nos passions tout en charmant nos jours.

Quand vint Victor Hugo, la vieille École fut battue. Elle avait beau nier la lumière, elle s'évanouit dans l'ombre. On la revit çà et là à l'œuvre, entêtée de tragédies incolores. Elle réengagea l'action, croyant appeler à elle, pour combattre, tous les maîtres de l'antiquité ; ne comprenant pas que Victor Hugo était aussi près d'Eschyle avec *Hernani* que M. Viennet en était loin avec *Arbogaste.* Mais, en ce tems-là, les victoires des romantiques n'étaient pas encore des conquêtes. Le public emmaillotté dans la tradition n'osait pas admirer tout haut ; il croyait encore à une surprise, d'autant plus que la critique jalouse assemblait des nuages sur ce soleil levant. Les républicains du règne de Louis-Philippe, Armand Carrel et Armand Marrast, frappaient les révolutionnaires romantiques en pleine poitrine pour qu'on leur pardonnât d'être révolutionnaires politiques. Sainte-Beuve renia à moitié ses dieux, Gustave Planche les renia tout à fait. Les maîtres glorieux furent discutés comme des écoliers. On ne leur tenait compte ni du génie dramatique, ni des triomphes de la scène : c'était toujours à recommencer. Le public qui n'a jamais aimé bravement les glorieux ne permet la renommée qu'à distance. Il avait peur d'ailleurs de trahir ses anciens dieux; il avait peur aussi, ce public né malin, d'être pris pour dupe. Il le fut un instant, quand Ponsard lui donna *Lucrèce* à l'Odéon. Aux spectateurs les plus enthousiastes et les moins convaincus : « Voilà le théâtre », disait-on tout haut en face d'un chef-d'œuvre incompris : *Les Burgraves.*

Quand Théophile Gautier me conduisit chez Victor Hugo, c'était le Victor Hugo de la place Royale, un roi qui avait une cour.

Mais l'homme me parut si grand que je ne vis autour de lui que des infiniment petits, Théo lui-même qui s'humiliait dans la poussière du soleil. Ma présentation fut quasi-comique, car Théo qui s'étudiait à une phraséologie personnelle ne disait rien comme un autre : « O grand Victor Hugo, je vous présente un poëte de nos amis qui est du pays de Jean Racine, mais il ne faut pas lui en vouloir. — Ah ! dit Victor Hugo, si Jean Racine n'avait pas fait de tragédies, quel grand homme pour la France, car lui aussi se drapait du manteau des dieux ! »

Je ne savais que dire. J'aurais bien voulu défendre mon compatriote — malgré ses tragédies ; — j'aimai mieux, pour ne pas me faire mettre à la porte comme étant d'un pays trop champenois, parler d'un autre de mes compatriotes : Jean de La Fontaine. « Oh ! pour celui-là, s'écria Victor Hugo, il a fait des contes charmans ; je l'aime pour ses contes, non pour ses fables, parce que si ses contes sont d'un poëte du seizième siècle, ses fables sont d'un Sancho Pança à cheval sur M. de La Palisse. » Je ne croyais pas un mot de ce que disait Victor Hugo ni lui non plus, mais il lui fallait bien amuser la galerie. Et puis la discipline de l'École ! « Vois-tu, me dit Ourliac, Victor Hugo ne sait bien juger que lui-même en se donnant la première place. » Il avait raison. C'est l'histoire de tous les chefs d'empire, empire littéraire, empire politique. Si on ne s'assied pas sur le trône avec orgueil, on permet à un autre de prendre la couronne. Victor Hugo, jeune comme Napoléon dans sa gloire, passait déjà de son consulat à son empire, après ses Victoires et Conquêtes de la scène.

Je trouvai que le grand poëte était logé comme un prince; mais je fis remarquer à Théo qu'on soupait bien peu chez lui. A peine si on servait une tasse de thé aux privilégiés. Il fallait aller là tout esprit en laissant son estomac dans l'antichambre. Son salon c'était le portique : on se trouvait trop heureux d'y manger une figue et d'y boire un verre d'eau. Mais Victor Hugo a pris sa revanche, lui qui depuis si longtems tient table ouverte chaque jour de l'année avec surabondance de cœur et de rôti. Ces pauvres poëtes, on ne les condamne pas seulement à nourrir les esprits.

II

Je m'imaginais ingénument que Jupiter était dieu et que tous les demi-dieux étaient ses prophètes. Mais Victor Hugo avait beau faire toutes les conquêtes, régner dans la poésie, au théâtre, dans le roman, on lui opposait Chateaubriand et Lamartine — et Casimir Delavigne ! — Ah ! s'il eût débuté par une tragédie ! Chateaubriand qui avait reconnu l'enfant sublime, ne lui cédait pas son trône d'or. Lamartine était bon prince et disait à son rival : « Tu seras roi, » mais d'un air de souverain. Alexandre Dumas, ce magique conteur, qui ne doutait pas de lui, croyait devenir un Alexandre le Grand de la littérature. Balzac, ce merveilleux trouveur, cherchait encore, penché sur son œuvre, ne songeant pas aux préséances, parce qu'il voulait passer le premier, parce qu'il se croyait aussi le premier. Dans sa tour d'ivoire, Alfred de Vigny n'adorait que lui-même. Sainte-Beuve aimait mieux régner sur les coteaux modérés que de monter plus haut à l'ombre du maître. Mérimée riait des enthousiasmes et ne s'étudiait qu'à jouer les Don Juan bourgeois Alfred de Musset s'échappait de la place Royale pour continuer la dynastie de Byron. Hugo pouvait dire : « Moi seul et c'est assez. » D'ailleurs, puisqu'il avait prêché la liberté dans l'art et la révolte contre le *Traité du Sublime*, il ne devait pas s'offenser de voir ses amis tenter sans discipline toutes les fortunes. Mais il gardait par devers lui les écoliers survenus en poésie, en peinture, en statuaire : Antony Deschamps, Théophile Gautier, Petrus Borel, Esquiros, Célestin Nanteuil, Chatillon, Jehan du Seigneur, Préault, des enthousiastes chevelus décidés à tout aux premières représentations des chefs-d'œuvre du poëte.

Comme Corneille et comme Molière, Victor Hugo créa son monde en six jours pour ne pas se reposer le septième, à l'inverse de Dieu qui aurait bien pu travailler un jour de plus pendant qu'il était en train de faire de si belles choses. En quelques saisons, Victor Hugo créa presque toutes ses merveilles en poésie, son meilleur roman parmi les meilleurs, ce qui ne l'empêchait pas de mettre au monde les plus beaux enfans.

On peut croire aujourd'hui que tant de chefs-d'œuvre désarmèrent les critiques et les Quarante? Au contraire, plus il enrichissait le trésor littéraire de la France, plus il exaspérait cette école tombée en enfance qui jurait par Corneille et par Racine, mais que Corneille et Racine eussent fouettée devant le palais de l'Institut.

III

Les œuvres de Victor Hugo sont la fête perpétuelle de l'esprit. On n'a jamais ouvert de plus lumineuses échappées dans l'histoire et dans l'infini. Je vois d'ici les vrais contemporains de Victor Hugo : Homère, Dante, Shakespeare, Molière, écoutant sur je ne sais quel mont Olympe ces merveilleuses symphonies qui sont l'âme du monde. Si Raphaël peignait aujourd'hui son Parnasse, quelle rayonnante figure il ferait à Victor Hugo, parmi toutes les glorieuses figures de la poésie et de l'art !

C'est que Victor Hugo est un grand artiste comme un grand poëte. Il n'y a point de poésie sans art, il n'y a point d'art sans poésie. Ç'a été la suprême conquête du génie moderne de peindre en écrivant. La palette radieuse a donné plus de lumière et plus d'accent aux images de l'imagination. Aussi, voyez comme un type créé par Victor Hugo s'impose avec une force surhumaine : toutes ses figures sont là vivantes devant nous, les unes depuis hier, les autres depuis un demi-siècle, mais vivantes pour toujours ; terribles ou charmantes ; peuplant et repeuplant le monde de l'esprit ; symbolisant toutes les idées, toutes les passions, tous les sentimens ; familières avec les figures des grands poëtes, parce qu'elles représentent ensemble, sur le théâtre universel du beau et du vrai, la comédie humaine, sous la lumière de Dieu, ce grand allumeur de chandelles, — j'ai voulu dire de soleils !

Il faut voir de près, mais il faut voir de haut. Il faut

voir de loin aussi. Quel grand poëte n'a eu ses heures d'exil ? Dante comme Homère. Molière, ami du roi, a été exilé d'Armande Béjart, sa femme. Victor Hugo, ennemi de l'empereur, a été exilé de la France, sa patrie. Combien de larmes immortelles, — des colliers de perles pour l'immortelle poésie, — ces exils ont provoquées. Ils étaient grands déjà ces poëtes ; mais ne sont-ils pas plus grands, Molière et Hugo, par les éloquences passionnées des heures de souffrance ? Tout poëte n'arrive à être Dieu que par les stations de la croix. Entrez dans la vie des plus grands : Homère vous dira qu'il mendie ; Dante écrira sous vos yeux : « *Desesperanza ;* » Shakespeare vous montrera son cœur tout saignant aux batailles de la vie. Et ainsi de tous ceux que la destinée a marqués au front.

Pour l'âme du poëte, les étoiles sont des soleils. Il n'y a pas de ténèbres qu'il ne disperse, quand il n'écrit pas les œuvres de la sottise. L'œuvre de Hugo est un monde. Dès qu'on ouvre un livre de lui, on se sent transporté en pleine poésie épique ; on secoue à ses pieds les infiniment petits de la poésie contemporaine, comme on laisse à la porte, pour entrer chez un souverain, le manteau fripé tout étincelant de gouttes d'eau, diamants éphémères. C'est là qu'on reconnait que l'art ne court pas les petites aventures ; que la parole est une arme qui tue la sottise, comme la lumière tue le fantôme. On se demande si ce qui amusait Paris la veille n'était pas la comédie des ombres chinoises. Tout tombe, tout s'efface, tout disparaît. Les grandes vanités des petits poëtes rentrent dans l'ombre. Il n'y a plus qu'une œuvre. Il n'y a plus qu'un homme.

On a dit qu'il fallait un dieu pour chaque peuple. Le poëte a donc un privilège inouï, puisqu'il peut parler à tout le monde. Il n'est pas de peuple qui ne serait saisi par les beautés de *la Légende des siècles.* Je ne parle pas seulement des régions supérieures de l'intelligence ; car Victor Hugo peut dire aussi : « Laissez venir à moi les petits enfans. » C'est que son génie est fait de bonté, comme il est fait de grandeur. C'est qu'un profond amour de l'humanité donne à tout ce qu'il touche un rayon divin. Il aime Dieu dans son œuvre, dans l'homme, dans la femme, dans l'enfant, dans la bête, dans l'arbre, dans la rose, dans la vague, dans le rocher. Il a reconnu la force de l'âme des choses comme la force de l'âme humaine. Ces deux âmes surélèvent et fécondent *la Légende des siècles.*

Ce qui me le fait aimer plus encore, — je ne parle pas ici de mon amitié familiale pour l'homme, — c'est la variété de son génie. Il est des poëtes qui ne savent chanter qu'un cantique ou redire une chanson. Victor Hugo a couru toutes les belles et glorieuses aventures. Du premier coup, il a été le maître dans le roman, comme il fut le maître dans le poëme, dans l'ode et dans le drame. Plus d'une de ses pages d'histoire est écrite sur l'airain. Ses *Juvenalia* sont des eaux-fortes plus terribles et plus lumineuses que celles du poëte latin.

Quelle adorable fête pour l'esprit qu'un voyage à travers les œuvres de Victor Hugo, quand on les a lues cent fois ! On est sûr de ne pas hanter, dans ces pays-là, le demi-monde littéraire. On marche dans une atmosphère sereine, fortifiante, salutaire. Le sculpteur Bouchardon disait : « Quand je viens de lire Homère, les hommes me paraissent grandis d'une coudée. » Il eût dit cela de Victor Hugo. Il se fût promené en levant la tête dans cette admirable *Légende des siècles*, qui est la grande histoire vue par l'œil de la poésie : l'histoire des mondes disparus, l'histoire des mondes vivans, l'histoire des mondes futurs. Toutes les figures connues et inconnues y sont évoquées. Qui donc aujourd'hui oserait mettre en scène, dans un acte dramatique, *les Sept merveilles du monde?* Hugo est grand parce qu'il est multiple : parce qu'il est Horace après avoir été Homère, Ronsard après avoir été Shakespeare.

C'est l'épopée indoue, c'est l'épopée antique, c'est l'épopée française !

Ne vous effrayez pas trop de ces grands bruits que font les dieux, coups de tonnerre, tempêtes épiques, embrasemens des astres, rires éclatans, colère des Titans. Jupiter descend quelquefois de l'Olympe pour se reposer d'être un grand Dieu avec les nymphes de Diane. Ainsi Victor Hugo descend de ses hauteurs pour faire un bouquet d'idylles avec ses amis de tous les siècles : Orphée, Salomon, Aristophane, Théocrite, Virgile, Dante, Pétrarque, Ronsard, Shakespeare, Voltaire, André Chénier. Là, il se retrouve jeune comme à vingt ans, dans toute sa saveur amoureuse et bocagère ; il semble que les femmes légendaires aimées par les poëtes viennent danser avec les chasseresses, secouant des pieds les aromes de l'herbe, effeuillant les roses sauvages, faisant tressaillir les branches. Jamais Théocrite ni Chénier n'ont été plus antiques, peut-être n'ont-ils pas eu ce panthéisme pénétré et débordant : la nature ivre d'amour.

A sa table hospitalière, il est dans son rôle s'il éclate

en saillies, s'il rit des sots, s'il charme les femmes, s'il amuse ses petits-enfans; mais aujourd'hui, il a dépassé les jardins de Saadi; il ne chante plus la *Chanson des rues et des bois ;* il a gravi l'âpre montagne au front de neige d'où la parole d'or tombe plus grave et plus retentissante. Plus l'homme de génie se rapproche de Dieu, plus il a charge d'âmes. Voltaire disait en mourant : « Tout sera bien. » Tout n'est pas bien encore, mais le monde a marché dans l'idée de Voltaire, ce grand poëte par sa philosophie, ce petit poëte par ses vers. Et Victor Hugo, dans ce monde qui marche, marche en avant. Il débrouille le chaos, il répand la lumière : Lucrèce n'a pas étreint la Nature avec plus de fécond amour. Il n'a pas arraché autant de secrets à la vie universelle. C'est que Victor Hugo étreint l'Humanité comme la Nature.

On a dit que les grands hommes faisaient leur siècle à leur image : Victor Hugo a fait le XIXe siècle littéraire. Malherbe, grand poëte une grammaire à la main, était venu pour défaire la langue; Victor Hugo est venu pour la refaire. Ceux qui l'aiment, comme ceux qui l'injurient, vivent de son bien ; seulement, lui ne frappe que des écus d'or, tandis que nous ne frappons que sa petite monnaie. Cette belle langue, la reine du beau dire, si largement drapée, nourrie d'idées, éblouissante d'images, fait de Victor Hugo un antique, lui qui est plus moderne que tous les modernes.

Tout grand homme a un pied dans le passé et un pied dans l'avenir.

Dans la vie intime, Victor Hugo, descendu de l'Olympe, est un gai compagnon qui sème à pleines mains l'idée et l'esprit, courant les mondes connus et inconnus, tour à tour croyant et railleur, amenant Dieu parmi ses convives, mais lui prouvant qu'il aurait pu ne pas se reposer le septième jour. Voilà pourquoi Hugo est convaincu que Dieu a laissé le monde inachevé pour laisser quelque chose à faire aux hommes. Il ne doute pas que les rois, les poëtes, les artistes, tous les grands de ce monde, ne soient destinés par Dieu à être des providences ou des sous-providences. En effet, tout homme de bien a charge d'âmes. Mais, rassurez-vous, Victor Hugo ne prêche jamais, il laisse cela à ceux qui n'ont rien à dire ; il croit, d'ailleurs, qu'avant de sauver l'âme il faut sauver le corps, ce qui explique en lui l'homme politique inexplicable ; il est de ceux qui disent : « Rien n'est fait quand il reste quelque chose à faire. »

Apôtre du bien, il n'a jamais sacrifié son rôle de poëte, hormis dans son déni des apôtres de Jésus. Il a vécu sa vie à pleine coupe, aimant les femmes et adorant les enfans, fraternel à ses amis, ne perdant jamais ni la journée de son esprit ni la journée de son cœur.

Qui donc lui reprocherait son orgueil ? N'est-ce pas beau d'être un grand homme, quand il y a si peu d'hommes ? N'est-ce pas glorieux de prendre la couronne d'Homère, de Dante et de Shakespeare ? Il y a du merveilleux dans cette belle existence qui remplit tout un siècle. On a le vertige quand on songe à tout ce qu'il a fait ! chefs-d'œuvre sur chefs-d'œuvre ! *Pélion sur Ossa !*

Mais, descendons des hauteurs : on aime les dieux qui se font hommes, on ne veut pas que les hommes se fassent dieux. Retournons à l'homme dans Hugo : il aime mieux cela.

IV

On a conté les histoires amoureuses des Olympiens et des Olympiennes.

Il y aurait là de fort jolis chapitres pour l'histoire intime du XIXe siècle, mais j'aime mieux donner la parole à Victor Hugo lui-même contant l'histoire de son meilleur ami. Nous sommes au fumoir, les femmes sont au salon. C'est l'histoire de M. Apollo et de Mme Aphrodita.

Il avait tout le rayonnement du génie dans la jeunesse. Elle avait tout le charme de la femme qui a mûri pour l'amour.

L'heure était venue de cueillir Mme Aphrodita, car son mari qui voyageait en artiste par tous les mondes l'avait bien un peu oubliée sur l'espalier. Il faut à la pêche trente jours pour qu'elle prenne ces beaux tons de rose et de pourpre, sur un fond vert d'eau; il faut à la femme trente années pour qu'elle parvienne à l'épanouissement de toutes ses splendeurs. A trente ans, il lui arrive de tomber de l'espalier, mais le plus souvent elle y reste jusqu'à quarante ans, peut-être un peu trop mordue par le soleil, mais très savoureuse encore.

Mme Aphrodita était dans toute la poësie savante et charmeuse de la trentième année quand M. Apollo la rencontra sur son chemin. Je me trompe, il alla tout exprès dans le salon renommé où elle déployait sa grâce onduleuse et serpentante.

Apollo, vers 1845, ne prenait pas trop au sérieux son titre officiel de pair de France; il aimait mieux faire de la poësie en action avec Mme Aphrodita qui oubliait qu'elle fût mariée, parce que son mari n'était pas là. Jamais Apollo n'avait trouvé une rime plus sonore ni une éloquence plus retentissante ; c'était la strophe et l'antistrophe, le génie de l'imagination et le génie de la beauté. Un jour vint, ce jour-là vient toujours, où on eut soif du fruit défendu. Apollo et Aphrodita cherchèrent un arbre. Ils le trouvèrent en plein Paris.

Apollo avait daigné descendre de l'Olympe pour devenir pair de France. Ces immortels s'amusent à tout. Il daigna descendre jusqu'à monter chez Mme Aphrodita, oubliant ce jour-là non seulement Mme Apollo, mais une adorable Juliette dont il était le Roméo.

Que trouva-t-il chez Mme Aphrodita? Toutes les joies de l'amour pour ceux qui ont la science du cœur et même pour ceux qui ne savent jamais leur cœur. Mme Aphrodita était deux fois femme, la femme de la volupté comme la femme de l'idéal. Elle passait de l'esprit à la gaieté, de la gaieté aux larmes avec une grâce exquise.

Quoique M. Apollo fût gâté par sa femme qui était brune, par sa maîtresse qui était blonde, il fut enivré par la non moins belle Aphrodita. Quand on est un poëte, il faut toujours aller du connu à l'inconnu. Platon a dit qu'on devenait poëte par l'amour ; par l'amour, on devient dieu. Mais on n'a pas les six jours pour créer son monde !

M. Apollo qui s'ennuyait fort à étudier l'économie politique à la Chambre des pairs venait étudier l'art de devenir dieu dans la chambre d'Aphrodita. On le croyait, comme poëte, retourné au septième ciel; on ne se trompait pas. Mais les maris reviennent toujours :

celui d'Aphrodita revint tout morfondu de s'être attardé avec les Laponnes. Naturellement son meilleur ami qui avait vainement voulu lui ravir sa femme l'avertit qu'elle avait un amant. « Je m'en doutais, s'écria le mari. — Je ne sais pas son nom, reprit l'amant, mais ce que je sais bien, c'est qu'il va tous les jours la voir de trois à quatre heures; ils doivent chanter un duo très bruyant, car j'ai frappé vainement à la porte. — Je sais qui! s'écria l'époux outragé. C'est le baron Marjoly que j'ai caricaturé l'an passé. S'ils n'ont pas voulu ouvrir la porte, eh bien! ils l'ouvriront au commissaire. »

Il était tout justement deux heures et demie ; le mari happe un commissaire. Ce gendarme du mariage qui vient toujours trop tard met son écharpe et part en guerre. Le mari emboîte le pas. On frappe les trois coups légendaires à la porte de Mme Aphrodita : « Au nom de la loi! » On écoute : on n'entend que le silence.

Au nom de la loi on enfonce la porte ; on franchit l'antichambre et on trouve Apollo et Aphrodita à peu près vêtus de l'air du tems comme les dieux et les déesses. La femme nicha sa vertu dans son lit, l'homme se coiffa solennellement du tricorne du pair de France, ce qui le rendait inviolable.

Il n'y a point de doute, le mari n'est pas le mari imaginaire de Molière! Tout indigné, le commissaire dit : « Je me moque du tricorne. » Mais il est très surpris de voir le mari souriant. Selon le mot consacré, il vient instrumenter, c'est-à-dire écrire de bonne encre que Mme Aphrodita a trahi le devoir conjugal. « Chut! s'écrie le mari en prenant la plume du commissaire, je croyais que c'était le baron de Marjoly, mon ennemi, mais du moment que c'est mon ami Apollo, je n'ai qu'à les féliciter tous les deux, celle qui est couchée comme celui qui est debout. »

Et ce brave mari, qui avait autant de littérature que de philosophie, dit à Apollo comme Amphitryon à Jupiter : « Seigneur, c'est trop d'honneur. »

V

Dumas

Alexandre Dumas débuta en maître. Il s'empara du théâtre comme un fils de Shakespeare. Qui donc lui avait appris le grand art de frapper l'imagination et de faire battre le cœur ? Il prouva une fois de plus qu'il n'y a point d'école — sinon pour les écoliers. — Tous ceux que le génie a marqués au front se révèlent à l'improviste, sans qu'on puisse dire d'où ils viennent ni où ils vont. C'est l'orage qui féconde les moissons de l'esprit, c'est l'arc-en-ciel qui réjouit les yeux. Comme Victor Hugo, Alexandre Dumas a obéi à une puissance inouïe de création. Lui aussi fut une des forces de la nature. Combien d'œuvres en quelques années ! Il ne les comptait pas.

Plus tard il les oublia, mais la France littéraire n'oubliera pas les dix drames et les dix romans qu'il mit au monde en pleine jeunesse, avec la gaieté robuste de ces mères fécondes qui remplissent la maison d'enfans. Il était fier de créer tant de choses, des héros et des héroïnes qui peuplaient toutes les imaginations, mais sa vanité était si bonne fille ! Ne l'a-t-on pas vu à ses derniers jours demander à son fils, avec une humilité touchante, s'il resterait quelque chose de lui ? Que ne restera-t-il pas de lui ? — à commencer par ses œuvres, — à finir par son fils.

Les nouvelles couches sociales qui veulent refaire l'humanité à leur image semblent ne pas se douter que les hommes comme Alexandre Dumas — ces travailleurs des âmes — ont plus mérité de l'humanité que tous les Proudhon ; ils ont avivé dans l'esprit de leur génération les beaux sentimens qui en sont la fleur, le rayon, la lumière. Est-il un seul homme qui ne soit devenu meilleur en lisant Dumas ? Tout en enseignant la loi des passions, il a prêché le beau et le bien, il a donné de l'esprit à ses lecteurs, — et l'esprit, c'est déjà un grand pas de fait vers la bonté, — quand c'est l'esprit gai et réconfortant dont parle Montaigne.

Et comme il prêchait d'exemple ! Il ne donnait pas, il se donnait lui-même. Il donnait des deux mains avec une grâce exquise. Quand il disait : « Je n'ai jamais refusé d'argent à personne, hormis à mes créanciers*, » il se calomniait pour faire rire la galerie, car il n'avait d'autres créanciers que ceux d'un théâtre qu'il ne dirigeait pas.

Et quel père de famille pour le personnel de ce théâtre — et de tous les théâtres ! — C'était à bon droit qu'il disait : « mes enfants. » Je déjeunais un matin avec lui à

* Ce qui rappelle ce mot, si gai qu'il semble être de Molière ou de Regnard : On demande un jour à Dumas un louis pour enterrer un pauvre huissier mort à la peine. Dumas donne deux louis et dit : « Pendant que vous y êtes, enterrez-en deux. »

Monte-Cristo. Survient la femme d'un comédien qui criait la misère par son expression comme par sa robe, mais qui n'osait demander un secours, parce qu'elle avait toutes les pudeurs de la fierté. Dumas devina tout de suite ce qui se passait dans son âme. « Ma pauvre enfant, lui dit-il, il fait aujourd'hui un rude soleil, comment pouvez-vous marcher sans ombrelle ? » Il prit un billet de cinq cents francs qu'il passa avec son beau sourire dans la main de la jeune femme. « Tenez, lui dit-il, allez acheter une ombrelle. » Et comme elle s'éloignait avec force révérences, il ajouta gaiement : « Si vous venez me voir un jour de pluie, je vous donnerai de quoi acheter un parapluie. » Un parapluie ! Il ne s'est jamais trouvé assez riche pour s'en payer un !

Il ne lui manquait qu'une principauté pour être un prince des contes de fées. Nul n'a été aussi prodigue de cet autre argent de poche qui s'appelle l'esprit comptant. Il en a donné jusqu'à la fin, toujours libéral et toujours riche.

Il entrait partout comme un rayon de soleil, apportant la gaieté et la lumière. Aussi nul ne redoutait de le voir, pas même ses ennemis. Il avait eu l'art de s'en faire tout juste ce qu'il en faut à un galant homme. Un jour, on demandait à Mme la princesse Mathilde si elle était toujours brouillée avec lui ; elle répondit fort spirituellement : « Plus que jamais, il dîne ici ce soir. »

« Tout le monde est content de son esprit, nul n'est content de sa fortune » Dumas était content de tout et de tout le monde. Aussi c'était une bonne fortune de le voir franchir son seuil. Dans mon cabinet au Théâtre-Français, Rachel et Brohan couraient fermer la porte. Il les prenait sur ses genoux et leur disait : « Quand je pense que je vous aime et que vous ne vous aimez pas! » Et c'était une pluie de mots, une averse d'esprit. L'éclair jaillissait de ces trois arcs-en-ciel superposés. Rachel demandait une comédie, Brohan une tragédie. Dumas ne demandait rien, mais il les prenait des deux mains comme un grand enfant joueur.

Quand il dînait chez moi, c'était une fête pour tout le monde. Il ne buvait jamais que de l'eau, mais pour lui l'eau se changeait en vin. On ne lui donnait pas quatre ou cinq verres comme aux autres convives ; je lui dédiais un beau verre de Bohême que je garde avec religion comme souvenir de ce brave et loyal cœur.

Peu de temps avant sa mort, il me rappelait un dîner où Mlle Rachel, Mme de Girardin et Mme Arsène Houssaye le couvrirent de fleurs, tant il avait été éblouissant. Nous étions seize, nous sommes encore trois : Hugo, Augier et moi. C'est la loi des nombres. Et pourtant aucun de ceux qui sont partis n'est mort de vieillesse. Voyez plutôt : Eugène Delacroix, — Mlle Rachel, — Pradier, — Théophile Gautier, — Dumas, — Ponsard, — Mme de Girardin, — le comte de Morny, — Nestor Roqueplan, — Alfred de Musset, — Persigny — Mme Arsène Houssaye, — Émile de Girardin, — Alfred de Vigny.

Les morts vont vite. Le train de la mort est le train express par excellence, quand elle passe dans la république des lettres. Alexandre Dumas n'avait pas peur de la mort ; il disait comme cet ancien : « Elle me sera douce, parce que je lui conterai une histoire. »

En a-t-il conté ! Et doit-il en conter encore ! Avec quel art et avec quelle verve il passait d'un chapitre à un autre toujours emporté, toujours entraînant. Comme les figures de son imagination vivaient de la vraie vie! Beaucoup lui reprochent de n'être qu'un improvisateur, parce que son style ne sent pas l'odeur de la lampe, ni la poussière des bibliothèques. Laissons dire et mal dire les critiques grimaciers et stériles ; admirons ce génie familier qui a créé tout un monde encore debout.

Ses romans sont presque des épopées ; le théâtre a vécu et vivra de ses grandes figures plus vraies que l'histoire et plus vraies que la vie, où il y a souvent la marque d'un Shakespeare moderne. Ce n'est pas sa faute s'il n'a pas continué ses études antiques d'une touche lumineuse, créations grandioses, drapées dans le style des maîtres. Le parterre encore enthousiaste des effets romantiques n'a pas voulu accepter cette transformation d'Alexandre Dumas. Pareillement les pédans n'ont pas voulu le saluer historien, quoiqu'il peignît plus juste que la plupart des historiens patentés avec garantie de l'Institut. Son tort, — c'est ce qui fait sa gloire, — est d'avoir couru toujours par quatre chemins, poëte dramatique et poëte tragique, historien, conteur, romancier de tous les caractères, passant du roman intime au roman d'aventures, au roman historique. On lui a appliqué le vers de Boileau : « Qui ne sut se borner ne sut jamais écrire. » Boileau qui a su se borner a-t-il su écrire? C'est une simple question de tempérament : Alexandre Dumas était né pour tout faire à l'emporte-pièce, avec la marque du génie primesautier*.

* Par malheur, il est souvent tombé de l'orgueil dans la vanité; aussi on a pu lui dire : « Vous avez le cœur grand et la main franche, maître; mais vous n'avez pas su vous arrêter à l'orgueil, qui est la dignité de tout ce qui est supérieur; vous avez descendu la colline sur le versant opposé, pour tomber dans la vanité, qui est la punition des superbes. »

On demandait à Alexandre Dumas fils à qui il succéderait à l'Académie, il répondit : « A mon père. » Pieuse réponse ; voilà le véritable esprit.

Et si vous me demandez pourquoi je parle du père aujourd'hui que tout le monde parle du fils, je vous répondrai que c'est bien un peu pour être agréable au fils.

Il m'écrivait hier : « Ce sera encore avec le 41e fauteuil que je causerai le plus souvent. » Le 41e fauteuil, celui du père.

VI

Alfred de Musset

I

Lamartine est parti des hauteurs du Sinaï, Victor Hugo des nuées rayonnantes de l'Hymalaya. Ces deux hommes parlaient comme des dieux, quand se révéla Alfred de Musset, qui se contenta de parler comme un homme. Mais quel homme! Aristophane et Byron! Il railla les dieux et se railla lui-même jusqu'au jour où la passion le frappa au cœur. Et alors ce fut le cri déchirant, ce furent les sanglots du siècle avant les colères foudroyantes de Victor Hugo.

La Désespérance, cette Muse qui avait conduit Dante aux enfers, reparut plus pâle et plus éplorée ; Alfred de Musset la tenait d'une main brûlante, tout en portant l'autre à son cœur blessé. Le railleur de la veille n'avait plus la force de rire en regardant jaillir le sang sous les coups de poignard. « Être trahi par l'apothicaire Pagello ! » Qui consolera le poëte, si ce n'est la désolation ? Aussi se jettera-t-il à corps perdu sur les flammes du supplice. Les douleurs furent telles qu'il ne survécut pas. Je me trompe, on le vit encore errer çà et là, mais ce n'était plus que le fantôme d'Alfred de Musset. Il tenta de revivre dans les gaietés romanesques de son théâtre, mais il ne voyait toujours que le Ci-gît de son cœur. On l'emmena un jour à l'Académie en lui disant qu'il ressusciterait dans cette immortalité qu'il appelait une concession temporaire : ce ne fut qu'une ombre de plus à l'Académie.

On reproche à Musset d'avoir trop pleuré ; c'est comme si on reprochait à Rabelais d'avoir trop ri ; d'ailleurs, c'est un pleureur comme Ovide et non un pleurard comme Colardeau. Ce n'était pas seulement lui-même qu'il pleurait, c'était toute sa génération qui avait voulu escalader le ciel et qui était retombée mordant la poussière. L'Enfant du siècle aura été le Poëte du siècle. Lamartine a les réverbérations du passé, Victor Hugo celles du passé et de l'avenir ; Alfred de Musset est de son tems. C'est le dix-neuvième siècle qui aime, qui maudit, qui pleure et qui se jette désespéré dans *l'Espoir en Dieu*, sans savoir s'il croit à Dieu.

D'autres lui ont dit ou lui diront que dans ce torrent des douleurs humaines qui précipitent les passions il y a des rives arrachées, des flots qui submergent, des arbres déracinés. Vouliez-vous donc que cela coulât pacifiquement entre deux rives riantes, toutes tapissées de fleurs épanouies ? Le poëte, dans son magnifique désordre, a été sublime sans suivre les lois du *Traité du Sublime*.

On lui reproche ses rimes de hasard, l'une traînant sa queue avec majesté, l'autre trop court vêtue; c'est bien commode, il est vrai; mais ce sont des rimes voulues. On lui reproche de n'avoir pas toujours habillé sa muse avec le manteau étoilé des splendeurs idéales. On oublie que sa muse, c'était la Vérité qui se passe des robes de pourpre et d'or parce qu'elle est la Vérité. Ç'a été sa force de braver la rhétorique en vers, comme Saint-Simon l'a bravée en prose. Il a renié le sacerdoce pour montrer de plus près les dieux.

On a aussi reproché à Alfred de Musset d'avoir pris les airs de Byron pour se faire une figure : il les a si bien pris que Byron ne semble plus le maître, il semble le frère d'Alfred de Musset.

Et si Alfred de Musset nous touche plus profondément que Byron, c'est qu'il a renié Lovelace devant la passion! Byron n'eût pas dit comme Alfred de Musset :

Le seul bien qui me reste au monde
Est d'avoir quelquefois pleuré !

II

Il en est qui reviennent des croisades; Alfred de Musset se voyait des ancêtres parmi les croisés : « Votre vrai titre de noblesse, lui disait Rachel en souriant, c'est que vous descendez de Jeanne d'Arc. — Indirectement, répondait Alfred de Musset, mais elle n'en est pas moins ma grand'tante, puisque je suis arrière-petit-fils de sa nièce Catherine du Lys, que Charles VII voulut marier pour avoir d'autres Jeanne d'Arc. »

Les armes du poëte étaient d'azur à l'épervier d'or chaperonné, longé, perché de gueules avec cette devise: *Courtoisie, Bonne aventure aux preux.* Alfred de Musset n'a pas menti à sa devise.

Il ne fallait pas le railler sur ses droits héraldiques. Il était intraitable sur ce nuage flottant. Un peu plus, il citait Montmorency parmi ses aïeux. Un jour, il est vrai, on le vit descendre de Montmorency, mais ce jour-là il descendait sur un âne et conduisait l'âne rebelle de Mlle Mimi Pinson, joli tableau qui ne ferait pas mal du tout en un blason : à peu près comme une autre Mimi Pinson qui descendait des croisées en se jetant du cinquième étage.

Il lui en fallut rabattre quand monsieur son père, un docte et galant homme, le condamna à un titre d'expéditionnaire dans les bureaux du bonhomme Febvrel, entrepreneur de chauffage militaire. Voyez-vous d'ici ce gentilhomme obligé de rengaîner son épée, — l'épée de Jeanne d'Arc, — et de tailler sa plume pour calligraphier au milieu des bûches. Il n'y a point de sot métier, surtout le dernier jour du mois, le jour de paie, pour parler en prose. Tout en touchant ses cent vingt-cinq francs, Alfred de Musset jurait bien de faire fortune par un autre chemin.

Comment Musset-Pathay, qui avait commenté les *Humiliations* de Jean-Jacques Rousseau, condamnait-il son fils à humilier ainsi une plume vaillante signant déjà des chefs-d'œuvre? Un père n'a jamais bien jugé ses enfans.

Alfred de Musset se soumit avec héroïsme. Ce train de vie dura six mois ; comment sortir de la froide prison du devoir ? Musset-Pathay n'avait pas gâté Alfred, — non plus que Paul. — C'est que lui-même avait subi la rude loi de l'argent. Ce fut grâce au libraire Urbain Canel que de Musset sauta un jour par la fenêtre.

Ce système cellulaire avait allumé à plus belle flamme l'imagination du poëte. Un soir, le père vit arriver dans son salon hospitalier du pays latin Alfred de Vigny, Sainte-Beuve, Mérimée, Émile Deschamps, Devéria ; il croyait qu'il était encore question de Jean-Jacques, mais tout d'un coup Alfred de Musset, qui ne lui avait rien dit, se mit à lire les épreuves de son premier volume de poésies. C'était déjà tout l'homme, moins les larmes du poëme des *Nuits*. Les seules oreilles qui ne comprirent pas furent celles du père. Tous les romantiques éclatèrent en enthousiasme, chacun s'en alla en répétant des vers de *Don Paëz*, de *Mardoche* et de *Portia*. Sainte-Beuve redisait presque toutes les strophes à *Juana*, c'est-à-dire à la marquise de La Carte.

Le lendemain matin, le père vint éveiller son fils en bureaucrate impeccable, car il était chef de bureau au ministère de la guerre. « Partons-nous ensemble ? — Non, mon père. Tu es un sage ; mais, tout bien considéré, je veux être un fou. »

Comme la noblesse, le succès oblige. Alfred de Musset était obligé de faire belle et bonne figure dans le monde. Il était bien plus fils de Byron que de Musset-Pathay. Il lui fallait donc jouer les premiers rôles, monter à cheval le jour et valser le soir. Qu'aurait dit l'opinion en voyant Alfred de Musset s'acheminer le matin vers son bureau, sa montre à la main ? Il mit sa montre au

Mont-de-Piété; il alla trouver son ami Alfred Tattet, qui voulait dévorer gaiement sa vie, et qui, lui aussi, mourut jeune. Ils commencèrent par courir toutes les belles aventures; mais là où Tattet trouva la vie de son cœur, Musset trouva la mort du sien. La marquise de La Carte lui donna les premiers coups. Elle passa à Jules Janin en disant qu'il avait plus d'esprit. Soyons galant homme et ne disons pas qu'il avait plus d'argent, car ce qui entraîna surtout la belle marquise, c'est que le prince des critiques lui donnait sa loge aux premières représentations.

III

Il est des femmes qui sont comme l'enfer de Dante : il faut laisser toute espérance à leur porte quand on entre dans leur amour. Elles vous font descendre par les spirales les plus enflammées, pour vous précipiter dans l'enfer de glace, avec le tourment de les avoir vues.

Alfred de Musset à l'aurore déjà radieuse de sa vie ne croyait pas tomber dans ces abymes. La gaieté railleuse fut sa première Muse; il s'appuyait au bras de Lord Byron pour courir les aventures. On l'aurait fait rire aux éclats si on lui eût dit alors qu'il deviendrait bientôt le poëte des larmes. Mais il ne riait pas quand il me disait : « Je sens en moi l'homme qui souffre dans le poëte, et le poëte qui souffre dans l'homme : c'est que l'homme n'est pas content du poëte, c'est que le poëte n'est pas content de l'homme; ce sont là des frères ennemis qui tirent tous les jours l'épée. »

Repassons à vol d'oiseau sa vie amoureuse pour mieux pénétrer sa poésie. Il y a trois femmes dans l'histoire de son cœur.

Ce fut au tems des aventures « Boccaciennes », dit Paul de Musset, que son frère rencontra dans un dîner sérieux, un dîner de la *Revue des Deux-Mondes*, celle qui fut sans passion, mais qui lui donna la passion. On dit que la plus belle fille du monde ne peut donner que ce qu'elle a : c'est un proverbe à réformer, puisqu'elle peut donner l'amour sans être amoureuse.

Ils partirent pour Venise, Lui et Elle, Elle et Lui. Lélia était curieuse, Fortunio était amoureux; pour elle ce fut une étude, pour lui ce fut une passion. Un peu plus il en mourait, cet enfant, car tout en jouant au Byronisme, c'était encore un enfant en face de Lélia. Lui seul a pu bien dire les angoisses de la trahison à brûle-pourpoint :

J'entends sur le gravier marcher à petit bruit...
Elle entre. D'où viens-tu, qu'as-tu fait cette nuit?
Réponds-moi : Que veux-tu, qui t'amène à cette heure?
Ce beau corps, jusqu'au jour, où s'est-il étendu?
Tandis qu'à ce balcon seul je veille et je pleure,
En quel lieu, dans quel lit, à qui souriais-tu?
Perfide! audacieuse! Est-il encor possible
Que tu viennes offrir ta bouche à mes baisers!
Que demandes-tu donc? Par quelle soif horrible
Oses-tu m'attirer dans tes bras épuisés?
Va-t-en, retire-toi, spectre de ma maîtresse!
Rentre dans ton tombeau si tu t'en es levé;
Laisse-moi pour toujours oublier ma jeunesse
Et, quand je pense à toi, croire que j'ai rêvé!

C'est d'Alfred de Musset que Henri Heine pouvait dire : « Dans son berceau, la Muse de la Comédie l'a baisé sur les lèvres, la Muse de la Tragédie sur le cœur. »

Il n'y a point de meilleur historien de lui-même que de Musset. Quand on le connaît bien, on le retrouve à chaque page de ses œuvres ; quand on ne le connaît pas, on le devine : on le voit sortir chaque matin au pourchas des illusions, on le voit revenir chaque nuit la mort dans l'âme. Tout l'a trahi, il en arrive à se trahir lui-même. C'est que pour cette âme altière, toujours altérée devant les sources de la vie, il n'y avait point de coupe assez belle ni assez pure. Mais il n'a pas trahi sa poésie. Ses angoisses et ses délires ne l'ont pas empêché de jeter ce grand cri qui retentit encore dans tous les cœurs : *l'Espoir en Dieu*.

Elle et Lui, cette confession de Lélia, ne dit pas le mot de l'énigme dans la passion d'Alfred de Musset. On croyait que Lélia dans *Elle et Lui* allait dénouer son masque comme on espérait que dans *Lui et Elle* Paul de Musset allait mettre la main des curieux sur les battements de cœur de son frère; mais les deux amoureux ne sont pas là sous les périphrases solennelles. Il eût fallu, pour conter cette passion, un abbé Prévost ou même un Laclos. Autant valait-il s'en tenir aux admirables strophes d'Alfred de Musset, écrites à son frère en souvenir de Venise :

Mon pauvre cœur, l'as-tu trouvé
Sur le chemin, sous un pavé ?

La vraie Confession d'un Enfant du siècle, ce n'est pas le roman, ce sont les vers du poëte; mais encore faut-il les savoir lire : Par exemple, *La Nuit de décembre* n'est pas pleurée au souvenir de Lélia; on y sent le battement de cœur d'une seconde passion.

Alfred de Musset croyait que l'amour se guérit par l'amour. Il s'était pris à une autre Lélia plus douce, mais moins capiteuse. C'était une femme du monde qui voulait se parer d'Alfred de Musset comme d'un diadème, mais qui ne voulait pas qu'on doutât de sa vertu. Ne sont-elles pas toutes ainsi les grandes coquettes? Celle-ci eut le diadème, mais il eut la vertu. Dans la peur du bruit, elle fut sans pitié pour cet amour en plein épanouissement; elle coupa la fleur et ne laissa que la racine — racine amère dans le cœur du poëte.

C'est donc de cette femme et non de George Sand que parle de Musset dans sa lettre à Lamartine.

Transpercé tout à coup d'une flèche sanglante,
Seul je me suis assis dans la nuit de mon cœur...
C'était dans une rue obscure et tortueuse
De cet immense égout qu'on appelle Paris...
Dieu juste! pleurer seul par une nuit pareille,
Assis sur une borne au fond d'un carrefour...
Les deux mains sur mon cœur et serrant ma blessure,
Et sentant y saigner un invincible amour...
Ta main n'est pas venue entr'ouvrir le rideau.
C'est là, devant ce mur où j'ai frappé ma tête,
Où j'ai mis le poignard deux fois sur mon sein nu...

On voit par ces vers pris çà et là que la seconde passion n'était que la suivante de la première. Ce fut pour y échapper que Musset courut les fêtes du carnaval; mais il rencontra Lélia à l'Opéra. Il lui fallut recommencer avec elle les stations de la croix. Lélia tua le second amour, mais elle ressuscita le premier. Le poëte retomba donc dans son rude esclavage. Il eut beau vouloir en rire, il avait reperdu toute liberté de cœur et d'esprit.

Peut-être allait-il enfin oublier, quand il retomba sous le charme, charme non moins fatal, mais plus cruel encore. Cette charmeuse était Mme de Belgiojoso.

Ce fut chez elle que je connus Alfred de Musset.

IV

La princesse de Belgiojoso fut une Milanaise impénétrable comme la Joconde. Léonard de Vinci eut beau faire poser Mona-Lisa pendant trois ou quatre saisons, elle ne lui dit pas son secret. La princesse de Belgiojoso, qui reconnaissait que la Joconde était de sa famille par les Trivulce, ne voulut pas poser devant Alfred de Musset, mais elle le fit poser. Cette fois ce fut Molière attaché à Célimène : toutes les hautes coquetteries et toutes les savantes félineries d'Armande Béjart enveloppèrent Alfred de Musset, dès qu'il fut devant cette femme étrange, qu'on voulait haïr et qu'on aimait éperdument. C'est elle qui disait : — *Je ne saurais deviner quel intérêt nous prenons à l'existence quand les yeux ne nous regardent plus avec amour.*

On se rappelle le portrait de la princesse par Henry Lehmann; on dirait une sainte gothique, oubliée dans sa niche, avec sa pâleur marmoréenne, son corps frêle et délié, comme celui des anges d'Angelico da Fiésole;

mais elle avait les yeux terribles du sphinx, « si grands, si grands, si grands, écrivait de Musset, que je m'y suis perdu et que je ne m'y retrouve pas ».

Il était donc tombé de « Mme Charybde en Mme Scylla ». Il croyait trouver une passion, il rouvrit son cœur et se crut sauvé; mais cette grande dame, qui avait « tout pour elle », n'était pas bien sûre d'avoir un cœur, car elle n'avait que la passion de l'esprit; elle voulait bien qu'on se donnât à elle, mais elle ne se donnait pas. Elle servait avec une grâce adorable le festin de l'amour, puis elle s'envolait au moment de se mettre à table.

Alfred de Musset lui chanta donc aussi sa chanson : « Si je disais que je vous aime! » Elle lui tendit la main. Il la prit doucement, il la couvrit de baisers, il voulut y lire sa destinée. La princesse fut tout miel ce jour-là, elle permit même aux lèvres du poëte d'effleurer ses cheveux. Il rentra chez lui d'un air victorieux, il pleura de joie en ressaisissant sa plume, il étreignit sa jeunesse sur son cœur, croyant triompher enfin de toutes ses défaillances. « O ma jeunesse, baise-moi pour me redonner un cœur de vingt ans. » Ce ne fut qu'un feu de joie. Et, par malheur, le feu de joie ne ferma pas le volcan. Musset était redescendu dans l'enfer, n'ayant plus la force de remonter.

Il y a de lui des lettres navrantes, où il raconte toutes les misères de son cœur. La princesse est impitoyable, elle boit ses larmes comme elle boirait les perles fondues de son collier. S'il veut la fuir, elle le rappelle. Elle le jette à ses pieds par quelques paroles qui tombent de sa bouche comme une mélodie, car la grande coquette est une grande musicienne. Quand il se croit aimé, elle le met au bout de la table; quand il relève la tête, elle le place à sa droite ; elle joue de son orgueil comme de son amour, elle brise le poëte comme l'amoureux. Il jure que tout est fini : elle montre deux larmes. Il dit qu'il ne la reverra jamais : elle porte la main à son cœur. Pendant huit jours, il ne la revoit plus, il court par-ci par-là, cherchant des distractions ; mais le soir il rentre et sanglote. « Je l'aime ! je l'aime ! je l'aime ! » écrit-il à la marraine de son esprit.

On finit par s'impatienter contre cet amoureux qui sait si bien son cœur humain et qui joue si mal du sien. Mais bientôt on pense que Molière aussi savait son cœur humain, ce qui ne l'empêchait pas de pleurer par sa femme dans les bras de ses amis.

Et puis, comment en vouloir à un homme qui avoue ses torts ? Il n'y a que les sceptiques qui ont raison en amour. Alfred de Musset gâte toujours ses affaires, tantôt parce qu'il est impatient du lendemain, tantôt parce qu'il est jaloux de la veille. Ce cœur inquiet n'aime pas la quiétude, il cherche l'orage après l'orage ; mais à chaque coup de foudre il se met à pleurer comme un enfant.

Il dit dans une de ses lettres : *Ce sera la seconde édition de mon histoire avec Rachel que j'ai plantée là par colère, sans aucune raison ; laquelle Rachel s'est piquée et a voulu dire qu'elle m'avait planté là, la première, moi, lequel moi me suis fâché tout rouge : lettres échangées, tapages, criailleries.*

Avec la princesse, il eut deux torts irréparables. On sait qu'il dessinaillait quelque peu ; un soir il jouait du crayon chez sa belle amie, dans un cercle de curieux et de curieuses. Il risqua ce paradoxe à la Vinci : qu'on pouvait faire une caricature comique ou grimaçante de la plus belle figure. « Pas de la princesse, lui dit une voisine. — Tout comme une autre, » répondit-il.

On le défie; il se met à l'œuvre; en quelques coups de crayon, voilà ce profil souverain dépoétisé, surtout par un œil qui regardait de face. « C'est cela! dit une autre voisine. — Il y a quelque chose, » murmura la princesse en masquant sa fureur et en retournant le portrait.

Le soir, Alfred de Musset, qui a senti le coup, reste le dernier. « Ah! princesse! comme je vous aime! — C'est impossible, dit-elle, puisque vous m'avez vue ainsi. » Elle lui donne la caricature : « Emportez-moi sur votre cœur, c'est tout ce que vous aurez de moi. »

C'était la vingtième brouille. Une fois dans la rue, Musset se dit : « Suis-je fou de m'obstiner à trouver une femme là où il n'y a qu'un fantôme. »

Voilà pourquoi on lut en 1842 les strophes *Sur une Morte* dans la *Revue des Deux-Mondes* :

Elle aurait pleuré si l'orgueil,
Pareil à la lampe inutile
Qu'on allume près d'un cercueil,
N'eût veillé sur son cœur stérile.

Cette fois ce fut la guerre sans l'amour. La princesse, d'un air dédaigneux, dit tout haut autour d'elle : « Avez-vous lu les vers d'Alfred de Musset *Sur une morte?* Il paraît que cette morte-là, c'est Mlle Rachel. — Ce doit être Mlle Rachel, répondit une malicieuse, car elle a dit tout haut à Buloz en plein foyer : « Vous avez publié « dans la *Revue des Deux-Mondes* des vers d'Alfred de « Musset, dédiés à la princesse de Belgiojoso. »

La princesse prit le sourire d'une femme qui n'est jamais blessée : « Cette Rachel ! elle voudrait nous faire croire qu'elle est vivante en jouant les morts : Ce n'est qu'une ombre qui passe. »

V

Alfred de Musset chanta la Solitude dans *la Nuit de décembre,* la Solitude qui le consolait tout en lui arrachant des pleurs. On veut vivre de son amour, même après l'abandon, comme le joueur poursuit la fortune même dans la ruine. Une nuit qu'il veillait, abymé dans ses souvenirs, il entend des pas légers; on frappe à sa porte : si c'était la princesse qui s'avoue vaincue et qui vient lui dire : *Me voilà!* C'était l'innomée, la maîtresse de *la Nuit de décembre*, celle qui n'avait pas soulevé le rideau pour le voir errer sous sa fenêtre.

Elle vient faire son *meâ culpâ;* l'amour l'a reprise, elle veut renouer la chaîne qu'elle a brisée.

Son premier mot est le mot bien connu : *Je t'aime,* ce mot qu'il attend d'une autre bouche. Aussi il ne se rallume pas, parce que son cœur n'est pas là. « O femme ! océan de trahisons ! tu me reviens parce que tu me crois heureux avec une autre : console-toi, je suis aussi malheureux avec celle-là que tu m'as fait malheureux toi-même. — Souviens-toi ! lui dit-elle. — Oui, je me souviens que tu m'as brisé les ailes et que je ne puis plus voler vers toi. »

La dame prit les bras d'Alfred de Musset et les passa autour de son cou. Mais il demeura glacé. « Vous n'avez pas compris, lui dit-elle, qu'il me fallait cacher mon cœur. — Eh bien, faites comme moi, mettez-le dans un tombeau. » L'ancienne maîtresse avait relevé son voile, elle le laissa retomber et se détourna à moitié comme si elle voulût retrouver la porte.

Cette fois l'amant abandonné la reprit dans ses bras et l'étreignit sur son cœur. Pendant toute une heure, on évoqua le passé. « Pour vous aimer encore, dit Alfred de Musset, il me faudrait retourner sur mes pas, mais me voilà embourbé à jamais dans un autre chemin. » Il regardait la repentie d'un regard étonné. Quoiqu'elle fût belle toujours, il se demandait s'il était possible qu'il l'eût tant aimée.

Il alla arrêter la pendule qui marquait minuit et demi. « Pourquoi le temps a-t-il marché ? dit-il. — Qu'importe, dit-elle en l'embrassant, si l'heure sonne encore pour nous. » Il dénoua les cheveux bruns de sa maîtresse pour y retrouver le parfum des jours perdus. Il se réveilla de son rêve en croyant que c'était la princesse.

Celle qui n'était pas la princesse renoua ses cheveux, remit son chapeau et partit croyant à un lendemain; mais Alfred de Musset eut peur d'être pris « entre deux feux ». Il souffrait trop par l'une pour ne pas craindre de trop souffrir par l'autre. Dans la nuit même, il cacheta d'un cachet noir cette strophe qui fut comme l'épitaphe de cet amour :

Et je sentais un lambeau de ma vie
Qui se déchirait lentement...

Ce fut le dernier mot à la revenante. Ne dirait-on pas

que tous ces beaux vers sont écrits avec le sang des blessures du cœur ? Léonard de Vinci cachait son art à force d'art ; Alfred de Musset cachait sa poésie à force de passion.

Mais les deux femmes qui ont brûlé sa vie, c'est George Sand et la princesse de Belgiojoso. Il ne s'est pas relevé de ces deux mortelles passions.

Huit ans après les grandes secousses, nous étions au Théâtre-Français dans la loge de A + B, quand Alfred de Musset me demanda tout à coup — car il ne procédait jamais par transition — si j'avais déjà eu la bonne fortune d'être mis à la porte par une femme. « Comment donc ! hier, aujourd'hui, demain, toujours. — Ce Houssaye est trop fat. Pour moi, j'avoue en toute humilité qu'une femme ne m'a jamais fait l'honneur de me jeter à la porte. »

Deux comédiennes étaient là tout oreilles, car Alfred de Musset était toujours amusant quand il parlait de lui — ce qui ne lui arrivait presque jamais.

« Un soir, reprit-il, je suis allé chez une princesse « bien connue, décidé à tout comme un héros de la tra- « gédie de Ponsard, comme Sextus lui-même — moins « son épée. — Je commence par me jeter à genoux ; je « déclare que j'ai trop soupiré. Je parle haut, je mal- « traite la dame. Je la compare à la Montespan qui fait « de la vertu avec Lauzun qu'elle aime et qui se donne « au roi qu'elle n'aime pas, ce qui est le dernier degré « de l'abaissement. Savez-vous ce que fait la princesse ? « Elle éclate de rire en me disant : « Venez avec moi. » « Elle me prend bien doucement la main. Je suis presque « effrayé de mon triomphe. Je me laisse conduire avec « l'illusion d'un amoureux...

« Voilà que dans la chambre à coucher, loin de se « jeter dans mes bras, elle me jette dans les bras d'une « ancienne maîtresse, qui ne voulait pas plus de moi « que je ne voulais d'elle, mais qui ne me permettait « pas d'être heureux avec une autre. »

Alfred de Musset ne nous dit pas le nom de cette ancienne maîtresse : vous avez reconnu l'héroïne de Venise. Ce n'était pas assez de tout le mal qu'elle avait fait à son amant ; elle ne venait chez la princesse que pour se jeter entre elle et lui. Histoire naturelle des femmes ! dirait Buffon.

Le poëte avait commencé par rire, mais il venait d'évoquer deux figures cruelles qui avaient cloué sa vie à la passion ; aussi il pâlit et prit son chapeau en redisant ces derniers vers sur *la Morte* qui se portait bien :

Elle est morte et n'a point vécu.
Elle faisait semblant de vivre.
De ses mains est tombé le livre
Dans lequel elle n'a rien lu.

Le livre de la passion, Alfred de Musset le lut de la première à la dernière page. Il y a toujours eu une femme dans son jeu, — à peine était-il descendu du berceau, — jusqu'au jour où il mit le pied dans la tombe. On ne connaît pas toutes celles qu'il a aimées. Lélia fait ombre à tant d'autres, quoiqu'elle ne fût pas la plus belle ! Mais elle l'avait fasciné par des yeux noirs tour à tour veloutés et cruels. Il n'aimait que les yeux noirs, ce blond aux yeux bleus.

Ses femmes, il faut les chercher dans les héroïnes de ses romans, depuis la marquise d'Amaëgui jusqu'à

Mimi Pinson, — car lui aussi eut sa grisette, — la dernière grisette. Il l'emmena dans un chalet, en pleine forêt de Montmorency, pour manger des cerises et cueillir des pâquerettes. C'était après les deux grandes passions qu'il a gravées à l'eau-forte dans le poëme des *Nuits*. — Les soupers en folle compagnie ne l'ont jamais empêché de porter dans son cœur un amour idéalisé, — comme les magdeleines d'Ange de Fiésole portent des lys et des roses à la main.

VII

Les demi-dieux

Et pourquoi n'admettrait-on pas, parmi les dieux de l'Olympe romantique, un peu à l'ombre de Chateaubriand et de Lamartine, cette sympathique figure du soldat-poëte, du gentilhomme de lettres Alfred de Vigny? N'a-t-il pas ses jours de triomphe et ses quarts d'heure de sublimité? Faut-il donc le renfermer dans sa Tour d'ivoire, celui dont le génie avait pris pour épigraphe : *Seul le silence est grand?* N'a-t-il pas marqué l'histoire dans ses romans, comme Walter Scott; n'a-t-il pas, dans son théâtre, réveillé la voix de Shakespeare; n'a-t-il pas, poëte mystique, continué dans ses poëmes la parole des prophètes? Figure à jamais poétique, beau front habité par le rêve, bouche souriant sous l'amertume de la pensée, yeux bleus noyés dans l'idéal, chevelure blonde couronnant d'une auréole romanesque ce trouvère égaré dans le dix-neuvième siècle !

Alfred de Vigny, d'ailleurs, se croyait déjà dans l'Empyrée. Aussi avait-il pris la solennelle désinvolture d'un dieu. On ne le surprit jamais terre à terre, ni dans ses inspirations ni dans ses amours ; il métamorphosait sa femme et ses maîtresses en archi-déesses de l'Olympe. Jamais l'aristocratie de race ni l'aristocratie littéraire ne s'éleva à un tel diapason. Il est vrai que le comte Alfred de Vigny demeurait alors au cinquième étage, presque au septième ciel.

Un instant Sainte-Beuve lui-même s'imagina être le sixième grand dieu romantique par sa prose et par ses vers ; mais quoique ses premières batailles fussent vaillantes, on ne lui donna qu'un brevet d'historiographe de l'Olympe. Il eut beau invoquer *Joseph Delorme*, il eut beau se désoler dans ses *Consolations*, il lui fallut se résigner à n'être qu'un demi-dieu.

Ce qui arriva à Mérimée. Celui-là était un railleur qui ne croyait pas à l'Olympe romantique, mais qui voulait en être. Il prit le costume et le langage des dieux, il signa des petits chefs-d'œuvre qui lui ont survécu et qui survivront à beaucoup de pages des maîtres du romantisme, mais on ne lui fit pas grâce de ses impertinences; on ne lui donna pas ses grandes lettres de naturalisation. Aussi on l'a vu jusqu'à la fin nier Lamartine comme Hugo, Chateaubriand comme Dumas ; tout au plus il daignait reconnaître Alfred de Musset pour un gentil poëte.

Combien encore qui se vinrent briser les ailes en voulant gravir cet Olympe ! Edgar Quinet portant d'une main *Ahasvérus* et de l'autre *Napoléon ;* Antony Deschamps qui espérait continuer Dante ; Auguste Barbier qui fut grand poëte pendant une heure et qui ne voulut plus rien être pendant toute sa vie ; George Sand qui croyait que la passion l'emporte sur la poésie ; Balzac qui a créé la Comédie humaine sans avoir le sentiment de la divine comédie *.

Mais ceux qui ne furent qu'à mi-chemin de l'Olympe se consolèrent à cette pensée que, dans les lettres, les demi-dieux sont quelquefois plus aimés que les dieux, témoin Le Sage, l'abbé Prévost, Beaumarchais, Chamfort, André Chénier, tant d'autres encore qui n'ont pas pris leur volée dans les hauteurs Ossianesques et Lamartiniennes. Voilà pourquoi on me trouvera sans doute trop enthousiaste devant les grandes figures du romantisme. On aimerait à voir l'historien marquer çà et là son personnage par un trait de critique ou de malice ; mais je ne veux pas renier les dieux de ma jeunesse. Ils ont trop enchanté mes vingt ans pour que je vienne aujourd'hui, en face des dieux nouveaux, m'acharner à leurs pieds d'argile, comme Couture voulut faire de Lamartine. C'était en 1848, quand le poëte dominait la France et le monde par la hauteur de son éloquence et la grandeur de ses sentimens. Couture fit son portrait. Le cygne du Lac avait un vilain pied. Couture peignit le pied plus grand encore qu'il n'était — et avec ses oi-

* Il ne faudrait pas oublier dans l'esprit nouveau Lamennais et Lacordaire, ces deux éloquences prophétiques : Lamennais qui a beaucoup parlé de Dieu sans le connaître ; qui, pareil à Chateaubriand, cet autre Breton illustre, a marié la parole de Jésus-Christ à la parole de Jean-Jacques ; Lacordaire qui, en suivant Lamennais, trouva le chemin de Damas quand Lamennais ne reconnut que le chemin des abymes.

gnons! — ce qui dépoétisait le poëte homme d'État. Il s'offensa de ce pied tout haut devant le peintre, mais Couture s'offensa au nom de la vérité. « Je n'accepterai jamais mon portrait avec un pareil pied, s'écria Lamartine. — Et moi, s'écria Couture, je n'accepterai jamais de trahir la vérité. »

Dans mon enthousiasme j'ai sans doute trahi la vérité en cachant le pied des cygnes et des paons.

Vigny.

LIVRE VI

LA BOHÈME ROMANTIQUE

I

Théo le chevelu

Une vaillante jeune garde, composée de capitaines, s'avançait sur les ruines — je pourrais dire sur les trahisons — du cénacle. Victor Hugo était parti avec toute une légion : il était déjà presque seul. Sainte-Beuve, le premier, avait renié son Dieu. Alfred de Musset s'était éloigné pour que le drapeau ne lui fît pas ombre. Émile Deschamps, Jules de Resseguier, Antony Deschamps, quelques autres célèbres un instant, déjà oubliés aujourd'hui, n'étaient pas assez vaillans pour faire un corps de bataille. Victor Hugo grandissait dans sa solitude, mais la bohème, avec ses armes nouvelles, en prenant des combattans parmi ses alliés, comme Janin, Sue, Karr, Gozlan, Méry, Sandeau, allait bientôt escalader le pouvoir, tout en donnant des coups d'encensoir à Jupiter Hugo, si vaillant dans son *Iliade,* et à Ulysse Balzac, perdu dans son *Odyssée.*

C'est au Salon de 1833 que je rencontrai du même coup Théophile Gautier et Nestor Roqueplan devant le *Gué* de Jean-Jacques, peint par Camille Roqueplan. Ils ne se connaissaient pas. Au premier regard, on voyait bien qu'ils n'étaient pas du même monde, par leur attitude ni par leur habillement. Roqueplan, comme Gavarni, comme Beauvoir, suivait strictement la mode du matin, s'il ne la devançait. Théophile protestait contre la peinture bourgeoise par ses cheveux tombans et sa redingote à brandebourgs. En jouant au style étoffé et au Capitaine Fracasse, il voulait surtout cacher sa timidité et sa douceur. Il parlait des Philistins en prenant des airs féroces. Roqueplan qui était né pour se moquer de tout et qui ne croyait à rien, si ce n'est aux tableaux de Camille Roqueplan, regardait de travers Théophile Gautier et semblait dire par ses lèvres railleuses : « D'où sort donc celui-là ? » Celui-là, après tout, c'était peut-être un critique à cause de sa chevelure, ou un amateur à cause de ses brandebourgs. Aussi le laissa-t-il, sans se fâcher, débiter quelques paradoxes irrévérencieux devant le tableau de son frère. Si Théo avait la douceur de la colombe, Nestor Roqueplan avait la prudence du serpent, sauf à mordre comme le serpent.

J'étais au bras de mon ami Contant, décorateur à l'Opéra et au Vaudeville, né comme moi à Bruyères et devenu, bien avant moi, familier au tout Paris de 1830.

« Vois-tu, me dit-il, celui-là, c'est Roqueplan-Figaro et celui-ci est un peintre qui fait des vers : Théophile Gautier.—Théophile Gautier ? » m'écriai-je. Et je voulus m'élancer à son cou, tant je l'aimais avant de l'avoir vu, mais après l'avoir lu. — « Chut ! me dit Contant qui n'était pas un enthousiaste, ne vas-tu pas faire un tableau en action au milieu de tous ces tableaux peints ? » Il me présenta à Théophile Gautier et à Nestor Roqueplan, ce qui fut un trait d'union pour tous les deux. La glace était rompue, on se mit à causer familièrement, mais non pas simplement, car si Théo avait déjà sa phraséologie invraisemblable, Roqueplan-Figaro finissait toutes ses phrases en concetti. Ils s'entendirent pourtant devant le *Passage du gué* de Jean-Jacques, parce que le romantique échevelé confessa que c'était un des plus jolis tableaux du Salon. « D'autant plus, dit Roqueplan, par orgueil pour son frère, que c'est là une page d'histoire, si ce n'est un tableau d'histoire, comme celui où mon frère a peint Jean-Jacques jetant des cerises à des fillettes. »

Ceci me permit mon entrée. Je savais mon dix-huitième siècle mot à mot. « Et voilà comme on écrit l'histoire ! dis-je en souriant. Vous savez bien que Jean-Jacques n'a fait ses *Confessions* que longtems après la mort de Beaudoin ; or, il y a une gravure d'Eisen, d'après une gouache de Beaudoin, qui représente la même scène : un joli paysan qui du haut de son cerisier jette des cerises à deux promeneuses matinales *. »

* Ceci n'est pas douteux. Les *Confessions* n'ont été écrites qu'en 1775 ; or, le tableau de Beaudoin avait été exposé au Salon de 1765, n° 105.

Je ne savais pas encore que c'est souvent un tort d'avoir raison. En accusant Rousseau d'avoir écrit un chapitre de ses *Confessions* d'après une gouache de Beaudoin et non d'après un souvenir de sa jeunesse, j'accusais en même tems Camille Roqueplan d'avoir pris son tableau à Beaudoin. Nestor Roqueplan me regarda du coin de l'œil. « Après tout, repris-je, Molière prend son bien où il le trouve. » Contant me dit alors un de ses mots habituels : « Je suis content de toi *. »

Nestor Roqueplan salua et partit, enchanté d'avoir conquis des admirations à son frère. Contant s'était penché devant l'*Intérieur d'atelier* de Decamps. Je saluai Théophile Gautier, après lui avoir dit un mot de ses poésies, mais il me prit le bras et me dit, à ma grande surprise : « Où vas-tu ? — Où tu voudras. » Et nous allâmes bras dessus bras dessous dans les salles de peinture et de sculpture. Quand nous nous quittâmes, Théo me dit : « Je te surinvite à venir déjeuner invraisemblablement demain chez les auteurs de mes jours. — Où perches-tu ? — Dans le monument fallacieux qui s'appelle la barrière des Bonshommes, car mon père est le révérend chef des gabelous. — J'irai déjeuner avec toi. »

* Le tableau de Camille Roqueplan était d'ailleurs fort joli; Jean-Jacques y révélait sa malice sous son masque paysannesque; les jeunes filles avaient toute l'espièglerie, toute la grâce et toute la mutinerie peintes dans les *Confessions*. L'artiste avait fondu dans le paysage les teintes bleues du dix-huitième siècle avec les teintes plus franches de l'école moderne. On voyait bien qu'il était préoccupé par le sentiment de l'art plus encore que par le romanesque de la scène.

Le lendemain je trouvai mon ami dans le plus beau déshabillé du monde, pastelisant sa jeune sœur. « Ah ! bonjour, comment vas-tu ? tu vois que je peins Nini : N'est-ce pas qu'elle est charmante, ma sœur ? — Charmante ; mais ce portrait ne lui ressemble pas du tout. — Tu ne comprends pas qu'elle pose pour une autre, cette ingénue. — Et quelle est cette autre ? — C'est Cydalise. — Non, je ne comprends pas. » Cydalise, c'était la passion de Théo.

Son père entra. Mlle Nini s'envola comme un oiseau chanteur, ravie de ne plus poser ni pour elle ni pour Cydalise. Théo prit la main de son père et l'amena solennellement vers moi : « Je te présente le respectable bonhomme qui me donna l'être. — C'était bien la peine ! » s'écria le père, qui voulait toujours ramener son fils à un langage plus filial. Mais Théo n'aurait pas sacrifié sa curieuse phraséologie pour la renommée de M. de Voltaire. On se mit à table. Une autre sœur de Théo présidait quelque peu au déjeuner, mais c'était la mère qui se mettait en quatre pour que tout le monde fût content, surtout son fils, car son fils était son adoration. Elle avait entraîné son mari de Tarbes à Paris pour que le poëte y trouvât bien vite la renommée. Le père, la mère et les enfans avaient le beau type basque, chevelures mérovingiennes, teint orangé, yeux espagnols. Mme Gautier me regardait de travers, parce qu'elle n'aimait pas les nouvelles figures ; mais son fils la rassura en lui disant : « C'est mon ami. » Survint Gérard de Nerval qui en ce tems-là était tout simplement Gérard Labrunie ou Gérard tout court. Il prit bientôt la parole pour nous émerveiller par ses théories sur le théâtre. L'abbé d'Aubignac n'avait jamais si bien parlé. Après le déjeuner, Théo me dit : « Tu sais que je ne te connais pas : dis-moi huit vers de toi, je te dirai qui tu es. » Je ne fis pas de façon ; comme nous avions dans la tête une pointe de vin blanc, je lui dis ces petits vers :

Quand ma bouche amoureuse
Baisa
La blanche et savoureuse
Rosa,

Ma main vive et galante
Cherchait
Ce que la nonchalante
Cachait.

Théo m'arrêta là. « Bravo ! me dit-il, tu es un poëte, et tu es mon ami ! » Mais je ne voulais pas me donner comme un simple chansonnier : j'étais à l'école romantique et non à celle de Béranger ; je redemandai la parole pour dire un sonnet.

ORPHÉE.

Fils d'Apollon, l'Amour a créé ton génie.
Les hommes ni les dieux n'aimaient pas comme toi.
Pour Homère, jamais les fleuves en émoi
N'ont arrêté leur course en la belle Ionie.

Les arbres et les fleurs suivaient ta symphonie.
Eurydice t'aimait et te saluait roi.
Mais la mort sur ton cœur l'a prise : En ton effroi
Tu courus chez les morts — O cruelle ironie !

Pluton te la rendit pour la reprendre encor :
— Eurydice ! Eurydice ! — En ton sacré délire
Tu voulais n'aimer plus et tu brisas ta lyre.

Les bacchantes jetant au loin le tyrse d'or
T'ont mis en pièces ; mais la muse révoltée
A porté chez les dieux ta tête ensanglantée.

Gérard me serra la main. Je ne doutai pas qu'il fût un païen fervent : déjà son rêve était de relever les autels des grands dieux de l'Olympe. Ce fut avec lui comme avec Théo une amitié à la vie, à la mort. Hélas ! la mort les a pris avant l'heure. Théo garda jusqu'à la fin sa mâle beauté : contours de marbre, lignes implacables, chevelure abondante, barbe olympienne, sourcils impérieux, œil profond et lointain, front d'ivoire toujours habité par la pensée, bouche méditative et railleuse même dans le sourire, même dans la bonté. Platon a dit : « Nul ne connaît bien le beau que celui qui est beau. » Gœthe et Théophile Gautier ont donné raison au philosophe des poëtes et au poëte des philosophes.

Gérard lui-même garda sa beauté dans la mort. La folie et le chagrin, non plus que l'odieuse corde, n'avaient pu altérer ce masque napoléonien, car Gérard était fils de Napoléon.

A ce propos, Théo lui dit un jour : « Ta prétention, ô limpide Gérard, m'embarrasse quelque peu dans mon respect pour ton auguste mère ; car si, en effet, ton père fut l'ogre Buonaparte, le bonhomme Labrunie a été cocu comme Amphitryon ; réponds à ceci, avec ta belle ingénuité. — C'est tout simple, répondit Gérard, qui déjà ne s'appelait plus Labrunie ; ma mère a été sauvée par l'empereur au passage de la Bérésina. — Que diable pouvait-elle bien faire par là ? — Triple brute, s'écria Gérard, tu sais bien que mon père, de par l'état civil, était médecin de l'armée impériale. — Je veux bien ; mais, enfin, Napoléon et ta mère, en prenant le lit du fleuve, t'ont donné là un singulier berceau. »

II

Une Ruche

Voici comment nous vécûmes ensemble : Camille Rogier, Gérard de Nerval, Théo et moi. Théo loua, rue du Doyenné, au voisinage de Camille Rogier, un petit pied-à-terre pour recevoir ses amis et ses amies, car outre que la barrière des Bonshommes nous semblait au bout du monde, la vie y était trop familiale pour un homme qui a des amitiés bruyantes et qui lâche la bride à ses passions. Ce pied-à-terre n'était pas ruineux : deux cent cinquante francs par an. Théo n'y répandit pas un luxe asiatique, il n'y mit que ce qu'il faut pour dormir et rêver.

Le luxe était en face, dans les célèbres appartemens de Camille Rogier, qui était déjà un artiste reconnu et qui avait convié quelques peintres de ses amis à couvrir de chefs-d'œuvre les panneaux blancs encadrés d'or du salon. Ce salon est devenu légendaire, puisqu'il fut le rendez-vous de la première bohème littéraire *.

Gérard, qui voulait mener une vie fastueuse, en fils de bonne famille, avait pris un coin de l'appartement de Rogier en promettant d'y apporter des merveilles ; c'était un sous-locataire bien facile à vivre, puisqu'il ne couchait jamais chez lui. On ne le voyait çà et là que dans les belles heures de la journée ; le soir il courait les théâtres, la nuit il vivait en noctambule et en illuminé dans la fièvre de l'inspiration. Il finissait de guerre lasse par s'endormir où cela se trouvait, tantôt comme le beau Phébus, tantôt comme le poëte Régnier.

Je venais dans la journée passer une heure au milieu de tout ce monde flamboyant, émerveillé de voir dépenser tant d'esprit, argent comptant. Un soir, Camille Rogier nous avait offert le thé dans un adorable jeu japonais ; nous babillâmes tant et si bien, descendant des hauteurs de la philosophie jusque dans les abymes de la volupté, que nous oubliâmes l'heure, à ce point, que l'aurore allait émerger à l'orient quand nous pensâmes à nous en aller, Ourliac, Beauvoir et moi, qui n'étions pas de la maison. « J'ai bien une chambre d'ami, dit Rogier, mais je n'en ai pas trois. » J'étais le plus paresseux : j'allai me jeter sur le lit de l'hospitalité. Je m'éveillai si tard dans la journée que Rogier me dit en souriant : « Ce

* « Rogier, qui dessinait de très fines illustrations pour les *Contes* d'Hoffmann, gagnait assez d'argent pour s'acheter des bottes à l'écuyère et des habits de velours nacarat, sur lesquels s'étalait sa magnifique barbe rousse, objet d[illegible]re envie. Ayant à faire des dessins pour les *Mille et une Nuits*, il alla en Orient, où il resta et devint directeur des postes à Beyrouth. » THÉOPHILE GAUTIER.

n'est pas la peine de vous en aller, puisque nous dînons ensemble.» Le soir venu, ce fut la même causerie. Quand Théo créait un paradoxe, il ne s'arrêtait pas à mi-chemin; quand Ourliac improvisait une de ses comédies, il fallait attendre le dénouement; quand Beauvoir éclatait dans ses lazzis, on ne songeait pas à mettre un point.

Le lendemain du second jour, j'envoyai prendre mon lit de camp rue Vivienne pour vivre en si bonne compagnie. C'était d'ailleurs sur la prière renouvelée de Théo et de Gérard comme de Rogier. Naturellement Gérard ne s'inquiéta jamais du terme. Rogier ne voulait pas me faire payer l'hospitalité, mais je me promis de prendre ma revanche par quelques festins aux Frères-Provençaux, les jours de lettres chargées, car ma mère ne m'oubliait pas.

On n'a jamais vécu d'une amitié plus franche et plus gaie; tous les jours, vraie fête pour le cœur et pour l'esprit. C'était en chantant comme de gais compagnons qu'on se mettait à l'œuvre, Théo à *Mademoiselle de Maupin*, Gérard à la *Reine de Saba*, Ourliac à *Suzanne*, moi à la *Pécheresse*. Je ne compte pas les sonnets et les chansons que Rogier mettait en musique sans perdre un coup de crayon, car il dessinait toute la journée ou peignait des aquarelles, illustrant tour à tour Hoffmann et Byron.

Dans le grand salon, il y avait de la place pour tout le monde. L'un écrivait au coin du feu, l'autre rimait dans un hamac; Théo, tout en caressant les chats, calligraphiait d'admirables chapitres, couché sur le ventre; Gérard toujours insaisissable allait et venait avec la vague inquiétude des chercheurs qui ne trouvent pas; Beauvoir apparaissait çà et là, — ce Musset brun, comme a dit d'Aurevilly, — avec des pages rimées toutes brûlantes.

Ce n'était pas tout : Gavarni, qui publiait alors je ne sais quel journal de modes avec la protection de madame d'Abrantès, venait crayonner avec Rogier, quand il n'était pas occupé à faire le beau, lui qui n'était pas beau. Il contrastait singulièrement avec Théo, car si Gavarni ressemblait à une gravure de modes, Théo ressemblait à un Basque venu tout chevelu des forêts et des montagnes, non pas toujours avec le gilet rouge légendaire, mais avec une vareuse écarlate.

Parmi les amis poëtes ou peintres, parmi ceux qui peignaient les panneaux du grand salon ou qui contaient bien, on voyait venir dans l'après-midi Ourliac, un comique qui a fini comme Polyeucte; Auguste de Châtillon, moitié peintre et moitié poëte, comme à ses débuts Théophile Gautier, mais toujours resté à mi-chemin, tandis que l'auteur de *la Comédie de la Mort*, de peintre effacé, devenait grand poëte; Marilhat, un paysagiste exquis qui avait la nostalgie du soleil et qui initiait Rogier à l'Orient; Célestin Nanteuil, une palette sans crayon, une poésie mal dessinée; Émile Vattier, une contre-épreuve de Watteau, trop vieux de cent ans; Alphonse Esquiros, une contre-épreuve de Saint-Just, cœur d'or, esprit profond, grand citoyen; Gavarni, qui n'était encore qu'un journal de modes; Eugène Delacroix, aussi grand cœur que grand esprit, romantique avec les romantiques, mais classique obstiné dans le silence du cabinet, comme pour faire pénitence de toutes les luxuriances de son pinceau; Préault, qui sculptait des mots comme Chenavard peignait des théories.

Parmi les familiers de notre maison, il y avait aussi des Parisiens du perron de Tortoni, comme ce gai et spirituel marin qui est devenu l'amiral Coupvent des Bois. Il y avait Brot, que Théo accusait de verser trop de larmes dans son joli roman *Priez pour elles ;* Pétrus Borel, qui était sur le point de trahir le romantisme, entraîné par ses études historiques*.

Augustus Mackeat, beau cavalier se préparant aux coulisses et à la scène, n'apparaissait que de loin en loin ; pareillement l'incomparable Lassailly. Ernest Falconet, aujourd'hui conseiller à la Cour ; Édouard L'Hôte, devenu plus ou moins un personnage dans les douanes, venaient bras dessus bras dessous, le premier déjà connu par des pages de haute critique, le second par un recueil de fraîches poésies, intitulé : *les Primevères*. Falconet parlait d'or, L'Hôte jetait l'éclat d'une vive causerie. Alexandre Dumas apparaissait comme un orage ; il n'était pas entré qu'il était sorti. Il avait eu le tems toutefois de dire un mot à tout le monde ; sans doute, il appelait cela semer des sympathies, car, pareil à Hugo dans ses témérités incomprises, il lui fallait des amis de tous les ordres. Les deux Roqueplan venaient çà et là ; Nestor ne s'en allait jamais sans avoir dit son mot — qui était quelquefois un mot. Camille voulut peindre un des panneaux du salon, quand il vit tant d'ébauches radieuses de Marilhat, de Boulanger, de Dé-

* Il écrivait alors *Madame Putiphar* et contrefaisait Montaigne. Il manqua son coup comme historien. Ses « pages retrouvées des *Essais de Montaigne* » trompèrent beaucoup de monde. Montaigne réclama par la plume malicieuse de Feuillet de Conches. C'était la langue savante du maître, quoique moins nourrie d'idées.

veria, de Nanteuil, de Vattier, de Diaz et des autres *.

Quand les peintres étaient à l'échelle, on allait au cabaret voisin faire une vraie débauche de bière. Il faut vous dire que celle qui nous versait à boire était une Flamande, cheveux au vent, bras nus, gorge abandonnée, qui versait la jeunesse dans nos chopes. J'ai d'ailleurs peint cela en vers : un tableau fidèle, que Gérard a quelque peu reproduit dans la *Bohème galante*.

Camille Rogier, avec une pointe de scepticisme et de raillerie sous son air de bon apôtre, était l'homme du monde le plus charmant. Lui seul de toute la maison gagnait de quoi vivre : il peignait, il illustrait des livres, il improvisait des aquarelles. Et tout cela en chantant des airs de Mozart et de Camille Rogier, car il était musicien à la manière de ceux qui ne savent pas la musique, comme plus tard Pierre Dupont. Il y a les doués et les savans. J'aime mieux les premiers, même s'ils ne font qu'ébaucher les choses. Camille Rogier était par l'esprit et le talent un artiste oriental dans l'harmonie de la lumière, mais avec les nonchalances du crayon ; aussi, son heure est venue quand il a peint des harems. J'ai sous la main toute une pléiade d'odalisques qui sont des merveilles par l'abandon voluptueux de leurs poses, par le charme onduleux de leurs attitudes. Depuis son séjour en Orient, des voyages à Venise ont encore accentué son talent. Il a pris quelque

* Diaz, si j'ai bonne mémoire, nous était arrivé par Contant comme peintre en décors, presque comme peintre d'enseignes. Nous avions un miroir cassé, il prit la palette de Théo et en quelques coups de pinceau il fit fleurir des roses sur les brisures, si bien que la glace qui ne valait pas vingt-cinq francs se vendit plus tard vingt-cinq louis.

chose à ces maîtres qui sont l'éternelle charmerie des artistes. Ç'a été une vraie joie pour moi de retrouver mon cher Camille Rogier en compagnie de notre ami Coupvent des Bois, dans le petit musée de l'avenue Frochot, où il a rapporté de ses pérégrinations les curiosités les plus rarissimes. C'est une féerie. Je parlais tout à l'heure des perspectives de la vie : dirai-je qu'après un demi-siècle Camille Rogier me paraît tout aussi jeune, à cela près que sa barbe blonde est une barbe blanche. L'art a cela de beau, qu'il perpétue la jeunesse en nous, si les vestales antiques qui s'appellent aujourd'hui les illusions entretiennent dans notre cœur le feu des belles passions.

Pendant que Gérard courait les théâtres, pendant que Théo s'attardait dans sa famille, car il lui arrivait souvent de passer deux ou trois jours à Passy, nous étions nous deux Rogier les seuls hôtes du Doyenné. Il peignait, j'écrivais ; ce qui ne nous empêchait pas de deviser de toutes choses. L'esprit suit à la fois deux routes parallèles. Lauzun disait : « Je ne suis pas si bête d'imaginer qu'une femme ne pense qu'à moi, puisque je n'en embrasse jamais une sans penser à une autre. » Un philosophe pourrait expliquer ces deux routes de la pensée, en disant que nous avons deux yeux. J'abandonne cette théorie à ceux qui portent des lunettes.

Au milieu de Paris, nous jouissions du silence, — le silence, un bien que ne connaissent pas les sots, — le silence, une des voix de l'infini. Nous entendions, le matin, le chant du coq, parce que la portière avait une basse-cour : chèvres, poules, pigeons, tout cela vivant sur l'herbe du Louvre ; nous entendions aussi le chant des oiseaux, parce que la femme du commissaire de police avait des oiseaux sur sa fenêtre. Ce qui prouvait qu'elle n'avait pas de piano. « C'est toujours cela », disait Théo.

Ceux qui nous voyaient du dehors n'auraient pas mis deux sous sur nos cartes, mais ceux qui pénétraient chez nous jugeaient déjà qu'il y avait quelque chose là. Nous avions l'air de dilettantes, plus préoccupés des aventures de la vie que des aventures de l'idée ; il semblait que si nous courions les bonnes fortunes de la poésie ou du roman, c'était pour mieux accentuer nos bonnes fortunes en action ; mais, au fond, nous étions studieux, obstinés, résolus ; nous avions tous une vertu inappréciable dans les lettres, c'était de ne vouloir écrire que selon notre fantaisie. Nous étions pauvres, mais aucun de nous n'eût consenti à s'attarder ou à se défaire la main dans le travail mercenaire. Un homme d'esprit trouve toujours à écrire pour de l'argent. Mais, s'il se condamne aux travaux forcés, il est perdu. On devrait, pour la menue monnaie du journal, inventer des machines à écrire, comme on a inventé des machines à coudre.

La vie littéraire était, en ce tems-là, une vie d'abnégation et de misère. Les grands journaux ne publiaient pas de romans. La vieille critique y jouait encore son jeu. Seuls, Loëve Weimars et Jules Janin avaient mis en œuvre l'esprit nouveau. Ce qui dominait alors, c'était le voltairianisme tombé en enfance. La mode était de railler le romantisme, — avec le rire de ceux qui ne sont pas contens. Il n'y avait donc pas à frapper à la porte des journaux. Restaient les libraires ; mais ces messieurs étaient des autocrates qui ne publiaient que les livres de leur bon plaisir. Eugène Renduel tenait le haut du pavé; quand un nouveau venu se présentait devant lui, il le désarmait bien vite par un sourire moqueur. Il avait pourtant publié *les Jeunes France*, de Théophile Gautier; mais cela ne voulait pas dire qu'il les eût payés*. Le poëte avait commencé par un volume de poésies, imprimé à ses risques et périls, qui ne s'était pas vendu du tout. C'étaient de beaux vers, mais nul ne l'avait crié sur les toits, toujours parce que les journaux nous étaient fermés. Le pauvre Théo, croyant ressusciter ce volume, l'avait bientôt marié corps et âme, sous la même robe de noces, à son poëme d'*Albertus*. Ah! les livres obstinés! Le volume ainsi augmenté ne démarra pas de chez l'éditeur. Chose imprévue, ce merveilleux in-dix-huit, qui s'est vendu ces tems-ci jusqu'à deux cent cinquante francs, a dormi du sommeil de la Belle au bois dormant, dans un placard funéraire de la chambre à coucher de Théo, qui ne perdait aucune occasion d'en donner un exemplaire au premier venu. Mais le livre ne commença à se vendre que lorsqu'il ne fut plus en vente.

Dans le journalisme, Théo ne trouvait pas non plus les mines du Pérou. Le vertueux Charles Malo, de la *France littéraire*, lui donnait vingt-cinq francs par mois pour ses *Victimes de Boileau*, admirables Études publiées sous ce titre: *Les Grotesques*. Titre absurde, puisqu'il donnait raison à Boileau. Pour accroître ses

* *Les Jeunes France* firent du bruit dans le monde littéraire, mais ne pénétrèrent pas beaucoup dans le monde qui lit. Toutefois, Eugène Renduel fut bon prince: il acheta le premier roman de Théophile Gautier moyennant quinze cents francs. Or, ce roman en deux volumes s'appelait *Mademoiselle de Maupin*.

revenus, Théo écrivait les critiques d'art dans *le Voleur*, un journal fondé par Émile de Girardin. Or, *le Voleur* payait tout simplement par l'envoi de sa feuille. Aussi Théo, qui passait déjà pour mener une vie d'enfant prodigue, parce qu'on l'avait aperçu une fois dans les coulisses de l'Opéra, était-il bienheureux, le matin, de voir arriver sa mère, armée d'un déjeuner composé de deux côtelettes crues et d'une bouteille de bouillon. O poésie !

Dans l'armée de la révolte romantique, il y avait plusieurs bataillons plus ou moins héroïques. Le bataillon sacré marchait avec les chevelus et les barbus dont Théophile Gautier était le Clodion. Parmi ces Mérovingiens, j'étais le plus jeune, mais non le moins aventureux.

Ce qui distingua notre petit bataillon, ce fut l'abnégation et le dévouement. Théophile Gautier lui-même ne songeait pas alors à conquérir une haute renommée; pourvu que Victor Hugo le saluât poëte, il était heureux. Les autres n'aspiraient pas non plus à devenir des chefs d'État dans la république des lettres ou le royaume de la poésie.

Dans la bohème romantique, il y eut des camarades, mais pas de camaraderie. On se raillait les uns les autres, comme on fait des armes pour bien tenir l'épée. C'est une meilleure école que l'admiration mutuelle.

Après les heures d'enthousiasme, et d'admiration, on riait beaucoup de son prochain, des mauvais poëtes et des mauvais peintres qui tenaient encore le pouvoir. Quels éclats de rire homériques devant les renommées académiques ! Poussière, que me veux-tu ? Être ou n'être pas : dans la lutte, c'est le premier cri. Par malheur, à côté de ceux qui accentuent leur figure et donnent un corps à leur originalité, il y a ceux qui passent comme des nuages. Ils ont beau s'agiter et se consumer, ce ne sont que des ombres en peine. Ils sont partis du même pas avec les mêmes ressources, plus sages et plus savans : d'où vient qu'ils restent à mi-chemin, frappés à la marque de cette horrible muse proscrite par les autres, parce qu'elle est la médiocrité ? Heureux les grands ! heureux même les fantaisistes que sauve l'originalité ! Qui n'aime mieux être Dufresny que Campistron ? Que j'ai vu de solennels qui, dans leur gravité, s'en allaient tout droit à l'oubli, prenant en pitié des humoristes comme Murger ou Champfleury ! Ils croyaient être, ils n'étaient pas.

On ne s'attardait pas beaucoup aux vaines discussions de poésie et d'art. Notre esthétique était plus vivante :

Nous avions des beautés de vingt ans pour antiques.

Le soir, on ne s'endormait pas à l'odeur de la lampe, on courait le Paris nocturne, l'ancien Paris, le nouveau Paris. Nous n'avions peur de rien, toujours décidés à rire au nez de l'opinion publique. Une fois par semaine nous allions par bande tapageuse à la *Chaumière* *. Les

* La première fois que je me suis risqué à la Chaumière, j'ai été édifié de l'ingénuité des demoiselles de l'endroit. Comme je voulais rire après la valse avec une étudiante en droit et en médecine, elle me jeta du premier mot cette phrase inattendue : « Sachez, Monsieur, que je suis sage. — Je n'en doute pas, Mademoiselle; depuis combien de temps ? — Depuis toujours : je n'ai qu'un amant. » N'avoir qu'un amant, pour elle, c'était la vertu même.

Nous entrions à la Chaumière comme l'ouragan, criant haut : « Ohé ! les Horizontales, les Bradamantes, les Nini, les Allumeuses, les Pas-le-Sou, les Trois-Six, les Belles-Vaches, secouez vos vertus et vos puces. »

étudians de cinquième ou sixième année ne faisaient pas plus de bruit que nous. En ce tems-là, tout le monde dansait; par exemple, Ourliac et moi nous étions fort remarqués dans un quadrille où nous représentions gravement Napoléon le Grand à toutes les périodes suprêmes de sa vie, depuis le siège de Toulon jusqu'au saule de Sainte-Hélène. La lunette d'approche jouait un grand rôle. C'était au tems où on marquait la mesure par un coup de pistolet ou par un bris de chaise, ce qui était un heureux accompagnement à notre bataille. Nous enlevions tous les suffrages — et toutes les femmes — au cavalier seul.

Théophile Gautier ne se hasardait qu'à ce qu'on appelait alors la *Galope*. Il prenait violemment la première fille venue, même au bras d'un étudiant. On disait en voyant ses longs cheveux soulevés par le vent : « C'est celui-là qui devrait représenter le saule de Sainte-Hélène. » Nous avions souvent Roger de Beauvoir, Albéric Second, Charles de Lafayette, Clément de Ris, çà et là Gavarni pour gais compagnons d'aventures ; Beauvoir, Albéric, Gavarni et moi, nous contrastions avec les autres romantiques par notre habillement rigoureusement à la mode du jour, presque à la mode du lendemain. Nous trouvions très bien que Théophile Gautier eût une redingote à brandebourgs pour être mieux étoffé ; que Gérard de Nerval s'habillât à la Werther ; qu'Édouard Ourliac eût des bottes à la Souvarof. Mais nous pensions qu'on pouvait être un très bon romantique en s'habillant comme tout le monde, en mettant le chapeau sur le coin de l'oreille et en renversant outre mesure le revers de l'habit. Les romantiques abracadabrans se moquaient de nous et nous appelaient muscadins. Mais nous nous étions aperçus que les femmes nous étaient moins rebelles qu'aux intransigeans. Les femmes ont toujours aimé les gravures de modes; Gavarni, qui alors créait la mode, était l'idéal. Il a repris sa revanche depuis. On l'a vu, dans sa solitude du Point-du-Jour, protester contre la mode. C'est que Gavarni était revenu des femmes. Il voulait, en ses dernières années, se donner la figure d'un mathématicien et d'un alchimiste. L'homme veut toujours aller du connu à l'inconnu.

Ce qu'il y eut de plus caractéristique dans notre bohème, ce fut notre révolte ouverte contre tous les préjugés, je dirai presque contre toutes les lois. Réfugiés là comme dans une citadelle d'où nous faisions des sorties belliqueuses, nous nous moquions de tout. Il semblait que notre existence dût se passer dans le sévère amour de l'art, dans le gai sans-souci des joies amoureuses. En dehors de l'esprit et du cœur, il n'y avait plus rien. Théophile Gautier n'avait-il pas dit: « Je donnerais mes droits de citoyen français pour voir Julia Grisi sortir du bain ? » C'est que Julia Grisi était la Vénus de Milo — avec des bras — de cette période éclatante. — Une vraie muse celle-là, par sa beauté comme par sa voix. Il faut l'avoir vue et entendue, dans le monde et sur la scène, pour se faire une radieuse idée de cette femme trois fois femme : la nature, l'art, l'amour. La politique de Théophile Gautier était notre politique à tous. Nous nous étions mis hors la loi; ce n'était pas pour défendre ou attaquer la loi. On sait déjà que j'avais eu mon quart d'heure de folie révolutionnaire au cloître Saint-Méry avec Cavaignac. J'en étais bien revenu, en ce tems-là. J'avais écrit dans le feu de l'action des ïambes, qui respiraient une mauvaise odeur de poudre, et de sang : je les jetai au feu et je les regardai brûler comme le souvenir d'une horrible gaminerie. Nous ne lisions les journaux que pour y trouver des pages littéraires. Quiconque parlait politique était tympanisé par les injures les plus colorées ; on menaçait de rouer le malavisé — sous le char de l'État « naviguant sur un volcan ».

Les heures passaient vite, parce qu'il n'y avait guère de farniente. Théo avait dit : « Je ne fais rien sous prétexte que je fais des vers, et je fais des vers pour avoir le prétexte de ne rien faire. » Mais je conseille cette belle paresse aux nouveaux venus dans les arts et dans les lettres. On se levait matin, selon le précepte de Diderot. La muse d'Homère n'est-elle pas toute endiamantée de rosée ? L'inspiration est donc une déesse matinale. A sept ou huit heures tout le monde était debout, même après une nuit orageuse.

Hormis les rares jours de découragement où on tentait l'impossible, nous avons tout cherché, même l'inconnu et l'inaccessible, par l'opium et le haschisch ; mais heureusement pour nous le cigare ou la cigarette fut notre seule griserie.

Théo ne prenait la plume qu'après avoir essayé du crayon ou du pinceau, mais surtout du crayon. Il était paresseux à faire sa palette ; il aimait mieux peindre au pastel. Presque toujours il refaisait la même figure avec des airs de tête pris tout à la fois à sa plus jeune sœur, à la Cydalise, à la beauté dominante. On ne pouvait pas dire tel poëte, tel peintre, car c'était le crayon d'un efféminé qui charme par la douceur et le sourire. Que sont devenus tous ces pastels qu'il donnait au premier ami venu avec une bonne grâce de gentilhomme ?

Venait le déjeuner, un vrai déjeuner de poëte, hormis pour Théo-Gargantua. Tout le monde était à l'œuvre pour ce déjeuner. Comme j'étais un jour revenu de la chasse avec des perdreaux, je montrai avec autorité à mes amis l'art de les mettre à la broche. C'est un art qui ne se trouve pas dans la *Cuisinière bourgeoise;* aussi je veux bien donner mon secret en passant: On allume un bon feu, on suspend un perdreau à un fil devant la cheminée — un maître perdreau bien lardé — lequel tourne par l'attraction. Dans le plat où tombe le jus, on casse deux œufs — et on sert chaud. — Et c'est exquis. — Un perdreau par tête, il n'en faut pas plus pour un dîner, surtout si on l'arrose d'une bouteille de Château-Laffitte ou de Château-Yquem *.

* Chacun de nous avait prouvé que le ciel l'avait fait naître cuisinier autant que poëte. Ourliac, qui était du Midi, nous avait initiés aux fricassées de poulet à l'ail. C'était le miel de l'Hymette. Théo s'exerçait au macaroni et à la panade, parce qu'il avait souvent mal aux dents[1]. Nous avions tous donné notre grain de sel pour cette panade qui était composée de pain et d'œufs, comme toutes les panades, mais surtout de truffes, de faisan, d'alouettes, le tout haché menu. La panade disparut de la table, mais non le macaroni. Jusqu'en ses dernières années, Théo fut Napolitain pour le macaroni comme pour le soleil. Je ne l'ai guère vu mettre en pratique ma broche aux perdreaux, quoiqu'il eût exprimé à mon père cette idée, que plus l'homme mangeait du gibier, plus il était spirituel. C'était bon pour moi,

[1] A ce propos, je dirai comment un de nos amis fut héroïque pour une belle créature brune au teint mat, aux yeux de velours qui le fuyait à toutes jambes. Un matin, voilà qu'il nous apparaît avec les plus belles dents du monde. Ce fut un bravo sur toute la ligne. Je le comparai au duc d'Antin qui avait en une nuit élevé toute une forêt pour masquer un point de vue que le grand roi avait critiqué. Notre ami nous soutint que ces dents étaient bien à lui. On les lui avait plantées et non superposées. C'était une illusion; mais, depuis, les Américains, ces planteurs s'il en fut, plantent des dents comme des cannes à sucre.

Nous ne dînions jamais à la maison. Nous nous envolions comme une nuée d'oiseaux de proie vers le Palais Royal, tantôt aux cabarets de la rue de Valois, tantôt aux restaurans des galeries, selon la fortune du jour ; après quoi, nous allions au théâtre quand on jouait Hugo ou Dumas. Nous passions fièrement devant les pièces à spectacle, les drames d'occasion, les comédies-vaudevilles où l'on chantait, parce qu'il n'y avait pas de comédie. Gérard, grâce à Dumas et à Bocage, nous arrivait quelquefois au dîner avec des billets pour une première représentation. C'est ainsi que nous étions aux grandes soirées de la terreur et de la gaieté. C'était l'époque du punch aux flammes bleues, le vrai souper des romantiques*. Des camaraderies du dehors nous prenaient après le spectacle : ici l'un, plus loin l'autre ; si bien que nous ne rentrions presque jamais ensemble. Nous étions toujours étonnés de nous retrouver chez nous, le lendemain, quand nous avions gaiement traversé le noctambulisme de Paris. Il arrivait à celui-ci comme à celui-là de manquer à l'appel. Gérard surtout

simple Champenois; mais pour lui, qui avait de l'esprit de reste et des appétits de Gargantua, il aimait mieux un bœuf qu'un ortolan.

* J'ai conté dans le *Figaro* que ce fut dans un de ces punchs au Petit-Moulin-Vert que fut créé le mot Bousingoth, qu'on appliqua mal à propos aux républicains. Nous tournions autour de la flamme bleue comme des possédés, avec des femmes de hasard, tout en improvisant une ronde. La rime était Go ou Goth. Cette rime avait été donnée par le nom de Hugo. Nous épuisâmes bientôt le dictionnaire des rimes, mais nous prîmes tous les mots qui nous vinrent à l'esprit en les terminant par la rime voulue. Et voilà comment le mot Bousin-goth eut ses petites entrées dans la langue française. C'était trop d'honneur.

avait des éclipses totales. Il revenait le surlendemain, en voulant nous prouver avec toute sa douceur qu'il nous avait quittés la veille et non l'avant-veille. Il nous était impossible de savoir où il passait ses entr'actes. Il avait bien un père officiel dans le Marais, M. Labrunie, ancien médecin des armées de l'empire, mais il tenait son père à distance, pour deux raisons : la première, c'est qu'il se croyait fils de Napoléon ; la seconde raison, c'est que M. Labrunie avait jeté au feu ses premiers vers en disant beaucoup de mal de tous les poëtes.

III

Que chacun avait son idéal

L'âme est le sanctuaire de la sagesse. C'est Socrate qui a dit cela. Parole d'or ! Mais la sagesse n'est pas plus absolue que la vérité. « Vérité en deçà des Pyrénées, erreur au delà. » Le fou ne se croit-il pas aussi un sage ?

Nous étions tous d'accord pour conquérir la renommée, mais nous étions tous opposés par notre idéal.

J'étais peut-être le moins gourmand. Je demandais une vie à l'aventure, pourvu que l'aventure fût belle, pourvu que je ne fusse pas trop mal accueilli dans le coin des femmes, pourvu que mon cabinet de travail fût peuplé d'œuvres de maîtres. On voit que c'est à la portée de tout le monde, à moins que ce ne soit un plumitif de quatrième ordre. Camille Rogier rêvait des harems dans quelque ville orientale comme Bagdad : il réalisa presque son rêve, puisqu'il devint, par je ne sais quel ricochet, directeur des postes là-bas. Gérard de Nerval ne rêvait que voyages à travers le monde et à travers Paris. Il voyagea en Orient et ailleurs, il erra dans le vieux Paris comme un petit-fils de Pierre Gringoire jusqu'au jour où, pour terme du voyage, il trouva le gibet de la rue de la Vieille-Lanterne. Préault ne demandait qu'à être le petit-fils de Michel-Ange ; pour lui, son atelier était la terre promise : il a eu la sagesse de vivre dans son atelier, mais il n'a rien signé Michel-Ange. Roger de Beauvoir aimait trop la vie en dehors pour ne pas courir toutes les passions, mais il revenait toujours à l'amour des lettres. Voilà pourquoi nous étions bons compagnons. Le pays littéraire était notre pays natal, nous avions beau l'oublier dans les aventures parisiennes, nous y revenions avec enthousiasme. L'idéal le plus effréné, c'était celui de Théophile Gautier ; son personnage de Fortunio en peut donner l'idée. Il rêvait la vie à quatre chevaux et à quatre sultanes ; par malheur, tout ne fut qu'un rêve pour lui. Ce poëte, qui avait en horreur les bourgeois, fut condamné à la vie bourgeoise. Après avoir tenté de sortir de l'ornière par les excentricités extérieures, les gilets rouges, les bottes à revers, les redingotes à brandebourgs, les cheveux en saule pleureur, il se résigna à entrer dans la vie de tout le monde. Çà et là, il partait en guerre et voulait faire le capitaine Fracasse, mais il était rappelé à l'ordre par l'histoire de Don Quichotte. Le sentiment du devoir le riva au travail et le condamna à vivre dans les demi-teintes de la fortune. Il lui fallut élever des enfans, il lui fallut vivre lui-même, si bien que sa plume féconde, cette plume d'aigle, ne lui servit pas plus que s'il eût eu une plume d'oie dans les mains. Le prosateur nourrit le poëte. Et ce fut au jour le jour, en face de ce créancier terrible qui s'appelle le lendemain. Ce grand poëte, ce grand prosateur, n'a jamais été riche que pour une semaine. Il n'avait pas le droit de se reposer le dimanche, puisque ce jour-là était le travail forcé du feuilleton. Un instant, en 1847, il a cru à la fortune. On l'a vu gaiement conduire deux petits chevaux qui paraissaient d'autant plus petits que leur Apollon était plus étoffé, avec sa chevelure opulente qui faisait dire de lui : C'est Perruquophile.

En ce tems-là, il habitait à Beaujon un petit hôtel dans un jardin plantureux qui est à moi, à cette heure, par le hasard des choses *. Il croyait là se réveiller et saisir son rêve, mais ce ne fut encore qu'un songe. La révolution de Février fit évanouir tout cela. Le romancier de *Fortunio,* le poëte des *Émaux et Camées*, fut obligé de reprendre l'omnibus. « Voilà, disait-il, à quoi servent les révolutions. »

La destinée cloua impitoyablement les ailes éblouissantes du papillon, comme pour venger ceux qu'il appelait des Philistins, du haut d'une moquerie supercocantieuse. L'homme éclatait dans sa prison. On voyait tout de suite qu'il n'était pas chez lui dans sa maison. Chacune de ses attitudes et chacune de ses paroles brisait les portes et les fenêtres, soit qu'il fût à son cinquième étage de la rue Rougemont, soit qu'il habitât sa petite villa blanche de Neuilly.

* C'est aujourd'hui la *Villa lord Byron*, bâtie sur les ruines du petit hôtel où s'arrêta le poëte de Childe Harold « pour voir Paris à ses pieds ».

Édouard Ourliac était parmi nous tous le moins ambitieux dans ses rêves : il ne demandait que le droit au travail dans la littérature ; il trouvait à peine çà et là une porte ouverte, de quoi ne pas mourir de faim. C'était un esprit charmant, amer et gai, qui avait eu le tort de débuter par des romans indignes de lui, par exemple : *L'Archevêque et la Protestante.* Il lisait Voltaire et voulait ne plus retomber dans les bêtises romanesques, selon son expression. Ce fut Louis Veuillot qui mit la main sur lui. Et il se trouva bien heureux d'être entré tout vivant dans le royaume de Dieu. Cette conversion surprit tout le monde hormis moi-même. Il avait trouvé son idéal avant les autres.

En ma soif de l'imprévu, du lendemain, de l'inaccessible, je souriais d'un haut dédain quand j'entendais mes amis me révéler leur idéal : avoir un peu d'argent, un peu de renommée, un peu d'amour, tout cela dans la maison blanche à contrevens verts. Horrible maison ! Jean-Jacques n'était pas un coloriste, sinon avec de l'encre. J'ai vu ses Charmettes. Une femme me disait en les regardant : « C'est l'idéal d'un fumiste. » Mon idéal à moi, c'était de n'en avoir pas, c'était de vivre au jour le jour, d'attendre les surprises, d'arranger ou de déranger le jeu de ma destinée. Le présent m'est une prison d'où je m'échappe sans cesse. J'aime, dans ma paresse rêveuse, à remonter aux tems disparus. J'aime la géographie du passé comme la vision des mondes futurs. J'aime les méandres qui m'égarent dans les forêts inextricables de la pensée : les roses de Saadi effeuillées sous le pied des amoureuses d'antan. — Les femmes seules me consolent de l'heure qui sonne en me faisant songer aux femmes qui sont parties. — Mais ce que je n'aime pas, c'est ce qui est à la portée de tout le monde, même si c'est le bonheur.

J'eus des heures de découragement qui détachaient ma plume de ma main, parce que j'avais des heures d'admiration pour tout ce qui a été fait de beau sur la terre. Je sentais que ce n'était pas pour moi qu'on avait bâti des panthéons. Peintre, quelle figure ferais-je dans un musée? poëte, dans une bibliothèque? soldat, sur un arc de triomphe? Le soleil qui s'était levé sur la Grèce aurait-il encore de pareils rayons sur nos générations descendantes?

Dès ce jour-là, je le pris de haut avec les vanités contemporaines. Les pâles renommées qui passaient sous mes yeux ne me donnaient pas le goût de devenir un homme du jour. Je mesurais tout à la taille des Grecs: peu d'hommes me paraissaient dignes d'avoir un jour leur place dans ce Panthéon tout rayonnant, hormis pourtant quelques têtes déjà glorieuses comme Chateaubriand, Lamartine, Hugo, Delacroix. Je m'étonnai de la peine que se donnaient tous ces ambitieux de la politique, des lettres et des arts, pour arriver à montrer leur néant. Aussi avais-je envie de me croiser les bras; toutefois, quand je voyais, dans les demi-teintes, des railleurs comme Jules Janin, Théophile Gautier, Alphonse Karr, Léon Gozlan, qui semblaient ne croire à rien et qui travaillaient comme des encyclopédistes, je reprenais mon courage à deux mains en me disant qu'aucun homme de bonne volonté n'a le droit de perdre sa journée, et que le premier soldat venu a son éclair les jours de bataille.

Quoique chacun de nous vécut à bride abattue ou le mors aux dents, plusieurs violemment trahissaient leur nature; c'était à qui grefferait des fleurs invraisemblables et des fruits étranges sur l'arbre de sa vie. C'est ainsi que Théophile Gautier, né placide et silencieux, travaillait à se faire une seconde nature violente et tapageuse. C'est ainsi que Gavarni, né mondain, se donnait déjà des airs métaphysiques. Quand Beauvoir lui disait: « Eh bien, chevalier de Gavarni, avez-vous crayonné ce matin une de ces adorables figures que vous faites si bien? » Il répondait d'un air quelque peu magistral: « Non, j'ai travaillé ce matin à *la Philosophie du cochon.* » Et pendant que les uns riaient et que les autres le regardaient bien en face pour savoir s'il se moquait de Beauvoir, il se mettait en quatre pour développer sentimentalement sa théorie sur le cochon. C'était pour lui un animal maître d'où étaient sorties toutes les espèces supérieures. Et en parlant il dessinait des cochons — pour ne pas dire des truies — qui ressemblaient à des femmes. Je soutenais avec lui qu'il n'y avait pas de mère de famille plus touchante dans sa maternité que la cochonne blanche et rose allaitant ses douze enfans. Déjà Gavarni était un athée, ou du moins il jouait de ce mot, toujours pour accentuer son originalité. Il se moquait de quelques philosophes mal armés qui ne croyaient pas à Dieu, mais qui croyaient au diable. Dans son scepticisme, il classait l'homme le plus fort au-dessous de la bête, parce que la bête suivait rigoureusement les lois de la nature, tandis que l'homme était toujours en révolte contre lui-même.

Gérard s'indignait contre ce scepticisme, lui qui soutenait que les dieux de l'Olympe n'avaient pas cessé d'exister. Roger de Beauvoir s'épanouissait dans son beau rire, heureux de sa nature luxuriante, ne songeant pas à la défaire ou à la surfaire. D'ailleurs toutes les opinions étaient bienvenues dans ce cénacle d'esprits fantasques à peine barbus. Ainsi moi, j'osais tenir pour Dieu ; ce qui faisait dire à Théo : « On voit bien par là que la belle Arsène est blonde. » Mais cela n'empêchait pas Théo de porter religieusement sur son sein une médaille de la Sainte Vierge.

Gavarni faisait le superbe dans son athéisme ; il disait que chaque mathématicien en arrivait là parce que les chiffres prouvent le néant et la raison.

O folie! Qui donc ne t'a aimée éperdument! O sagesse! qui donc ne t'a crucifiée!

Pardonnez-moi cette exclamation tragique.

IV

L'art de vivre

Nous avons toujours été en dissentiment sur la question de *savoir vivre*. Théo pratiquait les viandes saignantes, à ce point que pendant un tems il dévorait toutes crues des côtelettes de mouton à l'exemple du chat et du chien de la maison. On lui disait de les passer au feu, mais il n'y prenait pas garde : il croyait monter ainsi jusqu'à la force de Samson. Cependant Rogier, Gérard et moi, nous vivions beaucoup plus en hommes primitifs selon le précepte d'Hippocrate, à cela près que Gérard buvait du café comme nous buvions de l'eau. Théo, tout en mangeant un gigot, buvait à peine deux coupes de vin. J'avais prôné le vin de Champagne;

Théo disait que c'était un vin de femme ; car il posait toujours pour les capitaines Fracasse. Rogier, plus naturel, ne dédaignait pas, non plus que Gérard, de faire sauter le bouchon coiffé d'argent. Je prêchais tous les matins la vie végétale en m'appuyant sur les chevaux qui, nourris dans la prairie, deviennent indomptables. Mon système, quelque peu adopté par Rogier, a prévalu, puisque nous sommes debout tous les deux, tandis que Théo est mort jeune, tué par l'anémie au milieu de ses viandes rouges.

Je crois encore fermement aux forces visibles ou occultes de la vie végétale. L'or du blé, l'or de la grappe, l'or de l'huile d'olive et de l'huile d'œillette, l'or du beurre travaillé par les mains robustes de la fermière, tous ces ors se transforment en sang rouge par les miracles de l'estomac. En sang rouge aussi se transforment les couleurs vertes. Les luxuriances de l'espalier, l'abricot, la reine-claude et la pêche ; les poires sur la quenouille ; la cerise, la fraise et la framboise qui rient dans le sentier par toutes leurs lèvres ardentes, ont aussi leurs forces vives.

Maintenant, puisque la vache paresseuse et gourmande se donne la peine de paître pour nous, buvons son lait avec ferveur : c'est la vie blanche qui va couler rouge en nos veines. Croyez-vous que les buveurs de sang dans les abattoirs deviennent plus vivans que les buveurs de lait ? Honorons la poule comme nous honorons la vache, car elle nous donne chaque matin la force active la plus véhémente. Un œuf vaut une côtelette. Or, si je ne puis pas manger sept côtelettes, je puis manger sept œufs. Me croyez-vous moins nourri que vous qui aurez déchaussé vos dens pour les perdre avant l'heure en dévorant ces fameuses viandes saignantes, dont vous faites étalage comme un boucher? Encore si le bœuf que vous mangez s'était nourri d'herbes savoureuses sous l'air vif des pâturages! mais détrompez-vous, les éleveurs les plus fameux nourrissent leurs bœufs avec des tourteaux de colza. Et puis comment mangez-vous cette chair? Trop fraîche ou trop avancée. Tous les jours chez les grands restaurateurs, on vous annonce des filets façon chevreuil: qu'est-ce autre chose que du mouton faisandé, qui vous faisandera pour la soirée? Allez donc faire des grâces dans un salon féminin, valser ou dire — *je vous aime* — quand vous aurez dévoré une livre de cette exquise nourriture, qui bientôt vous empêchera de valser et de dire — *je vous aime* — parce qu'elle vous aura donné la goutte.

Je ne veux pas prêcher le genre humain, pour qu'il se nourrisse de roses; mais je veux mettre en garde les gourmans qui s'imaginent « se refaire le torse à force de condimens robustes ». On dit que tout le monde meurt de faim, tout le monde meurt d'indigestions. Les gens qui se portent le mieux sont ceux qui ne s'occupent pas de leur estomac et qui mangent pour vivre, à l'inverse de ceux qui vivent pour manger; aussi ceux-ci ne vivent pas, ils crèvent. Le proverbe espagnol a raison : « L'homme creuse sa tombe avec ses dens. »

V

Gamineries

Faut-il vous indiquer les folies plus ou moins abracadabrantes qui émaillaient nos heures de raison*. Nous avions poussé loin l'art de faire des dettes et plus loin encore l'art de recevoir nos créanciers. Gérard lut un jour, avec la gravité d'un premier président, une pièce de vers à un marchand de meubles qui menaçait de lui faire du chagrin. Ce fut le marchand de meubles qui eut du chagrin, car il versa un pleur en écoutant Gérard qui avait improvisé la chose la plus attendrissante, sous ce titre : *Meublez-vous les uns les autres*. Il proposait au marchand de lui meubler tous les appartemens de son cerveau et de celui de sa femme ; ce qui ne l'empêcherait pas de payer dans les grands jours. La dame du dessous avait des poissons rouges à sa fenêtre dans une poissonnière en marbre ; le dimanche, pendant qu'elle était à la messe, nous pêchions ses poissons à la ligne et nous en descendions de tout noirs par le même chemin, si bien qu'à son retour elle criait au miracle. Le portier nous comprenait si peu qu'il en devint fou. Nous avions pour voisine du dessus une coquette du Directoire, qui nous prit au sérieux dans nos déclarations galantes : Ourliac lui proposa ma main, parce que j'étais le plus jeune. Elle lui remit séance tenante tous

* Théophile Gautier a écrit dans la *Revue des Deux-Mondes*, à propos de la mort de Marilhat, quelques jolies pages de notre vie désordonnée.

ses titres de rentes et le pria de publier les bans. On ne saurait imaginer combien j'eus de peine à lui restituer sa fortune. « Ah ! s'écria-t-elle, jadis les hommes ne refusaient ni la fortune ni la bonne fortune. » Un peu plus Lassailly l'épousait. Eugène Piot, futur archéologue et antiquaire, demeurait en face de nous, au-dessus du commissaire. Comme il était de nos camarades et que la femme du commissaire était jolie, nous nous trompions de porte tous les jours avec les plus belles histoires criminelles à conter à son mari, s'il n'était pas sorti ou s'il rentrait trop tôt. Eugène Piot lui-même ne manquait pas de se tromper de porte, mais honni soit qui mal y pense, puisque le commissaire ne fit jamais retentir ce mot terrible à nos oreilles : « Au nom de la loi, ouvrez la porte. » Savait-il qu'en s'accrochant au balcon, un balcon curieusement ouvragé, on pouvait descendre de chez lui sans échelle de soie ?

Une autre voisine, c'était la *Gazette de France.* Nous ne manquions pas de lui envoyer des nouvelles officielles de la ci-devant famille royale que M. de Genoude publiait en toute confiance. Il avoua plus tard qu'il n'avait jamais été aussi bien renseigné que par nous.

La marchande de bière qui avait une baraque voisine, fut à notre grand regret, rappelée en Flandre. Elle nous demanda d'écrire sur sa baraque : *A vendre ou à louer.* Ce fut Châtillon qui se chargea du travail, car il lui devait un peu plus de bocks que les autres. Aussi il fit bien les choses : Au lieu de lui clouer une simple affiche imprimée, il ne dédaigna pas de jouer au peintre d'enseignes. Il barbouilla sur le contrevent un portrait de la dame, en pied, demi-nature et demi-nue. J'écrivis au-dessous : *A vendre ou à louer !*

On se demandait tout alentour ce que nous pouvions bien faire là. J'avais dit un jour : « Nous sommes des écrivains publics. » Le bruit s'en répandit bien vite, et pendant toute la semaine il nous vint en procession des cuisinières, des filles de chambre, des femmes abandonnées voulant du beau style, qui pour dix sous, qui pour vingt sous. Je vois encore la figure éplorée d'une pauvre fille qui tentait de reconquérir un perruquier volage, lequel coiffait alors Mme Vermèche, célèbre marchande de poissons. Cette fille mit ses cent sous sur la table en disant qu'elle en voulait pour son argent.

Je conseillai à Théo, que nous présentions comme le patron, de faire la chose en vers ; mais il m'ordonna solennellement de faire moi-même ce chef-d'œuvre, pour tarir les larmes de cette Ariane :

O coiffeur dont je suis coiffée !
Tu m'abandonnes lâchement.
Mes pleurs arrosent ton trophée ;
Tu ris de mon embêtement.

Perruquier, n'y a plus mèche,
Tu peux mettre ma montre au clou ;
Reprends ta madame Vermèche :
La morue avec le marlou !

Dans ton aquarium infâme,
Nage, nage comme un poisson.
Moi, je pleure, moi pauvre femme
Qui ne chante plus ta chanson.

Où m'égare ma jalousie !
Reviens encor, mon cher amant,
Et mes bras, dans ma frénésie,
Te briseront bien doucement.

Il fallait me voir expliquant à cette pauvre fille la sublimité de ces strophes qui passaient de l'amour à l'injure et de l'injure à l'amour. Je dois dire, pour l'honneur de la corporation, que nous rendions l'argent en affirmant qu'on ne payait pas la première fois.

Cette comédie ne nous fut pas inutile pour faire un pas de plus dans les ténèbres du cœur humain. Il arrivait souvent que l'amoureuse en tablier ou en petit bonnet, que dis-je, en chapeau démodé, nous donnait le mot de nature et le mot de passion.

Un autre jour, nous voulûmes donner une comédie inattendue : Nous savions que de graves personnages de la province devaient venir nous voir comme des curiosités; nous appelâmes trois femmes-modèles ou trois modèles-femmes, qui posaient quelquefois pour nos amis les peintres. Nous les groupâmes d'après l'antique dans l'attitude des Trois Grâces, en les priant de garder la plus froide immobilité. Nous les avions joliment barbouillées de farine. Entrée solennelle des trois messieurs ! Le jeu était si bien joué qu'ils ne remarquèrent pas les trois grâces. L'un d'eux finit par y attacher ses yeux, puis le deuxième, puis le troisième. Enfin ils découvrirent la supercherie. Tout offensés, ils se levèrent et prirent leur chapeau. Un peu plus, ils se couvraient. Mais les femmes éclatèrent de rire, et ils prirent le parti de rire aussi. Le plus austère nous dit : « Comment pouvez-vous jouer à de tels jeux! — Nous ne jouons pas du tout : on nous conseille d'étudier d'après l'antique, le marbre est hors de prix, nous avons trouvé plus simple de prendre des statues de chair. »

VI

Gérard amoureux

Théo, qui ne prenait rien au tragique, tomba un jour dans la noire mélancolie de l'amour.

Tout notre monde était plus ou moins amoureux. Gérard passait de la Reine de Saba à Jenny Colon. Roger de Beauvoir courait le monde avec une femme romantique qui croyait à Antony. Je m'imaginais avoir trouvé dans les coulisses de l'Odéon la petite-fille de Marion Delorme.

Gérard de Nerval fut toujours amoureux, — mais attendez-moi sous l'orme et à la belle étoile ! — car ce rêveur avait peur des réalités.

En 1851, il m'écrivait en me dédiant ses *Petits châteaux de Bohême :* « Ah ! le beau tems passé ! » C'est que le tems passé dans l'amour est toujours le beau tems.

Son rêve le plus obstiné, ce fut Jenny Colon. Éperdument amoureux, il disait que cette Anglaise avait la fraîcheur et le parfum des roses d'Ophélie. Mais elle n'était pas belle, avec sa grâce trop anglaise et son nez en virgule. Gérard était raillé par ses amis qui lui reprochaient son sentimentalisme pour une femme de théâtre qui devait cacher quelques suivans dans ses jupes.

Werther voulut se métamorphoser en don Juan : un beau matin il achète un bouquet d'un louis — c'était alors un beau bouquet, — il le porte lui-même à Jenny Colon. Elle daigne le recevoir à cause de son bouquet, ou elle daigne recevoir le bouquet à cause de Gérard de Nerval. Enivré par les parfums des roses et des lilas, l'amoureux se risque ; il saisit la cantatrice à la ceinture et lui imprime un baiser sur le cou. Voilà qui était bien ; mais, patatras ! la dame le repousse du haut de sa vertu, il fait un pas en arrière et renverse un guéridon qui portait orgueilleusement un cabaret de Sèvres.

C'est tout un drame ; le cabaret éclate en mille morceaux. « Oh ! le criminel, vous ne savez donc pas que ce cabaret de Sèvres m'a été donné par le duc d'Orléans. » Gérard veut continuer son rôle de don Juan : « Le duc d'Orléans, qu'est-ce que cela ? je suis fils de Napoléon et je vous donnerai un cabaret impérial. »

Mais Jenny Colon connaissait les poëtes ; elle tint Gérard à distance, tout en pleurant ses jolies porcelaines de pâte tendre. C'est ici que la comédie tourne au tragique. Le croirez-vous, races futures ! Jenny Colon saisit le bouquet de Gérard et le jette, toute rouge de colère, dans la cheminée, en s'écriant : « C'est ce bouquet qui est cause de mon malheur ! »

Don Juan redevint Werther : il pleura lui-même pour calmer la tigresse, il lui promit de lui trouver un cabaret tout pareil. « Eh bien, lui dit-elle, ce jour-là tout sera oublié. » Ce jour-là ne vint jamais. Il n'y avait pas d'amour ni de poésie au monde qui pût payer ces tasses brisées. Quoi que fît Gérard, Jenny Colon ne lui pardonna jamais. Ce qui le mena tout droit à la folie. Il aurait dû faire ce livre curieux pour un prix à l'Académie des sciences morales et politiques : *De l'influence de la porcelaine de Sèvres sur le génie des poëtes*.

Je vis un matin arriver Gérard, les yeux rougis par les larmes. C'était au plus beau tems de sa passion.

Jenny Colon qui ne le trompait que trois fois par semaine menaçait de le tromper tous les jours. Devant cette *Colonisation* il était désespéré, mais silencieux, car il l'aimait trop pour l'accuser. A la fin pourtant, en manière de réponse à mes questions, il écrivit d'une main fiévreuse cette ballade imitée de Henri Heine :

« Je sais une vieille chanson qui résonne lugubre et sombre : un chevalier portait au cœur un battement d'amour ; mais celle qu'il aimait trahit sa foi.

« Il lui fallut donc mépriser comme déloyale la dame si chère à son cœur; il lui fallut donc rougir de son amour.

« Fidèle aux lois chevaleresques, il descendit dans la lice et défia les chevaliers au combat : — Que celui-là s'apprête à combattre qui accusera ma dame d'avoir entaché son hermine ! .

« Personne ne répondit à ces paroles, personne — excepté son cœur. — Ce fut donc contre son cœur qu'il pointa le fer de sa lance. »

Gérard brisa sa plume : « Ah ! si vous saviez, me dit-il en portant la main à son cœur, combien j'ai là de coups de lance ! »

Il n'écrivit les *Petits châteaux de Bohême* que pour se bercer encore dans sa jeunesse amoureuse. « O Primavera! j'ai fait mes premiers vers par enthousiasme de jeunesse, les seconds par amour, les derniers par désespoir. La muse est entrée dans mon cœur comme une déesse aux paroles dorées ; elle s'en est échappée comme une pythie en jetant des cris de douleur. Seulement, ses derniers accens se sont adoucis à mesure qu'elle s'éloignait. Elle s'est détournée un instant, et j'ai revu comme en un mirage les traits adorés d'autrefois !

La vie d'un poëte est celle de tous. Il est inutile d'en définir les phases. Et maintenant vous l'avez dit :

O cher pays perdu que nous cherchons toujours !
Écho des paradis, aurore des beaux jours,
Sérénade qui chante en notre âme ravie,
O femme ! coupe d'or où nous buvons la vie ! »

Qui n'a lu les *Petits châteaux de Bohême?* Mais il y a des pages qui peignent trop bien notre vie à quatre pour que je ne laisse pas çà et là parler Gérard : « C'était dans notre appartement commun de la rue du Doyenné que nous nous étions reconnus frères — *Arcades ambo,* — dans un coin du vieux Louvre des Médicis, — bien près de l'endroit où exista l'ancien hôtel de Rambouillet. Le vieux salon du doyen, aux quatre portes à deux battans, au plafond historié de rocailles et de guivres, restauré par les soins de tant de peintres, nos amis, qui sont depuis devenus célèbres, retentissait de nos rimes galantes, traversées souvent par les rires joyeux ou les folles chansons des Cydalises. » Tout le monde était à l'œuvre. Rogier souriant dans sa barbe peignait d'un côté des dessus de porte pendant que, de l'autre côté, Nanteuil peignait sur un panneau une Source qui a donné soif à M. Ingres, pendant que les Cydalises se balançaient nonchalamment dans le hamac de Sarah la baigneuse tendu à travers le grand salon. « Au dehors, deux points de vue : ici les façades sculptées des galeries du musée égayées par les arbres du manège ; là, le balcon rococo où venait rêver la femme du commissaire. Admirable sujet à mettre en vers français ! »

Gérard était charmant : la douceur de la colombe et la légèreté du nuage. On était pris du premier coup à ses yeux qui étaient son âme, à sa voix qui était son cœur. Il avait je ne sais quoi de féminin dans sa figure à la Napoléon. Et avec tant de beauté et tant d'esprit, il n'a pu trouver une vraie femme qui l'eût sauvé de ses abymes. C'est que les femmes résistent à la douceur : ce sont des roseaux qui aiment à être battus par les vents.

J'ai crayonné le poëme des *Vingt ans*, sous les yeux de Gérard lui-même.

Replaçons le sofa sous les tableaux flamans ;
Dispersons à nos pieds gazettes et romans ;
Ornons le vieux bahut de vieilles porcelaines,
Et faisons refleurir roses et marjolaines ;
Qu'un rideau de lampas ombrage encor ces lits
Où nos jeunes amours se sont ensevelis.

Voici l'heure où venaient reprendre leur palette
Nos peintres, pinceaux d'or, mais touche violette,
Delacroix, Boulanger, Marilhat, Roqueplan,
Deveria, Nanteuil. Le salon or et blanc
Fut bientôt illustré des œuvres romantiques.
Nous avions des beautés de vingt ans pour antiques!

O Théo, tu peignais, et moi, rimeur distrait,
Au cadre du sonnet j'essayais un portrait.
Tu n'as point oublié la jeune tavernière
Qui, tout en souriant, nous versait de la bière ?
Quelle gorge orgueilleuse et quel œil attrayant !
Que Préault a sculpté de mots en la voyant !

Cette fille aux yeux bleus, follement réjouie,
Les blonds cheveux épars, la bouche épanouie,
Jetant à tout venant son cœur et sa vertu,
Et faisant de l'amour un joyeux impromptu,
Fut de notre jeunesse une image fidèle ;
Ami, longtems encor nous reparlerons d'elle.

Gardons un épi d'or de toutes nos moissons,
Gardons le doux refrain de toutes nos chansons !
O le beau tems passé ! Nous avions la science
De la douceur de vivre avec insouciance ;
La gaîté rayonnait en nos esprits moqueurs,
Et l'amour écrivait des livres dans nos cœurs !

Mais d'où vous vient, Gérard, cet air académique ?
Est-ce que les beaux yeux de l'Opéra-Comique
S'allumeraient ailleurs? La reine de Saba,
Qui du roi Salomon entre vos bras tomba,
Ne serait-elle plus qu'une pâle chimère?
Et Gérard me répond que la femme est amère.

Gérard aimait la *Reine de Saba* comme Jenny Colon. « Le fantôme éclatant de la fille des Hémiarites tourmentait mes nuits. Elle m'apparaissait radieuse, comme au jour où Salomon l'admira s'avançant vers lui dans les splendeurs pourprées du matin Qu'elle était belle ! non pas plus belle cependant qu'une autre reine du matin dont l'image tourmentait mes journées. Cette Jenny réalisait vivante mon rêve idéal et divin. Elle avait, comme l'immortelle Balkis, le don communiqué par la huppe miraculeuse : les oiseaux se taisaient en entendant ses chans. La question était de la faire débuter à l'Opéra.» Non, ce n'était pas la question : Gérard promenait la diva dans cette illusion, mais la diva finit par l'envoyer se promener lui-même.

Il savait si peu son chemin qu'un jour il alla frapper à une sombre hôtellerie : « Qui vive! — Un dieu ! » répondit Gérard.

On ouvrit la porte, car c'était la maison des fous.

VII

La Vénus improvisée

Un matin il vint me réveiller avant l'heure. « Mon cher Houssaye, vous allez venir avec moi en Grèce. — Aujourd'hui? — Dans une heure. — Pourquoi? — Pour relever l'autel des grands dieux, pour les rappeler dans l'Olympe. Nous étouffons sous l'atmosphère catholique, apostolique et romaine Il faut qu'une grande bouffée d'air ranime les âmes. »

Je m'étais assis sur mon lit pour mieux voir Gérard. Il avait sa figure des meilleurs jours. « Mon cher ami, lui dis-je, avez-vous beaucoup d'argent? — Victor Lecou et Paul de Lavigne m'ont donné chacun cent francs. — Eh bien, en vérité, il n'y a pas de quoi faire une liste civile à Jupiter et à Junon, à Vulcain et à Vénus. Or, selon moi, les grands dieux ne reviendront dans l'Olympe que si on leur fait une liste civile. — Ne rions pas, dit Gérard impatienté; quand nous serons là-bas, nous ferons un emprunt d'État. — A combien pour cent? Il faudrait commencer par détrôner le roi de Grèce. — C'est l'affaire d'un instant, un simple coup de balai. — Oui. Qu'est-ce qu'un roi dans le pays des dieux ? — Quand nous serons maîtres d'Athènes, nous serons maîtres du monde. Songez donc qu'en remuant cette terre sacrée nous trouverons des trésors inappréciables, des statues, des bas-reliefs, des groupes, des bustes, toute la Grèce antique. Si la France ne veut pas nous prêter là-dessus, nous ferons fortune en Angleterre, car nous permettrons les fouilles des Pompéias et des Herculanums. »

Gérard commençait à triompher; pour moi, je commençais à être convaincu. « Et d'ailleurs, me dit-il en relevant la tête, qui donc nous empêchera de battre monnaie ? »

Hélas ! il avait bien besoin de battre monnaie pour acheter un manteau ce jour-là. Théo ou moi nous lui aurions bien donné le nôtre, mais il ne voulait jamais rien pour rien. « Eh bien, c'est dit, mon cher Gérard, nous irons battre monnaie sur l'enclume de Vulcain à l'effigie d'Aphrodite. — Et vous croyez qu'une pareille monnaie n'aura pas cours dans les deux mondes ? — Bien au contraire, ce sont des médailles d'après l'antique, dont le prix sera hors de prix. — Oui, mais ne perdons pas de tems. — Comment donc ! je suis tout prêt à partir. »

Je m'étais habillé; je pris ma canne et mon chapeau. « Nous allons commencer par déjeuner au café d'Orsay, dis-je à Gérard; après quoi, nous prendrons notre vol pour l'île des Syrènes ou l'île de Cythère. »

Quoique Gérard, tout à ses dieux de l'Olympe, fût détaché des choses de ce monde, il daigna faire quelque chose pour son estomac. « Et d'ailleurs, dit-il, nous rencontrerons Chenavard et nous le déciderons à partir avec nous. » Par malheur, Chenavard ne déjeunait pas ce jour-là au café d'Orsay; mais un de nos amis, Édouard l'Hôte, un poëte qui avait chanté et qui chante encore les dieux et les déesses, était à notre table coutumière. Je le mis bien vite au diapason, car il ne fallait pas se jeter à la traverse quand Gérard était exalté. Édouard l'Hôte promit d'être du voyage. Là-dessus, tout en regrettant avec Gérard de ne pas déjeuner à la grecque, je commandai une omelette aphrodisiaque — vulgairement une omelette aux truffes — et un filet aux olives et aux raisins de Corinthe, en promettant à Gérard du vin de Chypre pour le dessert.

On nous servit au préalable du vin de Chablis. J'avais remarqué plusieurs fois qu'on avait raison de la folie de Gérard par une légère griserie, parce qu'ainsi on l'arrachait à son idée fixe. Ce fut ce qui arriva encore ce jour-là.

Édouard l'Hôte, qui était forcé d'être à heure fixe au ministère des finances, quoiqu'il fût déjà un des gros bonnets de l'endroit, nous entraîna par les Tuileries. Gérard, encore occupé de battre monnaie en Grèce, demanda à Édouard l'Hôte comment il lui faudrait organiser un ministère des finances, quand une fillette, cheveux au vent, vint vers nous ; nous l'arrêtâmes au passage.

Elle était fort jolie : une vraie colombe dépareillée dont le vent a frippé les plumes. Elle ne demandait qu'à perdre son tems pour un grain de froment.

Je dis à Gérard : « Voilà notre ministre des finances ; nous pouvons lui confier tous nos trésors, car elle en fera le meilleur usage dans l'intérêt de notre gouvernement. — Eh bien, dit Gérard, elle sera du voyage. »

Nous n'eûmes pas de peine à décider la belle à partir

avec nous; seulement je priai Gérard de retarder le voyage pour qu'elle se fît faire des robes dignes de l'Olympe. « Vous comprenez, mon cher Gérard, que si nous nous présentons devant les déesses quand toutes ces dames seront au salon, mademoiselle doit être habillée en joli décolletage par la première couturière de Paris. — Oui, oui, dit Gérard, qui était devenu gai, une mise indécente est de rigueur. »

Édouard l'Hôte subit son devoir; il nous dit adieu pour entrer au ministère des finances, nous promettant de travailler au budget des dieux.

Gérard avait pris le bras de la jeune fille. Nous rebroussâmes chemin vers le café des Tuileries.

Ce fut la première station de notre voyage en Grèce. Nous touchions déjà à l'île des Syrènes.

Ce que nous n'avions pu faire ni Édouard l'Hôte ni moi, la jeune fille le fit, c'est-à-dire qu'elle ramena Gérard en pleine raison. Avec deux poëtes il s'abandonnait à toutes les fantaisies de son imagination désordonnée; mais, avec une fillette étrangère à tous ces rêves dans le bleu, il comprit qu'il fallait redescendre sur la terre.

Après un quart d'heure de tête-à-tête il était redevenu, le plus sage des hommes. Non seulement il ne parlait plus d'aller relever les dieux de l'Olympe, mais il se préoccupait déjà de vivre toute son existence avec cette coureuse de chams qui s'était levée matin pour trouver aventure. Elle lui rappelait la Sylvie tant aimée en sa première jeunesse. Il posait un point d'exclamation à chacune de ses beautés, cheveux brunissans à reflets dorés, car la demoiselle avait été blonde, grands yeux bleus étonnés — il y avait bien de quoi, — bouche gourmande, lèvres rouges et dens blanches. Par exemple, il n'y avait pas de quoi s'exclamer devant les mains, des mains bêtes comme tout, qui ne savaient où aller; mais Gérard ne regardait que la figure.

Il voulut que la belle déjeunât, car ce n'était pas assez du verre de Porto qu'elle venait de boire. Il se leva pour aller discrètement commander un déjeuner sommaire : il avait à peine cent sous dans sa poche et ne voulait pas frapper à ma porte.

C'est alors que je fus bon diable dans mon amitié : Je donnai quelques louis à la jeune fille, toute ma fortune, en lui disant : « Soyez-lui douce ; quand vous n'aurez plus d'argent, vous lui direz de venir me voir avec vous. » Et je disparus.

On va s'imaginer que cette fillette était une coureuse de rues. Mon Dieu, non; elle appartenait à cette très honorable corporation des grisettes qui vivaient au jour le jour, tantôt d'un dîner d'occasion, tantôt d'une pomme et d'une chanson; c'étaient des filles de portiers, en rupture de loge, des couturières qui avaient cassé leur aiguille, des chambrières qui avaient jeté leur bonnet par-dessus les toits, des institutrices qui avaient trop secoué l'arbre de la science, des comédiennes sans théâtre, des romanesques qui cherchaient un héros de roman, toutes celles enfin qui aiment les rives escarpées de la vie, sauf à tomber dans les vagues à la première bourrasque. Aujourd'hui un autre Ovide les a métamorphosées en filles galantes. Elles ont leur hôtel autour du parc Monceau et leur carrosse autour du lac : elles formeront bientôt le cinquième corps de l'État.

Il paraît que Gérard se contenta avec sa belle d'aller à Montmartre au lieu d'aller au mont Olympe.

Quand il ne pouvait voyager, Montmartre était pour

lui la terre promise. Il est vrai qu'en ce tems-là cette montagne, chère aux Parisiens, était toute pittoresque, avec ses moulins, ses maisons biscornues, ses chemins impraticables, ses jardins savoureux où les Èves descendaient le matin dans le plus simple déshabillé pour cueillir des prunes ou des pommes. Les naturels du pays promenaient les costumes les plus invraisemblables. Montmartre fut la dernière retraite des romantiques suivant correctement la mode ancienne de Théophile et de Devéria.

A quelques jours de là, je revis Gérard quai Voltaire. « Eh bien ! et la jolie Vénus des Tuileries ? — Ah ! si vous saviez comme nous avons été heureux de nous quitter ! — Je n'en doute pas. Le même jour ? — Non, le lendemain. — Tout un jour d'amour ! c'est un siècle ! Vous reverrez-vous ? — Elle ne sait pas où elle demeure, ni moi non plus je ne sais pas où je demeure. »

Celà n'empêcha pas Gérard d'aller à Cythère. Ce qui l'a toujours entraîné, c'est la passion des voyages, cette passion de l'imprévu qui nous ouvre non seulement les portes du monde visible, mais celles du monde invisible. J'aurai toujours plus de confiance dans le philosophe qui étudie la vie dans le livre universel de la nature que dans le philosophe qui étudie son cœur dans l'universalité d'une bibliothèque.

Le monde est un livre écrit par Dieu et commenté par les hommes. Voyager, c'est lire ce beau livre, dont il restera toujours des pages inconnues. Il est des voyageurs qui ne s'inquiètent pas des commentaires, ce sont les philosophes et les poëtes ; il en est qui ne lisent que les commentaires, ce sont les savans et les curieux. Gérard, quand il voyageait, était philosophe ou curieux, c'est-à-dire poëte et savant. Il voyait le monde qui est, mais aussi le monde qui n'est plus. Il était de ceux qui sont nés au XIXe siècle avec le sentiment d'une autre époque, comme si la nature les eût conçus dans le souvenir de quelque beau siècle évanoui. Combien d'entre nous qui voudraient vivre sous la république de Venise, comme les amoureux du Giorgione, ou sous la république d'Athènes, quand Aspasie régnait ; ou, pour ne pas aller si loin, sous ce tyran couronné de roses qui gouvernait sous le nom de Louis XV. Bienheureux pourtant ceux qui viendront les derniers, car ils recueilleront, par l'héritage des idées, le droit de vivre de toute la vie passée.

Si Gérard eût choisi sa patrie et son siècle, il serait né en Grèce au tems d'Hélène ou en Syrie, au tems où la reine de Saba venait, comme une épouse du soleil, rayonner à la cour de Salomon. Gleyre avait une belle et lumineuse esquisse de l'entrée à Jérusalem de la reine de Saba. Quand Gérard de Nerval a vu cette esquisse, il s'est écrié : « Ah ! je m'en souviens ! » Le 24 février 1848, nous étions dans l'atelier de Ziem, qui revenait d'Orient avec toutes les pages peintes de son voyage ; l'émeute passait sur les quais et par ses cris nous attirait à la fenêtre, tandis que Gérard restait en contemplation des belles filles et des ruines majestueuses.

Si j'étudie cette figure d'un fou en face des sages de son tems, j'acquiers la triste certitude que ce fou a fait un peu moins de folies que les sages. Et il faut remarquer que la folie de ce charmant esprit n'a fait de mal à personne, tandis que la sagesse de ses contemporains a causé des désastres sans nombre. Par exemple, com bien d'hommes politiques qui ont refusé de lui donner la croix qu'ils portaient eux-mêmes, en cravates ou en sautoirs, ont eu tous leur part de Charenton. Montaigne, disant que la raison humaine est œuvre bien fragile, répétait le mot d'un philosophe. de la Grèce, qui lui-même l'avait peut-être déchiffré dans le livre d'un philosophe indou. L'expérience des siècles n'y fait rien, l'homme est un roseau pensant soumis à toutes les bourrasques. Dans les jours de sérénité, il défie le ciel, mais

Le moindre vent qui d'aventure...

VIII

Théo amoureux

Pétrus Borel, le lycanthrope, se cachait à Asnières avec une femme et un chien de Terre-Neuve qui indiqua la cachette au mari. Mais il n'y eut pas grand mal, car le chien dévora le jaloux.

Vint le tour de Théo. Il fallait que tout le monde y passât.

Camille Rogier donnait çà et là l'hospitalité à une jeune fille toute romantique, que nous ne connaissions que sous le nom de la Cydalise. Elle avait toutes les vertus de l'emploi, mince, pâle, les yeux bistrés, penchée en saule pleureur, ne parlant que par monosyllabes. Elle inspirait les plus beaux vers à Théo.

Il y avait en elle de la Japonaise, ce qui fit dire au poëte qu'on respirait sur son sein :

Quelque chose de doux comme l'odeur du thé.

En ce tems-là, nous pensions que la jeunesse s'arrêtait à vingt-cinq ans, pas une minute de plus. Je me rappelle que cinq ans après, Jules Sandeau nous invita à dîner pour chanter le *De Profundis* et le *Miserere* de sa jeunesse. Il avait trente ans. Il prit ce soir-là un air plus fatal et plus byronien que s'il fût revenu de l'autre monde. « C'en est fait, nous dit-il ; j'ai dit adieu aux belles passions ; je me tourne résolûment vers les âpres devoirs de la vie ; voyez plutôt : je n'ai plus un cheveu sur la tête ; désormais quand je souperai avec mes amis, je ne jouerai que les Anacréon. » Ce qu'il y a de plus étrange, c'est qu'il était sérieux dans cette comédie ; c'est que nous-mêmes nous étions convaincus qu'il arrivait à son zénith. Aussi, tout en buvant à Jules Sandeau, nous faillîmes répandre une larme dans la coupe. C'est en vertu de ces perspectives sur la jeunesse que Camille Rogier qui avait comme Jules Sandeau vingt-cinq ans, nous paraissait un patriarche. Aussi Théophile Gautier, qui cachait déjà son âge, disait qu'il ne comprenait pas que la jolie Cydalise pût s'acclimater avec un homme si vieux.

D'où venait Cydalise? Rogier avait valsé avec elle dans un bal costumé, peut-être bien le célèbre bal d'Alexandre Dumas, à moins que ce ne fût celui de Devéria. Elle était si souple et si fondante dans ses bras, qu'il l'eût enlevée comme une plume à la fin du bal, mais elle s'était envolée ! Le lendemain, seul dans son atelier, il sentit que cette vision lui manquait ; il courut à sa recherche ; il mit en campagne un de ses amis qui n'avait rien à faire, un vrai dénicheur de femmes ; mais l'ami ne trouva pas plus que lui-même. Trois mois après, elle lui tomba enfin dans les bras comme par miracle. Il ne la reconnut pas, puisqu'il ne l'avait pas vue démasquée, mais elle le reconnut. Ce fut en pleine rue Richelieu : « C'est vous? — C'est toi?» Il sentit que c'était celle qu'il cherchait. Cette fois il ne voulut plus la reperdre. C'était l'heure du dîner, on dîna en amoureux, si bien que le lendemain Cydalise fut très étonnée de se réveiller au Doyenné. Rogier, un maître dans l'art des galanteries, lui arrangea un petit réduit adorable, une cachette où elle lisait toute la journée, où elle préparait le soir le thé aux amis de la maison. Le thé était exquis, ce fut surtout l'opinion de Théophile Gautier, qui se mit à aimer Cydalise à l'odeur du thé, comme on aime les autres femmes à l'odeur de la violette ou du lilas. Je pourrais indiquer beaucoup de vers de Théo qui datent de cet amour; il les rimait sous les yeux de la belle, qui apprit ainsi elle-même à faire des chansons amoureuses.

Il y aurait tout un roman à écrire sur les amours de Théo et de Cydalise, une Desdémone toute pénétrée de romantisme.

Je m'amusais beaucoup du spectacle. C'était la tragi-comédie. Camille Rogier riait dans sa barbe de voir Théophile Gautier métamorphosé en Antony. Tour à tour j'attisais le feu ou j'y jetais de l'eau, selon que le drame s'éteignait ou se rallumait.

Un soir, tout le monde était venu dans ma chambre, Rogier et la Senora, Théo et Ourliac. On causa d'abord de ceci et de cela. Je me mis tout à coup à vanter le mariage à trois, comme il est compris en Italie, avec le sigisbé. Je savais bien à qui je parlais. « Comprenez-vous, m'écriai-je, le bonheur du mari et le bonheur de l'amant, sans parler du bonheur de la dame ! Le mari a tant promené sa femme qu'il n'est pas fâché de l'envoyer se promener avec un amoureux. Il faut des entr'actes pour le mariage, même dans le mariage de la main gauche. La pièce ne se continue que mieux, après un tems de repos. Ce qui tombe dans le fossé, c'est pour le soldat. »

Camille Rogier souriait ; mais Théo ne s'amusait pas du tout. Il voulait la Cydalise à lui tout seul ; il n'avait qu'une idée : tuer Camille Rogier.

Ourliac, qui jouait le Pasquin de la troupe, était le plus sage d'entre nous. Il jeta de l'eau sur le feu. Je continuai mon paradoxe sans m'inquiéter des signes de la dame qui aurait bien voulu qu'on parlât d'autre chose. Rogier enchanté ne m'interrompait que pour me donner raison. « Moi, disait-il, je n'aspire qu'au jour où un ami charitable me débarrassera quelque peu de ma maitresse. Car, au fond, il n'y a que deux manières de se débarrasser de sa maîtresse : l'épouser ou avoir un ami. » Et après avoir ri de son brave rire qui montrait toutes ses dents, il ajouta : « Par exemple, je laisserais la partie belle aux aspirans, s'il y en avait, car je pars demain pour le Midi. Voilà pourquoi je vous quitte pour les préparatifs du voyage. — Comment, vous n'emmenez pas Cydalise ? — Et mes théories ! »

Cydalise prit la parole : « Va, je te connais bien. Tu joues au scepticisme ; mais tu es plus jaloux qu'Othello. » Second rire de Camille Rogier, qui s'écria : « Je ne tuerai jamais Desdémone ! »

Il sortit avec Ourliac. Je dis aux amoureux : « Eh bien, vous êtes contens ? — Non, me répondit Cydalise, Théo ne m'aime bien que quand Rogier est là. »

Cet amour, c'était le désespoir de Théo. Il aimait violemment la Cydalise, mais « elle s'en allait de la poitrine », et elle était la maîtresse de Camille Rogier ! Elle était d'ailleurs trop bonne créature pour n'avoir pas aussi donné son cœur à Théo. Je devins alors un confident de tragédie et de comédie. La tragédie s'appelait Théophile Gautier. La comédie, Camille Rogier.

La première scène se passe dans la chambre de Théo.

La Tragédie. Je le tuerai.

Le Confident. Qui ? mon Dieu !

La Tragédie. Cet horrible Rogier. Oui, je délivrerai la Cydalise de ce monstre.

Le Confident. Seigneur Théo, apaisez votre jalousie. C'est déjà bien assez de trahir l'amitié sans vous armer du poignard.

La Tragédie. Tu t'imagines peut-être que je ris, mais je te jure que si je le tenais sous ma main, ce serait fait d'un coup de pouce.

Le Confident. Comme tu y vas ! Songe que Rogier n'est pas seulement un galant homme, mais un ami sérieux.

La Tragédie. Je le hais ! La Cydalise sera à moi seul.

Le Confident. Et alors tu ne l'aimeras plus.

La Tragédie. Tu ne comprends rien à la passion ! Puis-je l'aimer ainsi et la savoir dans ses bras !

Le Confident. O mon Dieu, si elle n'était pas dans les bras de Rogier, elle serait dans les bras d'un autre.

La Tragédie s'emporte et m'envoie au diable. Je passe chez Rogier qui m'accueille gaiement. Il n'a pas de dessous de cartes ; il vit comme le philosophe : à vœu découvert ; il chante, improvisant de la musique sur des vers d'Alfred de Musset ; mais voici notre dialogue :

La Comédie. Que dis-tu de nouveau ? le monde n'a pas changé de bêtise depuis hier ?

Le Confident. Non, le *Constitutionnel* (1834) a paru comme de coutume.

La Comédie. As-tu vu Théo ? médite-t-il toujours de m'enlever la Cydalise ?

Le Confident. Oui, tu n'as qu'à la bien tenir, je crois que son cheval est sellé.

La Comédie. Je me réveille tous les matins croyant que c'est fait ; mais, par malheur, mon rival n'a pas de volonté. J'ai surpris leur conversation criminelle, pourquoi n'en finissent-ils pas ?

Le Confident. C'est qu'ils ont peur de te faire du chagrin.

La Comédie. Je suis si bon apôtre que je leur dirais volontiers : Faites-moi le plaisir d'aller vous promener, mais ils ne s'aimeraient plus.

Le Confident. Je leur ai dit cela.

La Comédie. Les ingrats ! je leur sers tous les jours sur un plat d'argent la pomme défendue. Ils la croquent et ne m'en savent pas gré !

Le Confident. Ce sont des sauvages qui veulent abattre l'arbre pour y cueillir le fruit.

La Comédie. Il n'y a de sauvages que les civilisés.

Nous avons beaucoup ri avec Gérard de Nerval et Édouard Ourliac de cette tragi-comédie. Théo, d'habitude placide ou railleur, était entré à bride abattue dans la passion. Le voyant si pâle, quand je le surprenais en tête-à-tête avec son amoureuse promise à la mort, j'avais peur que tout cela ne finît mal. Il avait jeté de côté sa plume, il avait abandonné sa palette, ne voulant plus ni écrire ni peindre ; je me trompe, car il écrivait encore des vers pour la Cydalise et il esquissait des physionomies de sa blanche maîtresse.

Elle se coucha un jour pour ne plus se relever. Théo fut moins assidu, Rogier fut admirable. Jamais lit mortuaire ne fut plus égayé par les fleurs et les chansons, car si la Cydalise aimait les vers de Théo, elle aimait les chansons de Rogier. Le peintre illustrait alors les œuvres d'Hoffmann. Il crayonnait ses dessins devant le lit de sa maîtresse, tout en lui contant les histoires du romancier allemand. Théo confiné dans sa chambre, malade lui-même, mais voulant vivre pour sa poésie, passait ses heures attristées aux retouches de *la Comédie de la Mort*, ce beau poëme qu'il me lisait pour s'écouter lui-même.

Cydalise acheva de mourir. La mort imprima sur cette jeune figure je ne sais quoi de chaste et de doux qui me toucha jusqu'aux larmes ; mais les vraies larmes ce furent celles de ses deux amoureux. Ils ne se parlaient pas depuis longtems ; ce jour-là ils se jetèrent dans les bras l'un de l'autre avec abondance de cœur. C'est que Cydalise n'était plus ni à l'un ni à l'autre :

Appendons au beau jour le miroir de Venise :
Ne te semble-t-il point y voir la Cydalise
Respirant le lilas qui parfumait sa main
Et pressentant déjà le triste lendemain ?

Le tombeau de la Cydalise fut couvert de lilas blancs, un luxe rarissime en ce tems-là, mais il n'y avait personne pour suivre le cercueil, hormis Gérard, Ourliac, Beauvoir et moi. Ni Rogier ni Théo. « On dirait que je suis le mari, » disait Rogier. « On dirait que je suis l'amant, » disait Théo. Pour nous, c'était une pauvre fille morte en Dieu.

Elle n'avait pas vécu en Dieu. C'était une de ces fillettes qui viennent de je ne sais où, qui sont la maîtresse de je ne sais qui, qui tombent de celui-ci dans les bras de celui-là, qui prennent le train express de l'hôpital, mais qui un jour rencontrent un galant homme, qui les relève à demi dans leur chute. En cette atmosphère d'art et de poésie, la Cydalise s'était métamorphosée. Elle avait appris l'art et la poésie. Elle crayonnait, elle rimait des stances. Je me souviens de plusieurs vers ébauchés quelques jours avant sa mort où elle contait que Rogier l'avait enlevée d'un bal de carnaval pour la jeter dans la danse macabre. Vers romantiques s'il en est. Elle fut bien vite oubliée. Le cœur est comme le cimetière où l'herbe repousse de plus en plus drue.

IX

L'amour et l'épée

Quelques semaines après, Théo revenait à lui, plus gai et plus vaillant que jamais, parce qu'il était amoureux d'une jeune fille du monde, éprise de sa poésie. Celle-là avait toutes les beautés et toutes les vertus, mais il joua le capitaine Fracasse, dont il écrivait alors les premières aventures. Quand il l'eut enlevée à sa famille et qu'il lui eut donné un fils, il déchira cette page de sa vie : la sacrifiée ne s'est pas consolée sinon par son fils, mais elle a pardonné à Théo parce qu'elle s'était résignée à tout dans l'aveuglement de son amour.

Or elle avait un frère qui ne s'était pas résigné.

Un beau matin Théo reçut la visite de deux hommes tout de noir habillés qui l'inquiétèrent. Il me dit tout de suite : « Ce sont des créanciers. » C'était une manière de parler, car il n'avait pas de dettes ou plutôt c'étaient les créanciers d'une dette de cœur. Notre valet de chambre, très bien stylé, tout en noir comme ces deux messieurs, indiqua silencieusement le poëte couché sur un tapis et fumant à l'orientale. Les sombres visiteurs se détournèrent le prenant dans son costume hyperbolique et invraisemblable pour un Turc dépaysé. « Voulez-vous nous conduire vers M. Théophile Gautier? — Pourquoi faire? — Cela ne vous regarde pas. — Cela me regarde peut-être, puisque je suis le susdit Théophile Gautier. Asseyez-vous, messieurs. »

Les deux visiteurs regardèrent le tapis d'un air hautain. « Nous n'avons pas l'habitude de nous asseoir par terre. — Vous avez bien tort de faire des façons : il vaut bien mieux être assis que debout, et il vaut mieux être couché qu'assis : C'est une position toute prise pour le tombeau. — Justement, monsieur, dit l'un des visiteurs avec impatience, nous ne venons pas pour entendre des maximes, nous venons pour une affaire grave qui pourrait bien coucher quelqu'un au tombeau. »

Ce fut alors l'éternelle scène de la réparation. Le frère de la jeune fille envoyait deux de ses amis, porteurs de ces deux propositions : « M. Théophile Gautier épousera mademoiselle ***, ou se battra avec moi. Je représente une famille offensée et je choisis l'épée. »

Le premier témoin, M. Blanc, un charmant amphitryon chez qui plus tard je connus About, lut d'une voix ferme la première proposition. Théo y répondit par ce simple mot : « Entre deux maux je choisis le moindre. J'aime mieux me battre que de me marier. » Il m'appela. « Il paraît que nous avons un duel, me dit-il, tu seras mon témoin avec Piot. » Piot, c'était le savant antiquaire qui depuis a voyagé en Espagne avec Théo. « Oui, mon cher ami, nous sommes dans le roman jusqu'au cou. Nous pourrons raconter un duel d'après nature, puisque jusqu'ici nous n'avons pas eu la bonne fortune de nous couper la gorge, car ton duel dans un atelier n'était qu'un duel de carnaval. »

Avec l'éloquence de Démosthènes, M. Blanc voulut prouver à Théo qu'un galant homme comme lui répare toujours ses torts : « Mes torts, je ne les reconnais pas. Depuis quand donc est-ce un cas pendable que d'enlever une fille quand elle est belle ? — Depuis toujours, monsieur. Et ici il y a une circonstance aggravante, puisque la jeune fille est mère depuis hier. »

M. Blanc était indigné. « Au moins, monsieur, si vous ne voulez pas épouser la jeune fille, vous ne refuserez pas de reconnaître l'enfant, car c'est là notre seconde proposition. — Reconnaître l'enfant ! Fils d'un poëte ! Vous voulez donc qu'il soit voué à tous les dieux infernaux ? Mais, d'ailleurs, j'ai une opinion toute faite sur ces choses-là. — Expliquez-vous, monsieur ? — Voilà ! continua Théo. Il faut être le dernier des Philistins pour croire encore aujourd'hui — après les trouvailles de la science — que les hommes sont pour quelque chose dans la création des enfans. Les femmes ne leur disent cela que pour leur faire plaisir, mais la vérité c'est qu'elles sont mères quand cela leur plaît, par la seule force de leur volonté. Ne voyez-vous pas des milliers de jeunes filles qui mettent au monde des enfans pour compromettre les hommes qui les ont saluées au passage ou même qui ne les ont pas saluées ? J'en appelle à Arsène Houssaye qui est lui-même la victime de beaucoup de ces demoiselles. Mais c'est un sceptique qui ne va jamais à la mairie. Je n'irai pas non plus. » Théo disait tout cela en pensant à autre chose.

Je connaissais toute l'histoire. J'avais une vive sympathie pour la jeune mère, une fille bien née, belle, pensive et douce, la vraie muse du poëte. Elle n'avait eu qu'un tort : son amour pour Théo. C'eût été pour lui le salut dans sa vie que de l'épouser. « Que tu n'ailles pas à la mairie, lui dis-je, c'est peut-être ton droit, mais que tu nous chantes de ces chansons-là, ce n'est l'heure ni le moment. Tes théories sont très originales : tu m'as prouvé hier que le soleil tournait autour de la terre, tu me prouveras demain que Jupiter est toujours dans l'Olympe ; mais il s'agit ici d'une proposition toute mathématique. Ces messieurs savent bien que tu es l'homme du monde le plus spirituel, seulement ils ne veulent aujourd'hui qu'un oui ou un non : tu aurais peut-être plus d'esprit que jamais si tu disais oui. — Non ! non ! non ! » dit Théo d'une voix de Jupiter tonnant.

Cette réponse éloquente fut le dernier mot. Tout le monde se leva, et on se dit adieu, par un salut d'acier. C'était comme le premier coup d'épée.

Quand le tribunal fut constitué, on décida qu'on se battrait à l'épée, sous Montmartre, dans les premiers jardins de Saint-Ouen, le lendemain, au point du jour.

En attendant ce rendez-vous du point d'honneur, Théo décrocha des fleurets et fit quelques passes avec moi. Il était furieux, un peu plus il me laissait sur le carreau. Je lui conseillai de garder sa main pour le lendemain.

Le lendemain fut un de ces sombres jours d'hiver qui font douter du soleil. Piot et moi, nous fîmes remarquer à Théo que c'était là un tems superbe pour se battre : Il nous fit remarquer que c'était là un tems détestable pour s'en aller dans l'autre monde. Mais il était décidé à tout. Quoi qu'il ne fût pas né batailleur, il avait trop le sentiment de sa dignité pour ne pas braver la mort. Quand il vit son adversaire, il reprit sa fureur de la veille. Pourquoi ? Ce frère outragé dans sa sœur était un brave cœur soumis au devoir le plus impérieux. C'est que Théo ne pardonnait pas au frère de sa maîtresse de vouloir le tuer « pour une chose qui se fera tous les jours jusqu'à la conjonction des astres ».

On se mit en garde : Théo attaqua et toucha au bras son adversaire, mais si légèrement que le sang perla à peine. M. Blanc fit un signe de paix : « Monsieur Théophile Gautier, un dernier appel à votre cœur. Ce duel ne donnera raison ni à l'un ni à l'autre : Refusez-vous de reconnaître votre enfant? — Vous ne comprenez donc pas ! s'écria Théo. Oui, je le reconnaîtrai après le duel, mais à la condition qu'il ne me reconnaîtra pas. — Alors, lui dis-je, il n'y a plus de duel. Remarque, d'ailleurs, que si tu es tué, tu ne pourras plus reconnaître ton enfant. »

Théo qui avait baissé son épée se remit en garde. Son adversaire, pâle, ardent, silencieux, semblait vouloir en finir, quand M. Blanc désarma enfin Gautier par ce mot. « Quand vous aurez tué votre adversaire qui a été votre ami, vous aurez eu deux fois tort »

Quelle que fût notre amitié pour Théo, Piot et moi

nous étions pris d'une vive sympathie pour le frère de sa maîtresse ; nous sentions bien que nous ne représentions pas la bonne cause, ni par le droit, ni par le cœur. Aussi, nous achevâmes de désarmer le capitaine Fracasse.

Voilà l'origine de Théophile Gautier, second du nom. Celui-là est plus savant que poëte. La politique l'a pris au sortir du lycée. La chute de l'empire a brisé sa carrière, mais sa destinée n'a pas dit son dernier mot. C'est un esprit élevé et un cœur fier : il porte bien son nom.

Pour le malheur de la plupart des artistes, une échevelée se jette à leur traverse et les emporte plus ou moins loin dans le tourbillon doré. Ce fut l'histoire de Théo : une belle fille brune, bouche de pourpre, yeux d'enfer, se jeta à la traverse et déchira d'une main jalouse la plus belle page d'une destinée toute écrite. Celle qu'on appelait la Victorine prit Théo par la force, crinière et griffes de lionne. C'était une de ces créatures qui vivent de l'argent des autres, coûte que coûte pour eux. Théo trouva dans son génie des ressources d'enfant prodigue, grâce à ses feuilletons et à ses livres. Pour bien loger Victorine, il se logea bien. Il joua au grand seigneur, donnant à dîner et louant des carrosses. Cette danse de Saint-Guy dura jusqu'au jour où il devint affolé de Carlotta Grisi qui dansa Giselle, car ce grand poëte ne fit au théâtre que des ballets. Avec Carlotta Grisi il retomba dans sa première manière : ce fut une autre Cydalise qui lui inspira des milliers de vers. Les poëtes sont des oiseaux qui chantent quand ils sont amoureux ; mais la passion, mais la volupté ne chantent pas ; aussi Victorine ne mit pas de rimes en pendans d'oreilles.

La Terpsichore aimait ailleurs et donna sa sœur Ernesta au poëte. C'était de la famille, mais l'amour n'aime pas ces consolations. Toutefois c'était une si brave créature que Théo s'y attacha comme à une vraie femme. Aussi lui donna-t-elle deux filles douées par les fées de la Beauté et de la Poésie. Catulle Mendès et Émile Bergerat le savent bien. Ç'a été un régal pour tous les yeux de les voir belles dans leur enfance, plus belles encore dans leur jeunesse, ces joies de la maison que Théo rebaptisa, comme il avait coutume de faire avec tout le monde, de ces deux surnoms inouïs : *la grande Chabrake* et *le Monstre vert.*

X

Comment tout finit

Près de trois années se passèrent ainsi, égrénant les heures riantes et studieuses. Il y avait bien les jours mélancoliques, surtout pour celui qui était amoureux, car l'amour à Paris ne vit pas de l'air du tems. Nul de nous n'avait la prétention de rouler carrosse avec une demoiselle à la mode, mais s'il y avait alors beaucoup de fillettes qui ne demandaient qu'un gai souper et une robe pour habiller leur vertu, encore fallait-il avoir de quoi payer la robe et le souper sans compter les accessoires. Or Rogier était le seul parmi nous qui pût se payer ce luxe plusieurs fois par semaine. J'avais eu l'art d'emprunter çà et là chez des amis discrets de ma famille, mais toutes ces ressources étaient épuisées ; le louis d'or commençait à m'apparaître comme une idole. J'avais grappillé quelques écus dans des journaux d'occasion, mais c'était tirer le diable par la queue, quand l'éditeur Souverain, qui fut pour moi le souverain des éditeurs, me donna cinq cents francs de mon premier roman. Qu'est-ce que cinq cents francs aujourd'hui ? un déjeuner de soleil. En ce tems-là c'était beaucoup de déjeuners. Et puis c'était une pâture pour mon orgueil. Quoi de plus beau que de nourrir son corps par son esprit ? Cette fois je me saluai homme de lettres. Il n'y avait pas encore de quoi le crier par-dessus les toits, mais le succès de la *Couronne de bluets* me donna raison. Bienheureux les livres de vingt ans : c'est que la jeunesse est l'esquif qui les porte au rivage !

Alphonse Karr ressuscitant le *Figaro* nous y appela tous au festin des cent mille francs qui furent mis à sa merci. Il dépensa des millions d'esprit sans pour cela sauver le *Figaro* de 1836 *. Voici à ce propos une lettre de Théo, car j'étais allé faire un tour en Champagne où tout le monde me jetait la pierre à propos des paradoxes un peu risqués de mon premier roman :

O Houssaye, de Bruyères-sous-Laon, nous t'avons incorporé dans la rédaction du nouveau Figaro : *cent mille francs à dévorer ! Accours bien vite avec tes dens de loup — et ta plume de Tolède.*

THÉO.

* Dans le *Figaro* de Karr on jeta beaucoup d'esprit en pure perte. Les cent mille francs ne firent pas long feu. Il y avait déjà des guêpes mais encore trop d'abeilles. Karr ne piqua le succès qu'avec ses *Guêpes*, sans abeilles.

Il n'y a pas beaucoup de lettres de Théo qui n'écrivait que pour le bon motif. J'en veux imprimer ici deux autres de sa première jeunesse :

Mon ami, de par Apollo, dieu des paresseux, voilà qu'au moment de partir avec toi pour ton pays de Laon — prononcez l'an quarante — je suis retenu par la patte, parce que ma mère me dit que je me perdrais par là. Elle ne veut pas que je dépasse la barrière des Bons-Hommes. Et pourtant je suis né oiseau voyageur, mais elle dit que je n'ai pas encore assez de plumes aux ailes. Je ne me consolerai de ne pas être ton compagnon que si tu me jures par les dieux, les vrais, ceux qui sont morts, que tu graveras mon nom sur l'écorce de tes hêtres. Je voudrais pourtant bien voir de vraies vaches, moi qui ne vois ici que des créatures supercocantieuses qui ne donneraient pas à boire à un truand. Ne va pourtant pas t'éterniser par là. J'ai ouï dire que si on n'y prend garde, à force de courir les bois et les prairies, il vous pousse des feuilles au bout des mains. Je serre les tiennes avant que cette aventure ne t'arrive.

THÉOPHILE GAUTIER.

P.-S. — *Un peu plus, Gérard partait par ton carrosse, car il m'a dit qu'il allait à Senlis. Si tu le rencontres, dis-lui du bien de moi pour qu'il t'en dise du mal. Pendant que vous vous amuserez, ô coureurs d'aventures, je continuerai à ne rien faire, sous prétexte que je fais des vers, mais je vous prouverai à tous les deux que, sans aller si loin que vous, je suis en pleine nature. Ce matin, j'ai passé la Seine à la nage et je suis allé devers ma princesse, qui m'attendait de l'autre côté, cueillir des bleuets dans les blés de Grenelle.*

Dans ses premières poésies, Théophile Gautier a prouvé, en effet, que, sans quitter Paris, il avait mouillé ses pieds dans la rosée des grandes herbes et qu'il avait respiré toutes les senteurs agrestes. Car il n'y a pas de plus adorable paysagiste que lui. Ses rimes sont comme le chant du coucou répondant au sifflement du merle.

Voici la troisième lettre datée de 1837 :

O toi qui n'as pas passé l'eau, embarque-toi demain quand l'aurore aux doigts de roses descendra de son lit bleu, toute vaporeuse encore. Viens déjeuner rue de Navarin avec la brune Victorine à qui j'ai arraché encore hier une mèche de cheveux. J'ai une truculente cuisinière qui nous truffera lestement trois perdreaux, peut-être quatre, car Karr est de la fête.

La présente n'est à autre fin, mais je t'avertis, comme déjà j'ai averti l'homme de Sous les Tilleuls, *que si tu t'avises de ne pas me laisser battre Victorine, à l'occasion, pour me faire les griffes, je t'étripe galamment. Si Victorine aime à être battue, tu ne serais qu'un bourgeois en te jetant entre nous, comme tu l'as fait l'autre jour avec La Tour d'Auvergne.*

Pour expliquer cette lettre, il faut dire que nous avions, Karr et moi, quelques jours auparavant, séparé Théo de ladite Victorine, pendant qu'ils se prenaient aux cheveux, — et il y avait de quoi prendre.

La Tour d'Auvergne était un des pseudonymes d'Alphonse Karr, qui cultivait les roses bleues rue de La Tour-d'Auvergne, où, dans son amour de la mer, avait creusé un lac quatre fois grand comme lui. Il s'y baignait majestueusement et faisait semblant de s'y noyer, pour que son chien de Terre-Neuve le sauvât et obtînt comme un homme la médaille de sauvetage.

Je passai quelques semaines à Bruyères dans le nonchaloir des rêveries oisives, préoccupé pourtant d'écrire *la Pécheresse*, avec cette idée de peindre en deux héroïnes l'amour corporel et l'amour platonique. Cette fois, le livre était payé mille francs; la critique tira quelques coups de feu à son apparition. Quoique le Palais de justice s'inquiétât alors bien peu des romans, le mien faillit être mis à l'index. Il le fut à Rome. C'est toujours une bonne fortune pour un roman. A tort ou à raison, mon nom émergea de l'inconnu. J'avais acquis le droit au travail. De Souverain, j'étais allé chez Desessarts, d'où je passai chez Werdet, l'éditeur de Balzac, après avoir vendu à Renduel un roman qui ne fut pas achevé. Je pouvais donc vivre de ma plume, à la condition, toutefois, de vivre de peu jusqu'au jour prochain où j'écrivis dans les Revues.

Il y avait cinq Revues en 1836 : *la Revue de Paris*, *L'Artiste*, *la Revue des Deux-Mondes*, *la Chronique de Paris*, *la Revue du XIX*[e] *siècle*, sous la direction de Félix Bonnaire, de Ricourt, de Buloz, de Balzac et de Saint-Priest. Je ne parle pas de *la France littéraire* qui était à l'agonie. Les Revues étaient une excellente école pour les essayistes, les chercheurs, les portraitistes. Ce fut dans les Revues que je signai mes cent portraits du XVIIIe siècle. Quelques-uns y sont restés à leur première ébauche, beaucoup ont été encadrés dans mes volumes publiés dans la bibiothèque Charpentier, par Hachette et par Dentu. On peut déclarer que cette galerie de portraits n'est pas dans la manière consacrée par quelques maîtres de la plume, parce que j'ai trop voulu montrer l'homme dans le poëte ou dans l'artiste ; mais ne peut-on pas dire que par cette résurrection j'ai ramené l'esprit français des fantasmagories du moyen âge aux mœurs spirituelles et charmantes du siècle passé *.

Les critiques : Jules Janin, Théophile Gautier, Philarète Chasles, Paul de Saint-Victor, comme les traducteurs étrangers, ont signalé mon droit de priorité à la découverte d'un monde déjà enseveli dans l'oubli, comme Herculanum sous les laves du Vésuve. Louis Blanc a peut-être eu raison de dire que j'aurais inventé le XVIIIe siècle, s'il n'eut pas existé. Singulière inconstance des Parisiens : en 1835, j'achetais des Wateau, des Boucher et des Fragonard à vingt-cinq francs, parce que tout cela était démodé. Quelle fortune miraculeuse, si j'avais eu le courage de mon opinion !

XI

La fin de la Bohème

Cependant notre propriétaire était inquiet de voir venir tant de monde dans sa maison. Il s'imagina avoir affaire à des conspirateurs. Il s'en ouvrit au commissaire de police. On sait déjà que nous ne fermions

* J'en prends à témoin les douze éditions de mes quatre volumes ; non pas douze tirages du même livre, mais douze éditions très variées, dont quelques-unes, comme celles de Hachette, ont été tirées à dix mille exemplaires. J'ai horreur de citer des chiffres, mais je veux bien montrer l'influence voulue de mes études sur le retour à l'esprit du XVIIIe siècle, ce grand siècle.

pas toujours nos fenêtres quand sa femme était à son balcon; le jeu des œillades brûlait depuis quelques semaines, quand le propriétaire nous accusa de vouloir renverser le gouvernement. Le commissaire dit que ce n'était pas cela que nous voulions renverser. Il conseilla au propriétaire de nous envoyer au diable; mais au premier mot, nous menaçâmes de jeter la maison par les fenêtres, ce que nous commençâmes à faire en brisant les vitres. Le bonhomme se recueillit et se retira. Le lendemain il reparut avec un ami. Il trouva Théo achevant de peindre un des panneaux du salon. « Que faites-vous là? » dit-il avec épouvante. Dans les peintures de nos amis, il y avait pas mal de femmes nues, si bien que le propriétaire fut sur le point de faire le signe de la croix. « Nous immortalisons votre salon, répondit gravement Théo, sans se découvrir et sans désemparer. — Mais, monsieur, vous déshonorez ma maison. » A ce mot nous allâmes tous à lui comme un seul homme. Il recula jusqu'à la porte, soutenu par son ami et pâle comme la mort: il jugeait bien qu'il n'était pas en force. Rogier lui dit d'une voix ferme, que le propriétaire qui avait loué sa maison n'était plus chez lui. Le bonhomme nous menaça encore du commissaire. « Eh bien! envoyez-nous sa femme. »

Quand il fut parti, l'un de nous conseilla à Rogier de prendre la bête par les cornes, c'est-à-dire d'aller voir le commissaire et de nous mettre sous sa protection, contre ce propriétaire qui ne nous pardonnait pas notre logique à nous qui vivions riches sauf à mourir pauvres, quand il vivait pauvre pour mourir riche.

Radieuses années! jours du soleil où nous nous sentions des rayons sur le front! nuits éloquentes qui nous couronnaient d'étoiles, les retrouverons-nous dans un autre monde ? O paradis de la jeunesse quand la jeunesse croit au lendemain, qui nous rouvrira votre porte lumineuse ? Les heures qui sont nouées de poésie et d'amour ne reviennent jamais. C'était le beau tems où Esquiros écrivait ce vers célèbre pour peindre notre fortune :

*Le soleil écu d'or, la lune écu d'argent**.

Eh bien, oui ! il n'y a pas d'autre fortune puisqu'avec tous les trésors des deux mondes on ne pourrait pas acheter les joies bruyantes ou silencieuses que Dieu nous donnait par l'amour, par l'amitié, par l'art et par le travail de l'idée, qui est le volupté de l'esprit !

XII

Un autre horizon

Rogier, né pacha, partit pour l'Orient, bien plus préoccupé d'y trouver un harem que des inspirations pour illustrer les *Mille et une Nuits*. Théo, Gérard et moi, nous allâmes planter notre tente rue Saint-Germain-des-Prés, non loin de l'église. Nous tentâmes de faire bonne figure, quoique l'appartement fût bien un peu bourgeois pour des artistes. Mais nous nous payâmes

* Un poëte espagnol qui n'était pas plus riche que nous avait dit : « Noble comme le soleil et pauvre comme la lune ».

un valet de chambre de haute futaie, un coquin qui dès le premier jour ne se préoccupa que de boire notre vin. Heureusement, nous n'avions pas de cave. Il se rattrapa sur le buffet.

Gérard, le plus désordonné, le rappela à l'ordre; mais Théo se contenta de dire : « Pantagruel lui ferait grâce! » Ce drôle était si bien vêtu par nous, que sa livrée faisait quelque tort à notre habillement plus ou moins fantasque.

Outre sa livrée, il portait pour l'intérieur l'habit à la française et la cravate blanche. Quand on sonnait, Théo, toujours impatient de voir entrer la Fortune ou toute autre créature, devançait souvent Jean pour ouvrir la porte. Si le nouveau venu était un étranger, il s'inclinait respectueusement devant Jean qui arrivait, ne pouvant croire que le célèbre Théophile Gautier fût celui qui venait ouvrir dans un costume invraisemblable *.

Nous avions aussi une cuisinière surnommée Margot. Elle avait la prétention de nous apprendre l'art de vivre; cela nous coûtait un peu cher; d'autant plus qu'on racolait, pour le déjeuner et pour le dîner, tous les survenans, y compris les libraires et les directeurs de journaux, qui commençaient à être bons princes. Girardin jouait alors au grand seigneur. Il daigna dîner un jour, parce que Théo était son feuilletoniste du lundi; mais il nous fit sentir que nous n'avions pas été à l'école de Lucullus. Théo n'eut plus qu'une idée : vivre fastueusement. C'était mon rêve — avant que Girardin n'eût

* Mademoiselle Zoé Gautier, la seconde sœur de Théo, m'écrivait hier une très jolie lettre — esprit de famille — sur notre vie à la diable, rue Saint-Germain-des-Prés.

parlé, — mais je me tenais coi dans les demi-teintes, espérant avoir mon coup de soleil.

Voilà pourquoi nous nous séparâmes. Gérard se contenta de l'hôtel garni : que lui importait à lui, qui se croyait Salomon devant la reine de Saba? Théo alla habiter un somptueux appartement de la rue de Navarin. Je restai sur la rive gauche où je meublai, non sans quelque luxe, un cinquième étage dans la rue des Beaux-Arts. N'ayant plus d'amis, je pris un chien : Dear, un magnifique écossais, habita le balcon dans une forêt de cerisiers nains que je plantai pour me faire un paysage. Le chien vaut mieux que l'homme, mais il ne me consola pas de l'éloignement de mes amis. Je n'en étais pas moins à peu près heureux, quand on donna congé à mon chien. Naturellement, je suivis mon chien. Cette fois, je demeurai place de l'Odéon, au-dessus du restaurant Risbeck, un cabaret à la mode où venaient souvent dîner Janin, Sainte-Beuve et Sandeau, qui devinrent alors mes trois nouveaux amis, chers à jamais, qui n'assemblèrent pas de nuages autour de notre amitié.

J'aime à croire que les jeunes littérateurs trouvent aujourd'hui le même plaisir à vivre ensemble. Ce qui est certain, c'est que c'était pour tous une fête de l'esprit quand nous nous rencontrions à la même table, ou dans le même chemin.

Les intérieurs de mes trois nouveaux amis ne se ressemblaient guère. Janin était fastueux dans son magnifique rez-de-chaussée de la rue de Tournon, avec sa bibliothèque, sa baignoire en marbre, sa serre et son jardin. C'était féerique, surtout quand la fée ou folle du logis était là : J'ai nommé la marquise de La Carte. Sainte-Beuve habitait déjà rue du Montparnasse, sa maison de curé que tout le monde connaît bien. La folle du logis était absente, car la maîtresse du logis était Mme Sainte-Beuve, la mère du critique, laquelle ne lui eût jamais permis les folies de l'ameublement. Nous y dînions pourtant tout aussi gaiement que chez Jules Janin. C'est que la bonté a sa vertu, comme la beauté ; c'est que le luxe de l'esprit fait oublier l'autre.

Chez Jules Sandeau on ne dînait pas. Mais quel hôte charmant pour ses amis, quel cœur prêt à tout, quel esprit toujours éveillé ! J'entrais ; nous chantions un air de *don Juan* ou de *Robert ;* nous disions du mal des femmes pour prouver que nous les adorions. Nous devisions à perte de vue sur des romans et des comédies qui devaient faire oublier l'abbé Prévost et Beaumarchais, mais nous avons oublié de les écrire. Je me trompe : Sandeau a écrit un des chefs-d'œuvre du roman et un des chefs-d'œuvre du théâtre. J'ai eu au moins le bonheur d'être pour quelque chose dans *Mademoiselle de la Seiglière*, car je lui ai arraché la pièce scène par scène quand j'étais directeur du Théâtre-Français.

En notre jeunesse, Jules Sandeau habitait, rue du Bac, le quatrième étage d'une maison princière par ses jardins. On avait pour lui coupé un appartement en deux. Il m'appela à prendre la seconde moitié ; si bien que nous vécûmes lui et moi, comme j'avais vécu avec Théo. Quoiqu'au quatrième étage, nous avions tous les deux un nid charmant, tendu d'étoffe plus ou moins rare. Parmi nos amis de tous les jours, le soleil, réveil-matin, n'était pas le moins aimé. Un autre ami, qui avait un violon pour lui et pour moi, jouait des aubades et des sérénades à nos amoureuses.

XIII

Autres Gamineries

Jules Sandeau partit pour la Bretagne. Je me sentis bien loin de mes amis de la bohème. Gérard devenait invisible, même au théâtre, depuis que Jenny Colon l'avait renvoyé à ses dieux de l'Olympe. Il se nichait vaille que vaille dans le premier hôtel venu, selon les hasards de la soirée; comme l'escargot il portait tout son mobilier et toute sa garde-robe sur son dos. Il n'en était pas moins toujours charmant, cœur ouvert, mains cordiales. Pendant quelques années, je ne vis plus guère Théo qu'une fois par semaine. Nous n'étions pas des mêmes journaux. Nous n'étions plus des mêmes camaraderies.

Un jour qu'il vint me voir rue du Bac, on lui donna ma clef pour qu'il m'attendît ; c'était au tems où parut *le Serpent sous l'herbe*. Le poëte de *la Comédie de la mort* écrivit ces deux vers sur la couverture bleue du roman, admirable calligraphie qu'un ami preneur de livres m'a dérobée à mon grand chagrin :

O Serpent fugitif, que n'es-tu dans ton trou !
Je voudrais bien te voir, mais où te trouver ! Où ?

THÉOPHILE.

Quand je rentrai, Théo venait de partir. Je répondis à son distique par celui-ci :

Viens me voir serpenter, car je siffle et je rampe
Devant une beauté qui m'allume à sa rampe.

Nouveau distique de Théo :

O Des Grieux ! je sais le nom de ta Manon :
C'est Ninon qui jamais ne dit oui ni non.

Je répondis :

Oui, c'est elle ; viens donc souper car on fricasse
Douze ortolans pour toi, capitaine Fracasse.

Troisième et dernier distique de Théo :

Douze ortolans c'est peu pour un poëte. Enfin !
Je mangerai Ninon au dessert si j'ai faim.

Il vint ; le souper fut très gai, car Clément de Ris avait amené deux jeunes personnes du meilleur monde comme Ninon. Théo les émerveilla par ses paradoxes ; elles furent si enchantées qu'on prit jour pour recommencer cette petite fête, laquelle se renouvela une fois par semaine pendant une saison. Il vint d'autres camarades : Matitourne II, Janin, de Molènes, Beauvoir, L'Hôte, Falconnet, Lafayette, Ourliac, De Mars, Sainte-Beuve, quoiqu'il posât déjà pour l'Académie. Sans parler des camarades en robes. J'avais tapissé mon salon et ma chambre à coucher, avec des Gobelins qu'on paierait vingt mille francs et qui ne me coûtaient que vingt-cinq louis : les kermesses et les fêtes flamandes à grands personnages. On se trouvait bien là dedans. C'est d'une de ces soirées bruyantes que datent ces vers célèbres improvisés sur un miroir de la chambre à coucher :

Sens dessus dessous
Dans ma kermesse où l'innocence couche
Imitez ces buveurs saouls,

Fumez sans bruit vos pipes à deux sous
Car la dame du dessous
Dans sa couche
Accouche
Sens dessus dessous.

Vaines recommandations! on se mit à valser si bien que tout à coup on vit apparaître le mari tout échevelé. Il y avait parmi nous un étudiant en médecine, aujourd'hui grand médecin, qui monta sur une table pour convaincre le mari, dans un style moliéresque, qu'il fallait de la musique et des chansons aux femmes en couches, afin que les nouveau-nés eussent bon caractère.

Le mari s'en alla convaincu.

Je ne saurais dire toutes les gaietés et toutes les folies de ces cordiales réunions d'où les gens moroses étaient proscrits. Il y avait là des paradoxeurs à outrance et des conteurs à mourir de rire, comme Théo et Ourliac. A chaque séance j'improvisais des couplets sur les convives, car on soupait.

On a fait tirer à part un recueil des chansons ou des vers — libres — qui se débitaient dans ces folles réunions, — derniers échos de la première Bohème.

Autre chanson.

Autant j'avais aimé le métier de soldat, autant j'avais horreur de porter l'uniforme de la garde nationale. Aussi fus-je un des réfractaires les plus invraisemblables. Challamel me rappelait ces jours-ci que pendant tout un hiver on lut sur ma porte : « *Mademoiselle Olymppe*, couturière en robes, » afin de dépister les gardes nationaux qui venaient pour m'appréhender au corps et me conduire à l'Hôtel des haricots.

Un jour pourtant je fus pris. Après tout, j'aimais mieux aller à l'Hôtel des haricots que de monter la garde avec la sous-bourgeoisie, d'autant plus qu'il était du bel air de ne la point monter. Je passai donc une semaine sur la paille.

Que faire en un tel gîte, à moins que l'on n'y rime? Comme Alfred de Musset et Théophile Gautier, j'écrivis à la craie des élégies sur les murs. Je me rappelle encore ces tercets, mis en musique par un compagnon de chaîne :

Dedans l'Hôtel des haricots,
Nous passons plus d'une nuit blanche,
Mais nous ne payons pas d'écots.

J'ai dormi sept jours sur la planche,
Non loin de mons Gustave Planche,
S'essayant aux cororicos.

Musset, pleurant ses infortunes
En des chansons inopportunes,
Y fit retentir les échos.

Sandeau, pleurant la même dame,
Y montra plus de grandeur d'âme,
En dévorant des abricots.

Théo prenait des airs moroses,
Karr n'était pas un champ de roses,
Ni Beauvoir de coquelicots

Dedans l'Hôtel des haricots.

L'amour des voyages me prit alors.

Comme tous les Parisiens, j'ai beaucoup voyagé

J'ai fait le tour du monde des arts, de Londres aux Pyramides, d'Amsterdam à Athènes, de Paris à Rome, de Madrid à Venise. J'ai deux fois, à mon vif regret, manqué le train pour les Indes *. Je suis toujours sur le point de partir pour les Amériques, mais j'ai peur de l'Océan, non pas comme tombeau, moi qui n'aime pas les épitaphes, mais c'est un si mauvais lit!

On me retrouvera voyageur avec Gérard, Théo, Saint-Victor, Nieuwerkerke, Chenavard, Diaz, Ziem, Scholl, Aubryet et autres chercheurs d'imprévu et d'impossible.

XIV

Profils d'amis

ÉDOUARD OURLIAC

Je veux ici saluer d'un adieu quelques amis de la bohème romantique, des figures originales entre toutes : Ourliac, Lassailly, Pétrus Borel, Stadler, que la mort a pris avant l'heure et que nous ne reverrons pas dans ce mémorial.

Parmi les gens d'esprit, il y a ceux qui sont gais en riant et ceux qui sont gais avec la figure impassible de l'homme qui ne rit jamais. Parmi les premiers, il faut citer Dumas, Roqueplan et Gozlan. Parmi les autres,

* La première fois on sait comment, la seconde fois avec mon ami lord Lytton qui fut roi des Indes, avec toute la splendeur de sa poésie.

Karr, Ourliac et Albéric Second. Dumas éclatait de rire en disant un mot bouffon, Gozlan riait avant de parler, Ourliac semblait monter en chaire, Albéric Second a une gravité moins ascétique, mais non moins digne. A qui donner le prix? Voltaire riait, mais Montesquieu ne riait pas. Quel est le plus spirituel? Tous les deux.

Dans nos soirées de jeunesse Ourliac était intarissable. Nous rions encore aujourd'hui de ses histoires, quand nous nous trouvons à deux ou trois du temps passé. Arnal nous dit un soir que c'était le plus grand comédien qu'il eût jamais vu. Il a donné bien des mots aux comédies contemporaines, non pas seulement des concetti, mais des mots de comédie. Comme Karr il bataillait à travers toutes les bêtises officielles, avec beaucoup d'imprévu. Comique à froid, face de Samson et de Deburau, il fallait le bien connaître pour savoir ce qu'il voulait dire. Le roi citoyen y fut pris lui-même quand, à la tête d'une bande de va-nu-pieds, Ourliac allait chanter *la Marseillaise* sous le balcon des Tuileries pour forcer Louis-Philippe à paraître et à marquer la mesure. Son père lui défendait de continuer cette comédie. « Ce n'est pas moi qui joue la comédie, c'est le roi. » Le père qui n'avait pas foi en l'esprit de son fils se désabonna plus tard à la *Presse*, quand il y vît paraître un roman d'Ourliac *.

La première fois que j'ai rencontré ce sage invraisemblable, — au bal de l'Opéra, — il était déguisé en pierrot. Il menait en laisse une femme qui ressemblait

* Nous avions fini par appeler un sergent de ville quand venait Ourliac avec cette consigne de le rappeler aux bienséances. C'est qu'il prenait les cheminées — école Demidoff Ier — pour des coins de rue. Ce gamin de Paris avait commencé un livre sur le savoir-vivre. C'était à mourir de rire.

à un pastel effacé de Landberg : une de ces femmes qui vivent en deçà du mariage et hors du célibat. Nous fûmes du même souper ; je m'aperçus que sous le pierrot il y avait un poëte. Tout en débitant des bouffonneries pour l'agrément de la galerie, il ouvrait une échappée lumineuse dans la forêt touffue des passions à bouche que veux-tu. Il me parla de Byron et de sainte Thérèse avec enthousiasme et avec onction. Il avait écrit deux romans de pacotille. C'était son désespoir. Il ne savait comment racheter ses premiers péchés littéraires. Il vivait avec son père et sa mère rue Saint-Roch. Il habitait une petite chambre bleue, tapissée de quelques pastiches de Wätteau et de Boucher; sa bibliothèque renfermait presque autant de pipes que d'in-octavo. On ne l'y voyait que le soir ou le dimanche, car il était attelé à un petit emploi de douze cents francs aux Enfans-Trouvés. Il avait beaucoup de camarades et peu d'amis. Parmi ces derniers, Théophile Gautier, Gérard de Nerval, Camille Rogier, et un sculpteur qui était l'ami de tout le monde, excepté de lui-même : J'ai nommé Préault.

Édouard Ourliac venait tous les matins nous voir dans notre royaume de la fantaisie. C'était son chemin pour aller aux Enfans-Trouvés. La plupart du tems il nous trouvait encore plongés dans le sommeil des paresseux et des poëtes, qui est, à tout prendre, le vrai sommeil. Il nous éveillait souvent. Chaque jour, il apportait des *Nouvelles à la main.* — Nouvelles à sa main, — où, Dieu merci ! il n'était jamais question de politique. Nous ne connaissions alors du monde que le musée du Louvre, les poëtes du XVIe siècle, quelques rares contemporains, quelques contemporaines aussi : bibliothèque indispensable à des poëtes de vingt ans.

Nous n'avions pas d'argent, mais nous vivions en grands seigneurs : aussi nous donnions la comédie. Ces dames de l'Opéra soupaient chez nous, vaille que vaille, et daignaient danser pour nous à la fortune de leurs souliers. Édouard Ourliac était le Montfleury de la troupe. Il était auteur et acteur avec la même verve et la même gaieté. A une de nos fêtes, ces dames le noyèrent, à plusieurs reprises, dans une avalanche de bouquets.

Jusque-là, les plus poëtes de la bande n'avaient guère été que des poëtes en action. On écrivait ses vers çà et là, sur le coin d'une table, après souper, ou sur quelque joli *pupitre* à la Voltaire ; mais on ne les imprimait pas. Ourliac, qui ramassait alors quelques rimes tombées de son cœur, était heureux comme un enfant de les voir paraître dans un des livrets à gravures anglaises publiés par la dame Janet *.

Vers la fin de l'année 1835, quand Desessarts publia, sous mon nom, une histoire panthéiste — *La Pécheresse* — qui n'eut guère pour lecteurs que trois critiques qui devinrent mes amis, Janin, Thoré, Chasles, — il se fit l'éditeur de toute la Bohème, quoiqu'il fût saint-simonien et utilitaire. Esquiros me suivit dans la maison, Théophile suivit Esquiros, Gérard suivit Théophile ; enfin Édouard Ourliac apporta *Suzanne*, une des plus curieuses créations de ce tems-là. Desessarts avait cela de beau,

* Ourliac était beaucoup de la bohème, mais bien peu romantique. Il aimait les contes de Voltaire et les romans de Lesage ; aussi ses vers bien troussés n'ont ni caractère ni couleur. Pareillement ses romans. *Jeanne la Noire*, *L'Archevêque et la Protestante* étaient plutôt inspirés par les pâles conteurs de la Restauration que par Hugo et Dumas.

il faut le reconnaître, qu'il aimait ses romanciers, parce qu'il lisait leurs livres et non parce qu'il les vendait. Il donna assez d'argent à Ourliac pour le détourner de ses Enfans-Trouvés. Ourliac entra donc à pleines voiles dans les hasards de la vie littéraire. Ce ne fut pas, d'ailleurs, sans hésiter qu'il quitta la terre ferme. Nous nous rencontrâmes souvent à la *Revue de Paris*. Il ne croyait guère à lui ni aux autres. En ses derniers jours, il ne trouvait plus d'éloquence et de style qu'à Bossuet. Il avait brûlé Diderot, non seulement comme athée, mais comme prosateur. C'est lui qui était impie de ne pas croire à Diderot.

Ce que c'est que de nous! il s'était marié. Sa femme était belle et avait de l'esprit. Le lendemain des noces, comme il taillait sa plume, elle lui demanda ce qu'il allait faire : « Mon métier, lui répondit-il. — Vous écrivez donc? — Comment, vous ne le saviez pas? — Non, » dit-elle d'un air curieux. O vanité de la plume! Ourliac s'imaginait qu'on l'avait épousé pour sa renommée. Après tout, ne valait-il pas mieux qu'on l'eût épousé pour sa figure?

Le mariage changea son point de vue dans la vie. Il devint un homme sérieux, fier de ses devoirs, préoccupé des enfans à venir. Du *Figaro*, il était allé à la *Revue de Paris;* de la *Revue de Paris*, il alla à l'*Univers;* mais il laissa sur le seuil toute la fleur et toute la gaieté de son esprit. Il avait encore çà et là, mais pourquoi faire? des ressouvenirs de sa vie de vingt ans. Je le voyais presque tous les jours. Il voulait me convertir à ses conversions. Il s'était pour ainsi dire retiré du monde. Il habitait bien plutôt un in-folio de Bossuet qu'une maison vivante. Il aimait le labeur comme un devoir. Il se levait avant le jour et veillait souvent le soir. Il a dû laisser plus d'un manuscrit et il a dû en brûler plus d'un.

Le pressentiment de la mort l'avait frappé depuis longtems. Il s'était singulièrement émacié dans le travail, dans la prière et dans l'angoisse de laisser orphelins deux beaux enfans qu'il adorait. On lui conseilla un ciel plus doux : il partit pour l'Italie. Je l'ai rencontré à Pise, cette ville des mourans et des tombeaux. Il était entré en familiarité funèbre avec les âmes du Campo-Santo ; il ne sentait déjà plus la terre sous ses pieds. C'était une ombre parmi les vivans. L'Italie des amans et des artistes, il ne l'a pas connue ; il n'a vu le Dante que par la porte de l'*Enfer*. Comme Jésus-Christ, il disait : « Je suis triste jusqu'à la mort. » Et en effet, on n'a pas l'idée de la désolation imprimée sur cette figure pâle, moqueuse, amère et bizarre, où il y avait du gamin de Paris.

Je l'ai revu aux Tuileries, peu de tems avant sa mort. Il fuyait ses amis. Il me savait sympathique, il ne se détourna qu'à demi. J'allai à lui la main ouverte et l'âme dans les yeux. Il était plus triste encore qu'au Campo-Santo. Nous parlâmes de l'Italie, de la Révolution, de tout et de rien, un peu de ses enfans. Il me regarda et se détourna pour cacher deux larmes. Je compris qu'il se voyait déjà dans la tombe où Dieu peut-être ne donne pas sa lumière, pas même pour voir ceux qu'on a le plus aimés. Le pauvre Ourliac, qui s'était tant amusé des bourgeois qui vont à la Petite-Provence, allait chercher le soleil, ce jour-là, à la Petite-Provence. Le soleil! ce dernier amour de ceux qui s'en vont, comme s'ils voulaient emporter quelques rayons dans la nuit éternelle.

La mort, d'ailleurs, ne l'effrayait pas. La foi embrasse la mort avec une sorte de joie, disait Bacon. Ourliac avait la foi. La tombe n'était pour lui que le point de départ d'un beau voyage pour le pays entrevu par Jésus. Oserai-je dire que l'extrême-onction fut pour lui le coup de l'étrier ?

PÉTRUS BOREL

En sa qualité de lycanthrope, Pétrus Borel vivait seul. Les bois lui manquaient, mais il s'abîmait dans les rêveries, sous un saule pleureur de l'île de la Grande-Jatte. Sa solitude, d'ailleurs, était animée par un chien de Terre-Neuve, destiné à le sauver de ses désespoirs, et par une gentille créature qui n'avait pas écrit sur son cœur : *desesperanza*.

Pétrus Borel était fort bien doué, mais il ne voulut pas de la figure que la nature lui avait façonnée. Il s'en fit une autre, véritable enfant qui veut jouer au terrible pour effrayer son monde. Il ne fit peur qu'à lui-même. Et que de peine il se donna pour cultiver les roses noires dans son âme quand les roses blanches y poussaient toutes seules ! Il cultiva aussi la rose bleue ; il s'épuisa à toutes les chimères du pays de l'Impossible.

Il avait manqué son effet parmi les poëtes, mais non parmi les peintres qui prennent plus volontiers la pose au sérieux. Il dépensa quelques années de sa jeunesse à jouer son rôle devant quelques spectateurs attardés. Certes, ce n'était pas le premier venu ; il avait droit d'avoir foi en lui, mais il se méconnut.

Plus tard, ce fut un nouveau rôle. Il brisa ses dieux en se brisant lui-même. Il se refit une figure, non plus trop terrible, mais trop sérieuse. Ce fut alors qu'il nous revint, historien et philologue. Que dis-je? Classique à outrance, ce romantique intransigeant! Dix ans après ses débuts, il s'essayait à ajouter des chapitres aux *Essais de Montaigne.*

En 1844, je revis Pétrus Borel, quand *L'Artiste*, qui avait résisté à tous les naufrages, cria enfin : *terre!* en débarquant sur le quai Malaquais, dans un pavillon de l'hôtel de Chimay. Champfleury a très bien peint la bande joyeuse et brillante de ce journal aventureux. C'étaient Théophile Gautier, Gérard de Nerval, Alphonse Esquiros, Charles Baudelaire, Théodore de Banville, Henry Murger, Charles Monselet, Champfleury. Combien d'autres pour former cette nouvelle pléiade! Pétrus Borel y vint, mais noir et triste comme un loup. Il continuait à poser pour l'étrange. Il était coiffé à la mal-content, et il portait toujours son habit boutonné, revers à la Robespierre, comme dans son portrait par Louis Boulanger. Théo disait : « Pétrus pose au fatal et au bizarre, il était né pour le théâtre, il aurait dû jouer Antony. » Il eut beau vouloir créer des figures, il ne mit au monde que des ombres. Il se jugea lui-même en abandonnant la bataille, il partit pour l'Algérie, disant : *Ci-gît le romantisme;* il aurait pu dire de lui : Beaucoup de bruit pour rien.

Très bon diable d'ailleurs, mais prêchant toujours un peu comme s'il fût un chef de bande. Le lycanthrope était devenu un mysanthrope. Il ne croyait plus ni au soleil de Paris, ni au génie parisien, ni aux femmes de Paris. Il s'imaginait qu'il avait trouvé à Alger la terre promise, il alla y mourir après avoir échoué dans une sous-préfecture. J'ai toujours regretté de lui avoir payé son voyage, car il y avait encore quelque chose à faire de lui en France, d'autant plus que le poëte des *Rhapsodies*, qui se croyait un lycanthrope, mourut de faim dans le désert. La faim fait sortir les loups hors du bois; le pauvre lycanthrope ne trouva pas, au milieu des sables, une brebis à mettre sous sa dent.

LASSAILLY

Lassaillỳ et Bertaut sont morts en même saison. Ces poëtes n'ont pris qu'une bien mauvaise place au banquet de la vie. L'un avait la gaieté d'un enfant du peuple qui secoue sa misère, l'autre avait la grâce savante d'un grand seigneur qui n'a ni blason ni argent. Aloysius Bertrand et Hégésippe Moreau les suivirent de près. Je les saluai tous d'une oraison funèbre. De ces quatre poëtes, un seul est resté*: J'ai nommé Hégésippe Moreau. Mais quel beau volume on ferait avec les poésies des trois autres! La renommée est comme toutes les femmes, elle n'aime ni les timides ni les délicats; il faut la violer ou la battre.

Lassailly a passé sa vie à être amoureux, — en prose et en vers. — Amoureux des femmes romantiques, nul ne l'a été plus tendrement et plus violemment. Un jour, il n'avait pas dîné la veille, il me demanda un louis. Par hasard, j'avais un louis; j'étais trop heureux

* Le plus oublié des quatre est Bertaut. Il me disait : Je ne suis que le clair de lune d'Hégésippe, mais je me recommande de mon quadrisaïeul, l'évêque de Seez, un des Quarante, pour faire mon salut dans la poésie.

de le si bien placer. — Voulez-vous dîner avec nos amis Gérard et Rogier? — Non, me répondit-il; je n'ai pas le tems. Adieu. — Où allait-il? Je le suivis parce que j'allais du même côté. Il s'arrêta devant la marchande de fleurs que Janin a si poétiquement chantée. — Il jeta son louis sur le comptoir et demanda un bouquet, — comme ce rêveur antique dont parle Platon, qui n'avait faim qu'après avoir émietté tout son pain aux oiseaux de son toit.

Lamartine, pourquoi ne pas le dire, Lamartine qui aimait la poésie vivante, celle qui court le monde et les hasards, voulut que Lassailly fût riche un jour de sa vie. Donner à Lassailly, c'était donner à Dieu. — Lassailly demandait cent francs : Lamartine donna mille francs. Les mille francs servirent à acheter des gants, des manchettes, — pas une chemise, par exemple, — une canne, un chapeau, des souliers fins, quelques heures de calèche à deux chevaux, en un mot tout ce qui est le luxe visible. On le rencontra durant toute une semaine sur les marches du café de Paris, offrant des cigares à tous les amis qui ne se détournaient plus de sa misère. Si Lamartine le rencontra alors, il a pu se dire : Voilà mes mille francs qui sont bien heureux ! Ainsi Lassailly a dû à Lamartine huit jours de bonheur, huit jours pendant lesquels il s'est regardé passer dans la vie comme un pacha à trois queues dans son harem. Il sera beaucoup pardonné à Lamartine pour avoir beaucoup aimé les pauvres, lui, le sublime pauvre après cette révolution où il a bien un peu sauvé les riches.

Gérard avait hérité d'une de ses trois ou quatre tantes, ce qui lui avait permis des prodigalités. Mais Lassailly qui avait les plus hautes aspirations et qui recherchait les femmes du monde, n'hérita point pour nourrir ses fantaisies, ce qui le désespérait. Bien plus, il était obligé de cacher sa vie pour cacher sa misère en habit à la mode.

Il lui arriva un jour une singulière bonne fortune. L'amitié a des privilèges voulus ; tous les cinq jours, il venait voir Rogier et lui demandait cent sous, contribution directe, s'il en fût. Rogier donnait les cent sous avec le meilleur sourire. Mais voilà qu'un jour, Lassailly lui demande un louis, Rogier qui avait déjà devant lui les petites dents aiguës de la Cydalise, dit à Lassailly : « Halte-là ! je ne donne que cent sous. — Oui, mais je suis amoureux d'une duchesse.—Comment ! il ne te faut qu'un louis pour avoir une duchesse. — Je te dirai ça, mais donne-moi un louis. — Non, mais je te donnerai cent sous avec ce king-charles qui m'a suivi hier et dont je ne sais que faire, car il aboie sitôt que je chante. » Lassailly regarde le chien. « Bravo ! il est affiché. — Comment, affiché ?—Oui, cinquante francs de récompense. — Eh bien, prends le chien et va chercher les cinquante francs. » Lassailly se monte la tête, il rentre chez lui, il écrit à la dame au chien qu'il a trouvé son King-Charles, mais qu'il aime trop la jolie petite bête pour se contenter de cinquante francs. En sa qualité de gentilhomme ruiné, il demande cinq louis. La dame envoie les cinq louis, Lassailly donne un festin à ses amis tout en gardant de quoi acheter un bouquet et des gants. Le jour même, il envoie le bouquet à sa duchesse ; le lendemain il se présente chez elle, ganté comme un duc. On daigne le recevoir, mais jugez de sa stupeur : il trouve, chez la duchesse, la dame au chien — avec son chien ! Le king-charles saute dans les bras de Lassailly et lui fait mille caresses. « C'est donc vous, monsieur, qui aviez trouvé mon chien ? » Lassailly se trouble, il sent qu'il ne peut pas nier, il se donne un valet de chambre pour se couvrir, mais on le perce à jour et la duchesse lui dit, prenant son grand air : « Adieu ! monsieur. »

Lassailly avait beaucoup de prétention en galanterie sentimentale; il avait toujours le nez au vent des aventures, — un grand nez, — ce qui faisait dire à ceux qui racontaient ses équipées : Lassailly est ainsi nommé à cause de celle de son nez. Il passait sa vie le matin à l'église, le soir à l'Opéra, posant pour des duchesses qui s'imaginaient voir un prince russe et non un poëte. Un jour, dans une rencontre avec une de ces dames, il se mit à débiter des vers amoureux, mais comme un homme qui n'en fait pas son métier. Aussi la princesse lui dit : « Est-ce que vous faites cela vous-même, monsieur de Lassailly ? »

Il est un de ceux qui ont inventé le mot *incompris* pour les poëtes et pour les femmes. Cette lettre en vers écrite le jour de sa mort à Henri Heine le peint assez juste :

Lassailly, l'avez-vous connu, mon cher Henri ? C'était Faust et Werther, et son cœur a fleuri sans trouver de rosée au pays de Voltaire. Il vivait dans le bleu, toujours loin de la terre. Ne pleurons pas sa mort : au séjour des esprits, Dieu prêtera l'oreille au poëte incompris.

Il a fait un livre que vous ne lirez pas : — Les *Roueries de Trialph.* — Le livre d'un fou prédestiné. Il a tué sous lui trois ou quatre petits journaux dont on a oublié jusqu'au titre. Ses vers amoureux, quelle bouche les redira ? Il ne trouvait pas à les faire imprimer ; il les donnait à ses amis. Il m'a écrit un jour cette *Profession de foi*, que je vais imprimer ici pour montrer sa manière aux poëtes — et son cœur aux princesses, — à ceux et à celles qui ne le connaissent pas.

PROFESSION DE FOI

Vous suivez dans les bois la muse de Virgile,
Et moi je prends la mienne aux bals de l'Opéra.
Mon cœur est trop fripon pour des amours d'idylle.
Tout naturellement qui veut mon cœur l'aura.

Aux bals de l'Opéra, — comme sous les ramures,
La bouche la plus prude est prude au bord des dens.
La petite vertu ressemble aux fraises mûres,
Lorsque l'on tend la main, elle tombe dedans.

Je ne sens nuls mépris pour vos faveurs réelles,
O lèvres de velours qui ne refusez rien !
Mon corps n'est pas un sylphe et je n'ai pas des ailes
Pour épouser les vens du monde aérien.

Cueillez donc la pervenche, Houssaye, et moi la rose.
Que la chaste Diane enivre vos yeux bleus ;
Ma bouche est plus ardente, il faut que je l'arrose,
Avec Manon Lescaut, sous le pampre onduleux.

O curiosité ! démon de jalousie !
Le cœur de don Juan est trente fois humain !
Passions ! passions ! coursiers de poésie,
Courez, courez sans mors, sur un large chemin !

Ces cinq strophes, que je prends dans dix strophes, sont l'œuvre d'un vrai poëte — spirituel et grand. — Je les recueille avec la religion de l'amitié. Ses autres vers tour à tour byroniens et lamartiniens, éparpillés dans des recueils perdus, ne sont guère que l'œuvre d'*Apollon timbré* *.

Quand Lassailly fut devenu fou, au tems où Gérard de Nerval redevenait sage, on ne l'enferma pas à Charenton : Son médecin, un homme d'esprit, jugeant qu'il fallait traiter par la douceur tous ces pauvres vaincus de la vie, mortellement blessés dans la bataille, se contenta de le condamner à vivre dans sa chambre, rue de la Vieille-Estrapade, avec la liberté de se promener au Jardin des plantes — les bêtes, pas les hommes. — Lassailly ne s'indigna pas contre cette ordonnance. Il ne passa plus jamais la Seine pour ne pas reprendre la fièvre sur la rive droite, car c'était par là qu'il avait aimé et souffert. Il se résigna comme un enfant qui n'a plus la force des révoltes. Je demeurais encore sur le quai Voltaire où il me vint voir çà et là, me disant : « J'ai abdiqué comme Charles-Quint. Je m'essaye au tombeau. Je n'ai jamais été si sage que depuis que je suis fou. » Et regardant la Seine avec ses yeux doux et égarés : « Je n'ai plus le droit de passer l'eau. »

Peu de jours avant sa mort, il revint me voir et me dit que, tout bien considéré, il croyait à la métempsycose. Il regrettait que la date de sa naissance — vers 1810 — lui défendît de croire qu'il avait été Napoléon, mais il lui restait César. Il avouait ne pas croire beaucoup à la

* Sainte-Beuve l'appelait *Apollon timbré*. Il s'enorgueillissait de ce titre. « J'ai été fou, disait-il avant sa folie ; quiconque n'a pas traversé la folie n'arrive à aucun sommet. » Sa folie, qui était la folie de l'orgueil, n'a été pour lui que le sommet de l'abime.

souveraineté de Lassailly, mais il espérait mourir sous cette figure pour venir bientôt après régénérer le monde sous celle d'un autre Charlemagne. Qu'il vienne donc! la France attend.

EUGÈNE DE STADLER

Parmi les camarades qui n'ont laissé qu'une vague physionomie, je ne veux pas oublier le baron Eugène de Stadler, qui devint, de par Persigny, son cousin, inspecteur général des Archives. Il m'appelait toujours le marquis de Trychâteau, parce qu'il avait retrouvé aux Archives des parchemins de ma famille. Il fut des derniers jours de la Bohème. C'était un gai compagnon amoureux de toutes les femmes colossales. On lui eut offert sur un plat d'argent Mlle Rachel et Mlle Sarah Bernhardt, il eût passé outre sans un sourire.

Cet amour des femmes grasses allait si loin, qu'il ne dédaignait pas, à la fête de Saint-Cloud, de faire un doigt de cour à toutes les femmes phénoménales : cela ne lui coûtait que deux sous. Je le surpris un jour qu'il donnait deux sous de plus pour entrer dans les coulisses : un peu plus, il enlevait la dame.

Il fut amoureux de Mlle Georges, de Mlle Flore, de Mlle Suzanne Lagier, de toutes les épanouies.

Il faisait aussi un doigt de cour à la muse. Il a laissé, sous ce titre : *le Bois de Daphné*, une savante et curieuse étude antique, où il mettait en scène un philosophe paresseux qui faisait jouer toutes ses passions par des esclaves.

Quand j'étais directeur de la Comédie-Française, Eugène de Stadler me tourmenta beaucoup pour jouer cette comédie originale, qui n'était pas indigne du théâtre d'Aristophane. Mais le comité la refusa: six boules noires. Ma boule blanche, ni celle de Brohan, ne consolèrent Eugène de Stadler. Je lui donnai ses entrées, je lui offris même ses entrées dans les coulisses Il me dit que ce n'était pas la peine, parce que toutes mes comédiennes étaient maigres. Mme Allan venait de suivre au tombeau Mlle Mante. Mlle Nathalie elle-même lui paraissait une nymphe.

Je l'ai retrouvé plusieurs fois aux fêtes des Tuileries : c'était le seul monde où il allait. J'étais sûr de toujours le rencontrer en perspective d'une femme qui, par « ses charmes », devait faire le désespoir de ceux qui la conduisaient au bal. « Voyez donc, me disait-il, le merveilleux décolletage ! »

Eugène de Stadler eût bouleversé toute la grammaire des arts, en donnant à Vénus une ceinture beaucoup plus large.

Je l'ai revu à Versailles une dernière fois, pendant la Commune. La République l'avait cassé aux gages, quoiqu'il fut le meilleur et le plus savant des fonctionnaires. Il n'avait plus de quoi vivre à Paris, et il s'arrangeait une chaumière du côté de Saint-Cyr, si je ne me trompe.

Ce Parisien par excellence entrait à mi-pieds dans la vie provinciale.

Comme je paraissais attristé de cette chute dans le troisième dessous, il me dit, avec un sourire résigné : « Que voulez-vous, je vais cultiver mon jardin. »

Et comme je ne lui semblais pas bien convaincu du bonheur d'un Parisien qui va cultiver son jardin après avoir perdu douze mille francs de rentes par sa destitution, il me montra une femme attardée devant un marchand de curiosités : « Voilà Mme Pomone, » me dit-il.

Cette fois, je ne le plaignais plus ; il avait réalisé son rêve : « Mme Pomone » eût mis à l'ombre Suzanne Lagier, avec une figure digne de l'emploi.

Mais cette brave et splendide créature ne fit pas longtems le bonheur de mon ami, car il mourut dans son rêve et dans son jardin à peu près en même tems que Théophile Gautier.

Les historiens lui doivent un petit monument, car il a sauvé cent mille pièces précieuses des archives de France et de Navarre.

LIVRE VII

LE MONDE ET LES MONDAINES

I

Pendant quelques années, j'ai aimé les fêtes mondaines. Le soir venu, je jetais la plume au vent. Je dépouillais toute la friperie poussiéreuse de l'historien et du critique, je revêtais l'habit bleu à boutons d'or, ou l'habit noir à revers de soie, pour aller dîner çà et là chez quelques femmes à la mode et pour faire un tour de valse dans les salons renommés. Mes camarades littéraires me prenaient en pitié, disant que je voulais faire le beau; mais j'avoue de bonne foi que je n'allais dans le monde que pour m'amuser, comme mes amis Beauvoir, Alfred de Musset, le comte Clément de Ris, Janvier de la Mothe. Il n'y a pas d'ailleurs de meilleure école pour le romancier. Il ne lui faut pas être bien malin pour voir au milieu d'une fête se nouer et se dénouer les histoires les plus romanesques.

J'avais aimé les forêts toutes peuplées de grands arbres ; je me mis donc à aimer les salons tout peuplés de jeunes femmes. C'étaient là d'autres forêts chantantes : je préférais les parfums rustiques des violettes, des aubépines et des roses sauvages aux senteurs artificielles que répandaient les coquettes surannées ; je préférais le foin coupé dans la prairie au New-Mown-Hay que les danseuses secouaient en agitant leur mouchoir ; mais je trouvais pourtant bien du charme à respirer les blondes et les brunes chevelures, les bras et les corsages en fête. L'éclectisme, la pire des philosophies pour l'esprit humain, doit être la philosophie en action : il faut tout voir et tout aimer sans trop s'attarder à la haine. Les plaisirs parisiens d'ailleurs ne m'empêchaient pas, dans ma première jeunesse, de reprendre feu pour les paysanneries de Bruyères, qui avaient encore en ce tems-là je ne sais quel caractère biblique. On retrouvait dans les fêtes de village des Ruth, des Jephté et des Noémie. Mais la civilisation (!) a démonétisé les caractères ; aujourd'hui toutes les filles des champs ont fait leur voyage à Paris et en sont revenues coiffées de chapeaux à plumes, avec un air de parisianisme. Si le peintre Jules Breton et le poëte Mistral trouvent encore des filles de la Bible, c'est que les filles de la Bible passent toutes poétiques dans leur imagination. A cette heure, Greuze ne donnerait plus la même expression à la fillette de la *Cruche cassée.*

II

Les belles femmes de Paris

Un de mes jeunes amis, Juge, m'écrivit un jour : « Juge de ma misère : ce matin, j'ai vendu mon parapluie, et il pleuvait ! » On voit tout de suite que mon ami était un homme d'esprit. J'avais créé avec lui, Théo et Esquiros, *le Don Quichotte, journal des folies du siècle.* Il signait Sancho Pança. Par malheur, le Don Quichotte avait été tué par les moulins à vent.

Dans l'après-midi, je rencontrai Juge sur le quai Voltaire. Je lui fis mon compliment de n'avoir plus de parapluie, — parce qu'il faisait beau. — Je n'en avais jamais eu et je n'en eus jamais. Il imita mon stoïcisme.

Quand les affaires littéraires ne vont pas, on pense toujours à créer un journal. Nous en causions. Mais quel journal ? Justement, trois jolies filles s'arrêtent, près de nous, à la vitrine d'un marchand de gravures. Au même moment, deux grandes dames descendent de calèche pour monter chez Mme Pradier. Je les reconnais et je les salue, pendant que Juge aborde les trois jolies filles. C'était la destinée qui nous parlait par ces cinq figures ; les anciens y eussent vu des aruspices favorables. « Eh bien, dis-je à Juge, voilà ton journal. Il s'appellera *les Belles femmes.* — Oui, me répondit-il : les Belles femmes de Paris. » Il y avait là une idée : On serait lu par les Belles femmes et par les autres.

Passe Charles Lesmesle, ce Larochefoucauld d'aventure. Nous lui contons notre histoire. Il prend feu. Il venait d'acheter, pour faire une fin, une imprimerie à têtes de clou. « J'imprime le journal », dit-il avec enthousiasme. Nous entrons au café d'Orsay. Juge demande une plume, je demande un verre de kirsch, Charles Lesmesle demande un calmant. Une demi-heure après, la préface était faite ; le soir elle était imprimée ; le lendemain le premier numéro arrêtait les curieux chez les libraires de « pittoresques », comme on disait alors. Le surlendemain, Juge aurait pu acheter un parapluie! Et remarquez que nous faisions là le journal le plus amusant à faire ; car notre vrai travail était bien moins d'écrire que d'aller à la découverte des beautés parisiennes. Je découvris sans peine Mme Victor Hugo et la princesse Clémentine ; Juge, Mme Gibus, la belle chapelière et la belle ambassadrice d'Espagne, Mme de Toreno ; Jules Sandeau, Mme Sand et Mme Dorval ; Théophile Gautier, Julia Grisi et Cornélie Falcon. On ne renvoya pas au désert Mme de Girardin, Mlle Juliette, Eugénie Doche, Mlle Mars, jusqu'à Mlle Georges, — car on ne se contentait pas des beautés de vingt ans. — Le journal, quoique très mal fait, fut dévoré ; la collection, qui ne renferme que deux volumes et demi, vaut aujourd'hui 250 francs *.

La découverte de toutes ces étoiles ne nous conduisit pas directement à l'Académie des Sciences, section d'astronomie, mais elle nous conduisit dans les coulisses du théâtre et dans les coulisses du monde. Les femmes à la mode ne s'offensaient pas du tout de leur voisinage avec les comédiennes. C'était déjà l'aurore du demi-monde.

* On a reproduit au frontispice de ce 5e livre, quelques-unes des figures crayonnées alors par Gavarni et Desmaisons.

III

Que les femmes font les mœurs

En levant le rideau sur le passé, je me retrouve en pleine jeunesse dans les fêtes mondaines où je revois toutes les figures qui, depuis 1830, ont inspiré les poëtes et les amoureux. C'est, tout à la fois, la marche triomphale et la marche funèbre de Beethoven.

On va trouver ces femmes peut-être bien démodées, mais il n'y a de démodées que celles qui ont survécu à leur beauté. Les autres ont repris par le miracle de la mort l'éternelle jeunesse des Célimènes et des Amoureuses. C'est bien plutôt pour moi que pour vous que je les évoque ; et pourtant, n'appartiennent-elles pas à l'histoire intime du XIXe siècle, où la société polie n'a pas survécu à la société brutale, enfantée par la politique qui a mis tout le monde hors de chez soi et par la sportomanie qui a transformé en écurie le dernier salon ?

L'Empire qui était une épopée avait tout naturellement réveillé les idées épiques. Il avait tout façonné à son image. Les hommes étaient des Mars, les femmes des Junon et des Vénus ; Minerve veillait à l'Institut, mais dans une froide solitude ; la vie bruyante se passait sur les chams de bataille, aux Tuileries, à l'Opéra, à la Comédie, dans les galeries du Palais-Royal. Les hommes s'évertuaient à être braves et à faire du bruit sous des uniformes éclatans, les femmes se croyaient des déesses, avec leurs seins provoquans et leurs robes traînantes.

On n'en était pas encore à la recherche de l'Inconnu. Il y avait sur table et sous table tant de romans en action qu'on ne prenait pas la peine de lire ceux qui se débitaient alors. On feuilletait Mme de Staël et Mme Cottin avec le même laisser-aller. Comme disait l'Empereur, il y avait trop d'affaires de canapés pour qu'on s'éplorât en ce sentimentalisme. Ce n'était pas le tems des poëtes, des rêveurs, des philosophes que les généraux appelaient des idéologues. L'épée a toujours dédaigné la plume. Il ne faut donc pas s'étonner de voir Apollon déserter la cour de Napoléon. Il ne reparut qu'à la cour de Louis XVIII sans faire encore bonne figure. Le roi traduisait Horace : Tous les poëtes se mirent à traduire les poëtes ; c'est battre la gerbe déjà battue. Cependant la muse romantique, fille de Chateaubriand, petite-fille de Bernardin de Saint-Pierre, commençait à promener sa harpe dans les salons pour dire les odes et les ballades d'Alphonse de Lamartine et de Victor Hugo, tandis que les derniers viveurs de l'Empire chantaient gaiement à table les chansons de Béranger et de Désaugiers. Ces quatre noms peignent toute une époque : la France rêveuse et la France politique, la France croyante et la France sceptique, la France amoureuse et la France libertine.

Les femmes avaient pris une autre attitude. Les duchesses de l'Empire s'étaient attendries dans le chœur des femmes sensibles de la Restauration. Elles se moquaient d'elles, de leurs amans et de leurs modes, mais il leur fallait emboîter le pas avec les troubadours, s'agenouiller devant les prie-Dieu gothiques et crier : Vive le roy ! devant l'oriflamme. Sous l'Empire, on vivait « à gorge déployée ». Sous la Restauration, on cacha ses péchés, un sentiment de tristesse voila les âmes. On bâtissait la chapelle expiatoire et on évoquait l'échafaud qui avait coupé les têtes royales. Il semblait qu'on fût toujours au lendemain de la Terreur. Louis XVIII avait beau prendre sa prise légendaire sur le sein de Mme du Cayla, les gens de cour éternuaient du sang. Heureusement Charles X avait ses jours de vaillantise et la duchesse de Berry vint à propos jeter à pleines mains sa gaieté napolitaine, pour donner tort aux pleurards et aux pleurardes en nacelle. Sous l'Empire on dansait le menuet, la monaco, la gavotte ; la duchesse de Berry improvisa une école de danse et elle maria la furia napolitaine avec la Romanesca, le pas de Montespan et la Trénitz à la valse éperdue. Le violon est l'école des mœurs.

On n'attendait pas le carnaval politique pour faire des mascarades, avant la Révolution comme après ; il n'y a jamais rien de changé en France, hormis cela qu'il y a un Français de moins ou un Français de plus. Pendant la première période de la Restauration, on afficha un grand dédain pour l'épée et pour l'épaulette, mais à partir de la guerre d'Espagne, on mit du Trocadéro partout. Aussi on vit à une fête de l'Opéra, le roi lui-même en costume de colonel de la garde. Les princes et les grands officiers de la couronne se pavanaient sous les plus incroyables broderies. Un général qui n'avait jamais fait la guerre portait par mégarde deux épées, n'ayant pas le droit d'en porter une ; les « plus royalistes que le roi », couraient de loge en loge criant qu'on n'avait jamais vu une telle solennité sous l'Empire. Il semblait que le lustre de l'Opéra fût le soleil d'Austerlitz. Jusqu'à M. de Rothschild qui faillit paraître en colonel rouge, une épaulette d'or et une épaulette d'argent pour bien marquer son titre. Les femmes s'étaient armées de tous leurs diamans et de toutes leurs pierreries. C'était le moment des modes orientales : on portait des ailes d'oiseaux de paradis, des bouquets de plumes caressant les cheveux, le cou et les épaules. Aussi Mlle Sontag s'écria entre un solo et un duo : « Voyez donc, c'est la cour du sultan Mahmoud : un sérail ouvert à une armée ». Mais le harem fut irréprochable ; on ne chiffonna ni la robe en gaze persane brodée en or, avec ses manches en oreilles d'éléphant, ni la robe aux dessins gothiques, brodés en argent sur du crêpe rose avec des volans à faire rêver. Moralité · cent mille francs pour les pauvres.

Le froid fut horrible en l'hiver de 1830. La duchesse de Berry qui aimait les pauvres fit feu des deux pieds pour qu'on dansât partout. On dansait chez elle pour de l'argent : les duchesses Decazes, de Raguse, de Guise, d'Otrante, de Liancourt, de Maillé, d'Albuféra, de Noailles, Mmes de Flahaut, de Vatry, de Massa, les princesses de Léon et de Beauffremont, les comtesses de Lariboisière, de Monjoie, de Chatenay, de Girardin, non pas la dixième muse, présentaient leur sébile entre chaque quadrille. « Pour les pauvres ! » a dit M. de Flahaut, en baisant la main de la comtesse de Monjoie, ce qui lui a coûté bien cher, mais la main était si jolie ! A la fin de la fête, la duchesse de Berry a compté tout l'or des sébiles; quoiqu'il y eût là plus qu'elle n'espérait, elle a répété le mot célèbre : « Il n'y a rien de fait quand il reste quelque chose à faire. » Aussi elle a donné rendez-vous à tout son monde au bal de l'Opéra. Ce fut cette fois la mille et deuxième nuit ; tout le monde y valsa, y dansa, y galopa; le duc de Chartres qui conduisit le cotillon eut à peine le tems de respirer et de dire un mot : « A la bonne heure, voilà les jardins d'Armide avec deux mille fleurs vivantes, toutes parfumées, sous la rosée des diamans. »

La vraie fête des diamans fut chez la comtesse d'Apponye; jamais on ne vit tant de pierreries resplendissantes sans parler des guirlandes de perles roses qui enroulaient le cou et couraient sur la robe. Toutes les femmes avaient un diadème, parce que toutes les femmes étaient belles. Il ne manquait à cette fête que les diamans de la couronne.

On ne danse jamais si bien que quand on danse sur un volcan. Mme d'Apponye avait appelé à son bal Lamartine à peine revenu à Paris, Alfred de Musset qui jouait déjà au byronisme, Eugène Sue qui ne faisait pas de façon pour s'amuser, Balzac toujours dépaysé dans le monde. « A quoi pensez-vous, Monsieur de Balzac ? — Madame la comtesse, je pense qu'une femme élégante s'habille et qu'une merveilleuse se pare. — Monsieur de Balzac, il n'y a ici que des merveilleuses et vous êtes un merveilleux par vos contes adorables. — Ah ! Madame, mon style est à peine habillé. — Allons donc ! vous le parez par des phrases, comme nous nous parons par des diamans et des bouquets. » Un curieux écoutait aux portes, c'était un disciple de Brummell, sir Cradocket, la fleur du dandysme et l'élite de la fashionability.

IV

Le théâtre du monde

Les anciens salons se fermèrent tout d'un coup faute de combattans. Que pouvaient faire Mme de Montcalm, la marquise de Castries, la duchesse de Guiche, Mme de Broglie, la princesse de Bagration, devant ce tohu-bohu de 1830 qui mit l'arme au bras à toutes les opinions? C'en était fait de toutes les rêveries poétiques de Lamartine ; les imaginations ne pouvaient plus s'embarquer amoureusement sur son lac ; les plus jolies apparitions replièrent leurs ailes ; on attendit les promesses du monde nouveau. Par malheur, le monde nouveau qui prit le pas sur le monde ancien jeta dans les salons beaucoup de femmes qui n'avaient pas été élevées pour tenir l'éventail. Ce fut pendant quelque tems le règne des parvenues. Heureusement si les hommes restent toujours ce qu'ils sont, les femmes se façonnent bien vite aux belles manières. Dès 1832, à l'Opéra, à la comédie, chez les ministres, à la cour, on ne reconnaissait déjà plus les femmes de 1830, celles du moins qui étaient jeunes, car on ne se désembourgeoise pas quand on a dépassé la deuxième jeunesse.

Si Lamartine a fait les femmes sous Charles X, on peut dire que Balzac a fait les femmes après 1830. La poésie tombait dans le roman, mais du moins Balzac avait encore le cachet poétique. George Sand tout en surenchérissant sur la femme sentimentale lui donna un caractère plus altier. La femme domina bientôt par la force de ses passions. Qu'est-ce que la politique du gouvernement de Juillet en regard des aventures amoureuses? Jusque-là les bourgeoises s'étaient tenues coites: elles s'émancipèrent comme les grandes dames; d'ailleurs n'entraient-elles pas tous les jours dans l'aristocratie par les portes du mariage? Elles savaient les forces de l'argent, elles en abusèrent, on vit alors renaître les beaux jours du *Chevalier à la mode.* Eugène Sue prouva à son tour que si le théâtre est l'école des mœurs, les romans sont l'école du monde. Je m'étonne qu'on n'ait pas encore mis cette question à l'Académie des sciences morales et politiques: « Sont-ce les romans qui font les mœurs ou les mœurs qui font les romans? » C'est à la première question qu'il faut répondre oui.

N'est-ce pas dans les romans qu'on voit d'abord passer comme pour servir d'exemple ces héroïnes qui vont à la chasse, qui font des armes, qui jouent à la Bourse, intrépides cavalières et intrépides nageuses; elles vous allument votre cigare; elles ne vous permettent de fumer que parce qu'elles fument elles-mêmes; Il faut les voir se moquant des femmes comme on les comprenait autrefois: la femme servante, la femme esclave, la femme ombre. Ce beau tems est passé; hier elles régnaient dans la maison, aujourd'hui elles règnent et gouvernent. Nous sommes loin du siècle où le duc de Wurtemberg disait à sa femme qui osait lui parler des choses de l'État: « Madame, nous vous avons prise pour avoir des enfans, mais non pour nous donner des conseils. » Mme Roland, Mme de Staël, Mme Tallien, Mme Récamier, Mme de Girardin ont changé tout cela.

Quand le faubourg Saint-Germain ferma ses salons pour émigrer, non pas cette fois à Coblentz, mais dans ses châteaux, on se précipita dans les salons littéraires, chez la duchesse d'Abrantès, chez Charles Nodier, chez Mme Sophie Gay, chez Mme O'Reilly. On y rencontra tout ce qui pensait à Paris : Ballanche et sa palingénésie, Fiévée et sa *Dot de Suzette*, Alfred de Musset et ses *Contes d'Espagne*, M. de Rothschild et ses millions, M. Cavé qui n'oubliait jamais en chemin M. Dittmer, Théodore Leclercq et ses *Proverbes*, le bibliophile Jacob et ses cent ans, M. Chevreul et sa *Théorie des couleurs*, David le statuaire et ses médaillons, Lablache et Malibran, Hugo et Sainte-Beuve, Delacroix et Pradier. En un mot tout le monde. J'oubliais le duc Decazes et le duc de Choiseul qui ne croyaient plus au faubourg Saint-Germain.

Mais d'où venait cette obstination du tablier ? Il y a des hommes qui s'y trompaient et qui disaient à une duchesse dans le feu de la conversation : « Mademoiselle, allez donc me chercher un verre d'eau. »

Charles Nodier qui marchait avec son tems, quoiqu'il fût un homme du passé, s'était déclaré le protecteur de la confédération romantique, — ce qui répandit un air de jeunesse dans son salon de l'Arsenal. Il est vrai que sa fille, une jeune muse, était là l'Égérie de la Rome nouvelle, où Soumet — un Chateaubriand de province — jouait à l'Oracle. Il annonçait les dieux du lendemain, tout en se croyant le Jupiter de cet Olympe. Mais ce n'était que le Jupiter de Bitaubé. C'était là que l'incomparable Virginie Ancelot servait le thé en distribuant une tranche de galette et une parcelle de gloire. On était d'ailleurs hugolâtre à l'Arsenal, quoique Mérimée y vînt railler le dieu, escorté d'Alfred de Musset, un révolté du lendemain*.

Mme Récamier inquiète rouvrit bientôt son salon. Elle retrouva son monde, avec Chateaubriand, obstiné royaliste dès qu'il n'y avait plus de roi. Les héraldiques vinrent là en charmant déshabillé du jour, robes à rayures, peu ou point décolletées, jolis chapeaux relevés d'un côté, nœuds en rosettes, aigrettes de rubans découpés, plumes au vent ou plumes recourbées, brides flottantes. Toutes les femmes étaient jolies sous ces chapeaux romantiques ; on les disait coiffées d'une vague ou d'un nuage.

Mme Geoffrin était une bonne femme qui avait de l'esprit par occasion. Mme Récamier charmait son monde par toutes les coquetteries de la grâce. Pour garder sa royauté, elle était comédienne sans le savoir. Ce n'était plus là le salon de la bourgeoise de qualité qui a réuni chez elle toute l'*Encyclopédie ;* c'était le salon d'une reine de la mode qui sous le Directoire trônait dans sa majesté, entourée de toutes les merveilleuses et toutes les incroyables. Ah ! le beau tems où elle dansait la gavotte, quoique alors elle eût pour amis Kotzebue et Mme de Staël, Chateaubriand et Mme Tallien. Son salon était plutôt alors l'académie de l'amour et de la mode que l'académie de l'esprit français.

* On se passionne en France pour rien. Tout le monde voulait être du Salon de l'Arsenal. On s'y ennuyait comme à la Sorbonne. On croyait y rencontrer Hugo, Alfred de Vigny. Dumas, Balzac : ils ne s'y trouvaient qu'en peinture. C'était l'église du romantisme, mais le grand prêtre jouait aux cartes, pour ne pas chanter les oraisons avec les fidèles. Depuis longtems Charles Nodier était revenu de toutes ces antiennes qui se psalmodiaient sur le *Lac* de Lamartine et sur le hamac de *Sarah la Baigneuse*.

Ce ne fut que dans l'exil à l'Abbaye-aux-Bois qu'elle ouvrit une succursale de l'Académie française. Là, sur les genoux de Chateaubriand , Victor Hugo reçut le baptême fameux d'*Enfant sublime*. Là aussi Litz et Mlle Rachel se révélèrent au monde qui fait l'opinion.

Mais le vrai règne de Mme Récamier fut sous le Directoire et sous le Consulat : un peu moins d'académie et un peu plus de gavotte, alors qu'elle élevait son diadème en face de Mme Tallien, de Pauline Bonaparte, d'Hortense de Beauharnais. Pour moi, j'aime mieux la saluer à ce point suprême de sa beauté quand ses courtisans — et c'étaient de fiers courtisans — se mettaient à genoux devant elle pour la supplier de danser la gavotte. Elle la dansait comme l'eût dansée la Guimard elle-même ; tous les courtisans formaient la haie, tous les amoureux la brûlaient du regard et du sourire. Comme ses jolis doigts voltigeaient sur ce tambour de basque, comme ses pieds légers baisaient doucement la mosaïque ! C'était une féerie. Et tour à tour ses beaux cheveux se dénouaient comme par miracle et l'inondaient dans leurs cascades impétueuses. Elle s'enfuyait dans sa chambre suivie de toute sa cour qui jouait l'inquiétude; elle jouait les vapeurs, elle tombait inanimée mais plus belle que jamais, dans un désordre étudié, sur son lit de repos éclairé par des bougies roses dans une atmosphère de lilas et de verveines.

Elle voulait oublier la saison où vingt mille admirateurs la saluaient à Longchamp dans une calèche dorée, quand elle se montrait vêtue dans le goût d'Aspasie, presque en peplum avec des sandales qui montraient son pied sur une peau de tigre, les cheveux retombant en boucles sur un cou neigeux que mordait doucement le pâle soleil de mars, le bras demi nu, mais enchaîné par les camées. Elle se laissait aimer au passage par tous les incroyables et tous les muscadins comme une idole des temples anciens.

La révolution de 1830 fut une révolution dans les mœurs bien plus que dans la politique, presque autant que dans la littérature. C'est que les mœurs obéissent à la littérature. La première révolution, en voulant tout confondre, n'avait réussi qu'à mieux séparer les races et les hiérarchies. Ce n'était pas la fusion, c'était la guerre. L'aristocratie s'exila et ne revint qu'avec son grand air. Napoléon, d'ailleurs, ne l'obligea pas à courber la tête. Naturellement la Restauration la consolida dans son orgueil. Si 1789 n'avait pas été suivi de 1793, nous aurions eu déjà la vraie révolution, c'est-à-dire la royauté de l'intelligence. Mais, quand le peuple ne voulut même pas du tiers parti, la cause de la raison fut perdue. La noblesse avait un ennemi bien plus fatal dans la bourgeoisie que dans le peuple, parce que la raison humaine ne marche jamais sans l'argent. Aussi, en 1830, quand la bourgeoisie prit la place, elle la garda ; l'aristocratie de race eût été bientôt étouffée, si elle n'eût puisé à pleines mains dans le coffre-fort de la bourgeoisie par ce qu'elle appelait les mésalliances ; elle enrichissait ainsi son sang comme sa terre; les princes, les ducs, les marquis et les comtes ne rougirent plus d'épouser les filles de parvenus dans la banque, vivre de mauvaises affaires. On allait jusqu'à épouser la faillite. On n'imagine pas les millions qui ont ainsi remonté à leur source. Cela s'était vu déjà au dix-huitième siècle, mais, alors, presque tous les grands seigneurs qui demandaient la main d'une bourgeoise étaient regardés comme des chenapans; on ne leur pardonnait pas cette forfaiture; tandis qu'après la révolution de 1830, le forfaiteur trouvait beaucoup d'amitiés héraldiques pour signer à son contrat de mariage. Aujourd'hui, il n'y a plus assez d'héritières riches dans le monde de la banqueroute pour messieurs les gentilshommes. Et il en sera ainsi, jusqu'au jour où la République rendra un décret en ces termes : « Quiconque travaille en France a le droit de porter un titre et de blasonner son carrosse. » Ce jour-là, on en aura fini avec le sang bleu.

Dès le premier hiver qui suivit la révolution de Juillet, on vit quelques bourgeoises ouvrir leurs salons, à l'heure même où toutes les douairières cadenassaient leur hôtel à Paris, pour se consoler dans les provinces avec M. le curé.

Certes, tout manquait encore dans ces salons nouveaux, non seulement le style qui fait le vrai luxe, mais aussi les hommes élégans et les femmes distinguées. Toutefois, on y vit poindre, comme une aurore, toute la nouvelle génération romantique, l'homme fatal et la femme poitrinaire. Il faut aujourd'hui étudier ce monde-là dans les premières œuvres de Gavarni, qui sont bien plutôt des tableaux de genre que des gravures de mode, Gavarni étant trop artiste pour ne pas peindre l'humanité sous l'habillement. Oui, l'homme est là, vaste front, cheveux rebelles, yeux terribles, sourire amer, avec la désinvolture italienne. Oui, la femme est là, dans sa blancheur de marbre, brûlée par la flamme intérieure, sous le reflet de la mort qui passe.

Cet homme et cette femme ont leur beauté, la beauté de l'intelligence et de la passion. Ah! que ce tems-là est loin de notre monde de grandes et de petites cocottes. Les amoureux ne remettaient pas, comme aujourd'hui, leur trahison à fin courant. Les amoureuses ne passaient pas leur vie dans leur cabinet de toilette. On s'écrivait des lettres à perte de vue. On se lisait à tour de voix les drames de Hugo et de Dumas, les romans de Balzac et de George Sand. — On mourait d'amour, — il n'y a pas d'autre mot.

En cette période de drames et de romans, combien de drames et de romans dans les salons sévères ou rieurs ! C'était la fièvre des chaînes. Rappelez-vous la comédie de Scribe. On divorçait pour un mariage de la main gauche à perte de vue.

Dans le livre de la vie, le bonheur ne tient qu'une page, car le bonheur ne se raconte pas ; c'est un rayon qui passe, une chanson chantée à deux pendant la tempête, un arc-en-ciel qui traverse l'orage. Le poëte a dit :

La rose vit une heure et le cyprès cent ans.

Il en est du livre de l'amour comme du livre de la vie. L'amour heureux ne tient qu'une page dans l'histoire. Il y a cinquante ans, on chantait encore la semaine des amours, aujourd'hui on ne s'aime plus qu'un jour, si ce n'est une heure. Est-ce une dégénérescence des mœurs ? Certes. Et pourtant, ne faut-il pas se réjouir de les voir brisées pour jamais, ces chaînes dorées de l'adultère, qui montraient bientôt la rouille du fer ?

C'étaient les forçats de l'amour. Voyez les comédies, voyez les romans ; regardez même dans le monde, où il y a encore tant d'exemples navrans. C'était la honte du mariage, c'était la honte de l'amour. Aujourd'hui il n'y a plus de chaînes, c'est l'heure et le moment de Crébillon. On marie deux corps et deux âmes sans publier les bans ; la lune de miel ne se lève qu'une nuit ; quand revient le soleil, on a tout oublié. Si la vertu n'y gagne rien, la morale y gagne quelque chose, puisqu'on n'a pas le tems de s'afficher. C'est toujours cela, en attendant les grands jours de la vertu, comme disait la marquise de Contades, cette belle au canapé dormant.

Mais tout ceci ne dura qu'un moment : la prose chassa la poésie ; à trente-cinq ans, la femme de trente ans abdiqua avec désespoir et se fit femme d'affaires. L'amoureux fatal acheta une charge d'agent de change. La raillerie succéda à l'enthousiasme. L'amour, qui avait été une chaîne, devint un impromptu et un quiproquo ; les plus belles passions, n'eurent plus qu'une heure : bonjour, bonsoir.

Ce fut alors que le flux de la sous-bourgeoisie balaya tout ce qui restait de la vieille France. On eut une autre invasion des barbares. L'argent sonna plus haut que jamais. Il y a aujourd'hui de bonnes gens qui s'imaginent qu'en ce tems-là, l'art et la poésie avaient encore des églises ouvertes, parce que beaucoup de chefs-d'œuvre datent de ce tems-là. Je répondrai par un seul mot. Les livres ni les tableaux ne se vendaient. Les peintres ne travaillaient que pour les poëtes et les poëtes ne travaillaient que pour les peintres. Les bourgeois trouvaient étrange que les princes d'Orléans fussent camarades avec des artistes et des gens de lettres quand ils ne trouvaient rien à leur dire aux fêtes des Tuileries. Un peu plus, le roi était forcé de rappeler ses fils à l'ordre, — l'ordre de la bourgeoisie.

V

Madame de Saint-Simon et Madame Pradier

Dans le Paris de ce tems-là tout avait sa physionomie. Les caractères étaient encore marqués par la plus vive empreinte. C'est qu'il y eut alors une autre renaissance toute peuplée d'originalités dans l'art, la poésie et la science. N'était-il pas étrange de voir Saint-Simon, — celui qui devint un dieu, ni plus ni moins, — épouser madame de Bawr, cette faiseuse de comédies qui le mit en scène avec plus d'éclat. Elle alluma la rampe devant son apothéose. Cela d'ailleurs coûta cent mille écus au duc de Saint-Simon. C'est que madame de Bawr, qui ne devint pas déesse, recevait la cour et la ville. C'était une fête pour tout le monde d'être de la fête. On dînait et on soupait, on dansait et on jouait la comédie. Le duc de Saint-Simon n'apparaissait que dans les grands jours. C'était un beau spectacle. Il appelait Charlemagne son ancêtre. Pourquoi pas ? Il était beau comme lui. Il y avait en lui de l'empereur et du dieu, tandis que dans le Saint-Simon de Louis XIV il n'y avait que du duc.

On sait que Saint-Simon voulait qu'on produisît beaucoup pour consommer beaucoup. Il s'aperçut que tous ceux que recevait si bien sa femme consommaient beaucoup mais ne produisaient rien. Il avait beau écouter après avoir posé des points d'interrogation, les hommes politiques moins encore que les gens de lettres et les artistes ne répondaient par une seule idée ; plus il y avait de monde chez lui, plus on dînait, plus on soupait et plus il prêchait dans le désert. Un beau soir, avec cent mille écus de moins, il renvoya sa femme à ses comédies et reprit sa solitude hautaine et méditative, disant: « Qu'importe ! les idées ne meurent pas. » Et il mourut.

Les gens qui courent les salons eurent quelque regret de ne plus aller chez Saint-Simon; ce fut alors qu'ils allèrent chez Pradier. Celui-là ne les ennuierait pas par ses théories. Il aimait et pratiquait le beau, c'était toute sa science. On oublia donc les festins de la rue Vivienne en festinant chez le sculpteur. Là aussi il y avait une femme. C'était aux beaux jours de madame Pradier, une statue de chair, la beauté épanouie, le charme voluptueux, l'esprit parisien.

Quoique madame Pradier ne fît pas de comédie comme madame de Bawr, elle aimait le bal masqué et la suite d'*Un bal masqué*. Il était plus difficile d'avoir droit de cité dans ses salons que d'aller à la cour. Il fallait pour cela être célèbre ou avoir plus d'esprit que les hommes célèbres. Elle était impitoyable pour les ennuyeux. Je l'ai vue à l'œuvre. Pradier qui n'y regardait pas de si près, lui amenait des kyrielles de poëtes, d'artistes et de mondains qui n'avaient ni gaieté ni charme, ni diable au corps. Aussitôt elle faisait le massacre parmi eux. Ils s'en allaient tous écloppés et n'y revenaient pas.

Mais c'était surtout pour les grandes fêtes qu'on choisissait bien son monde; comme disait Janin, qui une nuit y avait pris le costume de Pierrot avant son histoire de Debureau : « Ici tout le monde est prince du sang. » Il parlait ainsi à Dumas, prince des conteurs, et à Pradier, prince du marbre. Et combien d'autres princes! Et combien de princesses! Madame Pradier avait mis sur ses cartes d'invitation : « La beauté est de rigueur. » Pradier jeta en une nuit dix mille francs par la fenêtre. Ce n'était pas trop, car la fête fut royale. Je ne me sentis jamais si triste que le lendemain quand il fallut continuer à vivre terre à terre, après ces envolemens et ces ivresses. Je retrouve à ce propos un joli billet d'Édouard L'Hôte, poëte mondain ami de Pradier qui a toujours gardé un vif souvenir de ces fêtes-là. « Te souviens-tu? Le sculpteur se mettait en quatre pour amuser tout le monde comme il s'amusait lui-même. Il était raffiné pour le buffet. Et quel orchestre! Soutenu par huit voix humaines, contralti, ténors et soprani, qu'accompagnaient autant d'instrumentistes, parmi lesquels figurait comme flûteur l'auteur de *Phryné* lui-même, en costume antique, Mélibée ou Tircis, l'orchestre produisait un effet fabuleux. L'Olympe ressuscitait tout entier, avec son cortège de demi-déesses et de demi-dieux, sous l'influence de cet adorable paganisme. » A l'une de ces fêtes, madame Pradier apparut en *Vénus genitrix*, telle on la voit figurer au Musée des antiques. Elle était vêtue de la tunique appelée *synthèse*, brodée de méandres et craspedons, fixée à mi-corps par une agrafe de diamans, les plis tombant jusqu'à terre, mais d'un tissu léger si diaphane, qu'il permettait au critique d'art ses appréciations esthétiques.

VI

L'ambassadrice aux cheveux d'or

La comtesse Le H— vint à Paris, belle comme Hérodiade. Elle apportait sur un plat d'argent un royaume voisin au duc de Nemours. Le duc de Nemours refusa, mais le duc d'Orléans qui prenait déjà la parole dans les conseils privés, dit à la belle ambassadrice : « Que nous importe ce royaume si vous nous restez à Paris ! » La comtesse Le H— resta, pour le bon plaisir du duc d'Orléans. Elle enchaîna dans ses cheveux blonds tout rayonnans les dieux et les hommes du jour. Elle fut l'étoile; aussi tout le monde levait les yeux sur elle, en ces jours troublés où le faubourg Saint-Germain avait fermé sa porte, où les femmes des gardes nationaux affluaient à la cour, où la belle vie était submergée par la vie encanaillée, que dis-je, embourgeoisée, ce qui est bien pis, car la bourgeoisie omnipotente n'avait ni caractère, ni esprit, ni imprévu. On aime mieux en France les descentes de la Courtille que les promenades du bœuf gras.

L'ambassadrice aux cheveux d'or fut donc une fleur rare sur le bourbier populaire. On commençait en 1832 à rouvrir sa fenêtre sur les poésies de la femme : la beauté, le luxe, le romanesque. Madame Le H— donna l'air nouveau de la chanson nouvelle : Le duc d'Orléans chanta. Il était tems, car un peu plus la France n'était plus la France. Ce sont toujours les femmes qui sauvent les nations. Ce qui nous manque aujourd'hui, c'est une femme.

Les vraies reines de France sont les femmes qui règnent par droit de conquête et non par droit de naissance. Il n'a fallu à madame Le H— qu'un regard et un sourire pour enchaîner le tout-Paris de 1832. Mais ce regard et ce sourire étaient la magie d'une adorable figure selon l'idéal de ce tems-là, quand Dubuffe annonçait Winterhalter. Aussi Dubuffe a-t-il peint la comtesse dans tout son éblouissement. Vous qui n'avez pas vu le portrait, vous le devinez. Elle est svelte et se cambre avec une grâce provocante. Elle a tordu ses cheveux blonds sur sa tête tout en éparpillant quelques touffes légères sur les épaules, comme la folle avoine s'échappant de la gerbe. Les yeux sont bleus et sourians, épanouis comme des fleurs par une pensée amoureuse. Toute la figure est d'une ligne voluptueuse et féline. Trois fossettes, creusées dans le marbre rose des joues et du menton, par M. de Cupidon lui-même. Le nez bat des ailes, parce que la passion bat le rappel. La robe montre tout juste ce qu'il faut voir du sein pour attarder les yeux. Ce qui manque à ce portrait, c'est une fleur de vie que le peintre n'a pas pu trouver au bout de son pinceau, c'est un rayon de soleil que Dubuffe n'a pas pu saisir sur sa palette. Les cheveux de la comtesse Le H— étaient d'un or pâle, mais c'était de l'or : on ne dira pas que l'artiste n'y a vu que du feu, il n'y a vu que du chanvre.

Elle arrivait à Paris avec les promesses de la Vieille-Montagne, une vraie montagne du Pérou.

C'était au tems où les millions jetaient de la poudre aux yeux. La comtesse ouvrit ses mains prodigues.

Étaient-ce de belles mains? Ses pieds disaient que non, quoique ce ne fût pas Berthe aux grands pieds. Elle eut l'art de faire un salon, ce grand art qui ne consiste pas à ouvrir la porte, mais à la fermer. Le duc d'Orléans, qui avait des principes de cour, lui donna des leçons de haut savoir-vivre. A cette royauté il fallut bientôt un palais. Elle posa la première pierre en pleins Champs-Élysées. Ce palais est encore debout. Il a fait le désespoir de toutes les femmes du tems de Louis-Philippe. Il a fait le désespoir de tous les hommes qui n'y obtenaient pas droit de cité. J'avoue que ma première invitation chez la comtesse Le H— me fit autant de plaisir que ma stalle d'orchestre le soir de la première représentation de *Lucrèce Borgia*. La comtesse était une grande metteuse en scène, avec l'amour du faste et du théâtre. Tout salon parisien est un théâtre. Seulement il faut avoir ses acteurs et connaître son public; ne pas allumer les chandelles ni trop tôt ni trop tard; frapper les trois coups quand c'est l'heure; ne pas donner trop souvent la même comédie; finir la représentation quand on s'amuse encore.

Le salon de la comtesse Le H— fut un peu trop politique. Le comte Duchâtel, le général Jacqueminot, le comte Montalivet, Armand Bertin, le comte Molé, M. Liadières, poëte tragi-comique, faisaient ombre à messieurs du Jockey-Club, aux artistes et aux gens de lettres. Heureusement que Morny et Walewski étaient dans le coin des femmes, du côté de mesdames Duchâtel et Liadières, qui ne faisaient pas de politique ni de tragédies. D'ailleurs le dîner et le souper ne passaient pas par les éplucheurs de budget.

Quand le duc d'Orléans fut marié, la comtesse Le H—

fit un oratoire pour son portrait, mais elle se tourna alors, si elle ne s'était tournée déjà, vers un portrait vivant, un ami du duc d'Orléans, qui semblait né pour s'amuser et amuser les femmes, mais qui, un jour, joua crânement les premiers rôles : J'ai nommé Morny. Orléaniste de la plus belle eau, il devait fatalement passer d'une cour dans l'autre. Et voilà pourquoi la comtesse Le H— devint impérialiste.

Ce fut chez elle un autre monde, mais ce fut toujours le même salon, un dessus de panier de toutes les aristocraties, jusqu'au jour où elle mit dans son oratoire le portrait du duc de Morny en regard du portrait du duc d'Orléans, des portraits de famille pour ses descendans. Alors ce beau mot d'un mari philosophe retentit dans le Paris qui s'amuse de tout : « Ce n'est pas amusant d'être père de famille et de n'avoir pas d'enfans. »

Mot de comédie bouffonne ou mot de drame aigu et suraigu. Mais ce mari se trompait sans doute en se croyant trompé : Molière n'a-t-il pas fait le cocu imaginaire pour se prouver qu'il n'était pas cocu ?

Cependant rien ne dure ici-bas ; la belle comtesse vit tout tomber, les adorations comme les amitiés ; sa beauté comme la fortune. Je l'ai rencontrée un matin au Café Anglais qui déjeunait cordialement avec le comte Le H— ; c'était à l'heure des déchéances. Un ministre qui fut presque un vice-empereur s'était mis à la nage pour sauver le navire dans la tempête. On jeta les marchandises à la mer, on vendit l'hôtel des Champs-Élysées, on se réfugia au château de C—. La ci-devant déesse gardait encore le charme de son sourire, le comte était plus philosophe que jamais. Je le félicitai d'avoir toujours tenu tête à l'orage, je promis à la comtesse d'aller saluer le soleil couchant au château de C — avec son fils Léopold dont j'étais toujours l'ami, depuis que je lui avais donné ses entrées au Théâtre-Français. « Je connais ces promesses-là, me dit madame Le H—, ce ne sont que des cartes de visite, on ne vient jamais. Mais je suis très heureuse dans ma solitude, car ce n'est qu'à *** que je me suis trouvée en face d'une femme que j'aime et que je ne connaissais pas. — Oui, lui dis-je en riant, cette femme charmante, c'est vous.— Oui, c'est moi. Je n'avais jamais eu le tems, je ne dirai pas de regarder ma figure que je connais bien, mais de descendre en moi-même.

M. Le H— mourut quelques jours après, toujours en philosophe.

La comtesse Le H— mourut en chrétienne. Il lui avait fallu vendre ce château où elle s'était retrouvée ; elle était revenue à Paris, dans l'amour des siens, battant le rappel des amitiés perdues, quand Dieu la frappa dans son fils qui mourut en pleine vie : La mère mourut de la mort de son fils.

J'étais à ses funérailles avec le maréchal Canrobert, Alexandre Dumas, le général Fleury, le baron de Beyens. Il y avait là encore beaucoup de figures d'un tems qui n'est plus. On l'avait ensevelie dans les violettes ; c'était la saison, c'était aussi la politique. Le soleil, à travers les nues, vint jeter un rayon sur ce cercueil qui renfermait tant de lumière évanouie.

La princesse P—ka est une rayonnante comme sa mère et continue la dynastie dorée.

VII

Un bal en culottes courtes

On fut quelque tems à la Cour sans pouvoir faire une Cour. Le duc de Chartres qui avait conduit le cotillon avec la duchesse de Berry dans les Tuileries de Charles X, comme dans le Palais-Royal du duc d'Orléans, était d'assez bonne maison pour former une nouvelle société aristocratique sur les défaillances et les révoltes de l'ancienne, mais on avait peur d'irriter les bourgeoises, qui disaient en se prélassant : « C'est nous que nous sommes les femmes de Cour. » Aux bals du roi citoyen on ne dansait pas la carmagnole, mais c'était la garde nationale qui prenait le pas. Peu à peu pourtant les « fashionables » osèrent se montrer en habit bleu orné de broderies au collet et aux paremens, ce qui n'était pas d'ordonnance, mais le prince royal l'avait ordonné ainsi. On se hasarda avec le pantalon de casimir blanc à bandes d'or. Le duc de Chartres osa revenir aux beaux principes quand il donna lui-même des bals. On était fort mal venu si on se présentait chez lui en pantalon et en bottes ; il fallait s'y illustrer par la culotte courte et le soulier à boucles ; M. Dupin seul y venait en souliers ferrés pour continuer son rôle de paysan du Danube.

Le duc de Nemours, tout à la tradition royale, donna lui aussi et avec plus d'apparat un bal en culottes courtes dans l'appartement de la duchesse de Berry, non pas son arrière-grand'tante qui fut la beauté et la joie de la Régence, mais de la duchesse de Berry, mère de Henri V. Toutefois, le bal avait un air régence par les robes à la Parabère : satin bleu et rose tout enguirlandé de fleurs. « Mme d'Apponye elle-même a été ravie ; mais la reine de la fête, ce fut Mme Le H—. « Il ne lui manque que d'être marquise, » a dit Mme de Castellane. « Eh bien, on la fera marquise de Parabère, » a dit Mme de Flahaut. M. Dupin a murmuré à l'oreille du duc de Chartres. « C'est déjà fait, n'est-ce pas, prince ? »

M. Dupin continuait son franc parler de bourru spirituel. Le roi disait de lui : « C'est un homme précieux parmi les courtisans ; il me dit à moi-même des méchancetés. » C'était le grain de sel qui relève tout. A un des bals des Tuileries, le roi tout effaré par les Miss et les Miladys qui avaient l'air d'être là comme sur le pont d'un vaisseau, disait : « Décidément il y a ici trop de femmes qui ont passé la Manche. — Ah ! sire, on passe plus facilement la Manche que la Seine pour venir aux Tuileries. » Le roi sourit : « Oh ! oh ! on finira par passer la Seine. » En attendant, on ne voyait guère à ce bal que la princesse Bagration et la duchesse de la Trémoïlle qui eussent passé l'eau. Il faut dire qu'il y avait beaucoup de femmes charmantes sur la rive droite. Elles étaient peut-être un peu moins héraldiques, mais qu'est-ce que la noblesse, sinon la figure ? Le roi pensa à donner un bal où les belles femmes seules seraient invitées : « Le faubourg Saint-Germain ne ferait plus de façons. La belle et la bête accourraient du fond de leur château gothique. »

Les Français étaient toujours le peuple le plus spirituel du monde, depuis le roi jusqu'au chiffonnier. On faisait beaucoup de mots ; chaque semaine révélait un lion de l'esprit. Plus d'une fois le lion fut le roi. En arrivant à la fête du duc de Nemours, il a dit avec son sourire railleur : « Mon fils, excusez-moi de me présenter chez vous en pantalon, mais je suis sans-culotte.

VIII

Le salon de Madame de Lamartine

Madame de Lamartine avait un salon. — Un thé froid. — Il fallait s'y nourrir de ses aquarelles et des stances du poëte. Ainsi c'était chez lui que Lamartine jetait ce cri légendaire : *la France s'ennuie.*

On disait de Saint-Just qu'il portait sa tête comme un Saint-Sacrement ; Lamartine portait la sienne comme un tabernacle. Eh bien ! oui, le tabernacle des grandes pensées et des beaux sentimens. Ce qui ne l'empêchait pas de crier à tout propos : Mille tonnerres de nom de Dieu ! Cet homme qui parlait comme Moïse et comme 'laton jurait quelquefois comme un chiffonnier.

On a dit qu'en entrant chez Lamartine, on croyait marcher sur des nuages. C'est qu'on ne se sentait pas chez un simple mortel. S'il y avait de l'Olympe chez Victor Hugo, il y avait du septième ciel chez Lamartine. On entrait chez lui dans la symphonie des *Méditations* et des *Recueillemens*, on avait toujours peur de faire la *Chute d'un ange*. Et pourtant rien n'était moins poétique que son appartement de la rue de l'Université, rien n'était moins poétique que Mme Lamartine, joli keepsake qu'on ne lit pas ; rien n'était moins poétique que Lamartine chez lui, jouant l'homme politique et parlant de ses vers comme de futilités féminines. Chez lui, il n'habillait pas mieux sa pensée que son corps ; avec horreur de l'argent il n'était préoccupé que de la question d'argent. Je ne parle pas ici de ses grandes heures où les beaux vers lui tombaient des lèvres. Quand il y avait en lui du dieu et de l'apôtre, il était sublime ; mais l'homme retombé n'était plus un grand homme. Le premier venu, quelque peu doué d'esprit et de raison, le battait dans la causerie, à moins qu'il ne fût pris d'une inspiration soudaine ; mais alors c'était le dieu qui reparaissait.

Par malheur, il n'y a pas plus de portrait que de statue du dieu Lamartine. C'est qu'il ne s'est pas trouvé un grand artiste pour saisir l'heure et le moment. Son portrait par Decaisne manquait de tout ; il était d'ailleurs en harmonie avec l'ameublement de cet intérieur notarial : partout du pur acajou, dans la forme la plus discordante. « N'est-ce pas, disait-il, que ma chambre est la cellule d'un cénobite ? » Je me demandais comment il pouvait cueillir une pensée et trouver un vers sur ce prosaïque bureau à casiers ! Mais il avait d'autres inspirateurs, tout un bataillon de chiens et toute une tribu d'oiseaux. Il me fit un jour l'honneur de me présenter à sa perruche, une babillarde sempiternelle, qui n'avait jamais fini de lui conter ses aspirations.

Le salon du grand poëte eût été littéraire, s'il n'eût été politique, mais la poésie et l'art s'enfuyaient tout effarouchés devant ces hommes qui s'imaginaient qu'on fait une nation à son image quand on n'a pas d'image. M. de Lamartine, tout grand qu'il fût, coupait ses ailes de poëte pour les mettre dans la poche de M. Odilon Barrot, de M. Anselme Petetin, de M. Victor Considérant. Si David d'Angers venait chez lui, c'était comme homme politique.

Les samedis politiques finirent par l'ennuyer lui-même. Mme de Lamartine invita quelques femmes et quelques artistes à venir le dimanche, mais ce fut encore la politique qui prit le pas. La société française ne voulait pas qu'on la sauvât, même chez Lamartine.

Et pourtant le grand poëte enviait la royauté de Mme Récamier qui avait sauvé la société parisienne dans son salon comme Noé sauva le monde dans son arche.

Le docteur Véron ne se croyait pas dans l'arche. Chez Lamartine comme chez le roi il se croyait du monde par son ventre doré ; à ce titre, il voulait aller de pair à compagnon avec les marquis de son tems ; par exemple, il jouait la familiarité avec le marquis de la Valette et le marquis de Montrond. Tant qu'il fut directeur de l'Opéra, on lui permit ses coudées franches, grâce au corps de ballet ; mais quand il fut redevenu simple docteur Véron, débitant de politique et de pâte de Regnault, les marquis le reprirent de haut.

Un soir, dans un salon de haut style, le docteur voyant entrer M. de Montrond fait un pas vers lui et lui dit tout haut d'un air dégagé pour jouer du talon rouge : « Eh bonjour, marquis, je viens de dire bonsoir à la Valette. »

Montrond voulait passer outre, mais le ventre doré était le mur de la Chine. Il se forma des spectateurs autour de cette petite scène. Montrond ne put s'empêcher de donner à Véron haut la main une leçon de savoir-vivre ou d'impertinence : « Pourquoi dites-vous simplement la Valette, monsieur Véron ? »

Le docteur, ne voulant pas perdre un pouce de terrain, reprit en balbutiant : « Je dis la Valette comme vous dites vous-même la Valette... — Permettez, Monsieur Véron, c'est tout différent. »

Le docteur se tourna du côté des femmes : « Pourquoi donc ? demanda-t-il en se renversant. — Parce que M. le marquis de la Valette et moi, nous avons gardé les cochons ensemble. »

FIN DU TOME Ier.

AUTOGRAPHES

DU PREMIER VOLUME

Un physionomiste a dit : « Montre-moi deux lignes écrites par toi, je te dirai qui tu es. »

C'est pourquoi Dentu qui connaissait bien le trésor d'autographes de l'historien du 41e FAUTEUIL DE L'ACADÉMIE *a choisi lui-même un peu au hasard, en 1884, pour les faire autographier, ces lettres adressées à Arsène Houssaye. Grâce à ces autographes, puisque l'écriture est une seconde physionomie, on apprendra à connaître les personnages qui passent et repassent dans ces* CONFESSIONS.

Je viens de lire vos poésies,

Il m'a semblé que je respirais la bonne odeur de la terre fertile après les douces ondées

Fragrant the fertile Earth after soft showers

comme a dit un grand Poëte Anglais

vous dire tout ce qui me charme dans vos poésies me serait impossible ici, mais vous verrez à des marques nombreuses combien de fois je me suis arrêté en errant dans vos bois. Je retournerai souvent m'asseoir dans les mêmes sentiers.

Alfred de Vigny

[illegible]

A. Lamartine

[illegible] traitez comme des Nègres, ô Homme blanc et [illegible] [illegible] et moi aussi — De tout mon cœur et allez à la gloire! [illegible]

Charles

5 Avril.

je suis à peu près guéri. à vous faire un printems. Comme vieux les aimer. C. Corot

Cher ami

tu te plains et tu m'accuses de perdre mon temps : — nullement ... je ne connais pas d'autre moyen de l'employer. —

quand à la paresse occupée dans laquelle tu te complais, nous sommes parfaitement d'accord sur ce point. — caresser des idées, concevoir de belles œuvres qu'on exécutera rarement, ou jamais, voyager dans les étoiles .... c'est le plaisir des Dieux ; j'en conviens, mais celui là je le

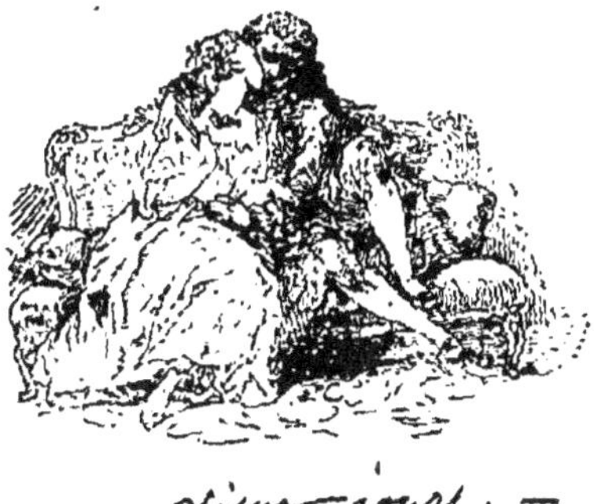

réserve pour mes vieux jours. —

à bientot et à toi de cœur

Camille Rogier

Mon cher Noël,

ma mère et moi avons été bien sensibles à votre aimable souvenir, et à la nouvelle de votre bonheur qui n'est pas encore entré dans sa plénitude, nous le croyons bien.. faites nos meilleurs compliments à votre charmante femme, à Versailles, au moment où vous partirez, à vos d'obtenir un sourire de votre gracieux enfant : cela porte bonheur. C'est affaire à vous, chers heureux, de prolonger ainsi l'automne aux cheveux et de la fleurir. Il y a une jolie et une bien belle lettre du poète anglais Southey à un ami sur l'automne. Cet ami était incrédule et peu religieux. L'automne pour vous, lui dit Southey, c'est la mort des choses, une mort sans réveil et sans renouvellement. Pour moi c'est qu'un sommeil, j'attends

déjà au delà des Faubourgs. Moi, je le suis
peu comme l'immortalité; l'automne pour
moi c'est une grande fin sans lendemain;
aussi je l'évite le plus que je puis, je ne m'y
risque plus; si j'en sortais un [illegible] aux champs,
je n'en sortirais plus. Mais vous, vous
gardez vos espérances, votre avenir, vous
y mettez déjà — continuez ces doux thèmes
d'amour et de jeunesse, et vous, cher poète, chantez-nous
— le encore quelquefois en gracieuse idylle
(comme l'autre jour) sur la flûte d'ivoire
retrouvée.

À vous de tout cœur, et mille
hommages respectueux aux pieds
de Madame Mallarmé,

[illegible]

Vous avez bien voulu m'envoyer, Monsieur, un livre charmant. Rien [illegible] aux quarante fauteuils; vous les complétez par [illegible] qui malgré tous les grands hommes qui vous ont manqué, [illegible] parler de ces choses. Assurément ce fauteuil que vous [illegible] lot. Il est impossible de parler des [illegible] et des sentiments littéraires de notre pays, d'une façon plus [illegible], plus [illegible], plus [illegible], plus original, plus [illegible]. Vous me [illegible] de ce [illegible] que [illegible] trop tard pour [illegible]. Je n'ai pas manqué : je ne me [illegible] par de cette occasion [illegible] de vous féliciter et de vous répondre d'une place qui aurait [illegible] donné quelque prix à mes paroles. Recevez-en, Monsieur, l'expression d'un sentiment très vrai et souffrez que j'y joigne les anciennes assurances de ma considération la plus distinguée.

[illegible]

Mon cher président,

J'ai reçu l'invitation pour assister au banquet annuel, et le désir de me retrouver avec vous, et de voir par mes yeux qu'il ne reste plus de traces de votre accident, me portait beaucoup à y aller; je me sentais d'ailleurs rajeuni par votre élection. Mais je me suis rappelé à temps que je ne suis plus de ce monde, et qu'excepté vous, et deux ou trois autres jeunes gens, personne ne se souviendrait de moi. Je me borne donc à vous envoyer de loin une cordiale poignée de main. [illegible] à vous

Jules Simon

J'espère [illegible] dans vos projets [illegible] quelque chose [illegible], mais [illegible]

Je [illegible] accidents [illegible], mais [illegible] Houssaye [illegible] talent [illegible]

[illegible] Lamartine

Recevez, mon cher Monsieur Houssaye, ce petit tableau que je possède depuis longtemps comme un souvenir de mon ancienne amitié.

[illegible]

Lord Lyons présente ses compliments à Monsieur Arsène Houssaye

Je me fais envoyer un exemplaire de votre volume en papier ordinaire, ne voulant pas exposer le grand papier aux risques du voyage.

Je suis très fier de mon aïeul, le Régent, malgré les taches de sa vie. Il était bon, libéral, patriote et brillant homme de guerre. Le soldat blessé à Steinkerque en chargeant à la tête de son régiment d'infanterie, le Général qui, blessé encore et porté en litière, conduisit la retraite de Turin et sauva l'armée battue parce qu'on lui avait ôté le commandement, qui prit Lérida et dirigea la campagne de Catalogne, mérite d'avoir dans notre histoire militaire une place qui ne lui a pas encore été donnée.

Recevez, Monsieur, l'assurance de mes sentiments.

H. d'Orléans

Mon pauvre cher [illegible] :

Comme je n'étais pas là quand vous êtes venu

Vous auriez été bien content

toutefois de me voir sorti. Aujourd'hui je vais plus loin, demain sans doute, j'irai voir [illegible] lui ce qu'il faut. Il n'y a pas besoin de le remercier — je suis fol — je lui porterai bonheur et je lui apprendrai à faire des [illegible] voilà tout — mais c'est si ennuyeux qu'il n'en aura pas la patience il aimera mieux recevoir tout fait du bon Dieu — à propos il y en a eu quelque part — dans un concours — il y en a même peut-être plusieurs — J'en ai un peu mais vous allez croire mon pauvre et bon ami que je suis encore malade — comme disaient les gens ! Janin a bien compris — pas tout — mais il sait ou saura tout.

Venez me voir ce soir si vous pouvez ou demain matin — c'est le [illegible] Gérard et qui s'est encore

[illegible] gloire sonnera ricanante (pour nous tous ! [illegible])

Mon cher Arsène, triple Cochon !!!
porte-bonheur

Je viens en suppliant pour te demander des faveurs (ni roses ni bleues) — j'ambitionne un poste d'ouvreuse de loges non pour moi manquant du sexe necessaire à cet emploi mais pour Louise — qu'est ce que Louise vas tu dire, c'est ma gouvernante Leporello en jupon, celle qui met m. Dimanche à la porte et laisse entrer Zerline une vraie soubrette de comedie — elle a de tres belles dents de beaux yeux se met tres bien et ferait un belle effet dans un couloir de la comedie française — son age est de trente ou trente deux ans comme me voila presque garçon, dinant presque toujours dehors je n'en ai pas besoin le soir et d'ailleurs je vais partir pour trois ou quatre mois car je la garderais même quand tu accederais à ma requete

s'il y a une vacance ou un renvoi ou
un changement quelconque pense a elle
et satisfais cette modeste ambition —
je te prierai aussi de reintegrer Mme
Bremond qu'on a renvoyé sous pretexte d'econ
omie elle touchoit je crois trente ou quarante fr
l'economie est mince . elle etait recommandée
par Augustine Brohan et moi — notre triple
influence est donc méconnue . c'est honteux
revois cette mesure que tu ignores sans doute
car ces infiniment petits ne doivent pas
arriver jusqu'a tes oreilles Olympiennes
et dictatoriales, je te serai reconnaissant
de ce que tu feras pour Mme Bremond
qui a beaucoup plus de talent qu'il n'en
faut pour son emploi et fera d'ailleurs
tout ce qu'on voudra

Tout a toi
de plume et de cœur

Théophile Gautier

Votre lettre m'a fait grand plaisir mon cher Monsieur, et me fait bien augurer de la résolution que vous prenez. Je suis convaincu que vous pouvez très bien faire, vous avez tout ce qu'il faut pour réussir. Osez donc et disposez de moi

a vous

Berlioz

Cher ami,

Merci de ta bonne volonté pour notre Exposition Versaillaise, merci surtout de la lettre affectueuse qui l'accompagne

En regardant ce que tu veux bien nous confier, j'ai revu le petit appartement de la rue du Bac où nous avons passé de si bons et de si doux moments. Je me convaincs qu'alors les soleils étaient plus grands, les femmes plus jolies et les hommes meilleurs qu'en nos jours. Les jeunes gens d'aujourd'hui prétendent le contraire. mais les jeunes gens sont si vieux?

Au revoir et mille amitiés

L. Clément de Ris

Mon beau Poète, êtes vous là ? Voulez vous venir dîner demain dimanche avec nous au Parc, Dîner de départ mon Grand ami nous quittera à 7 h. 1/2 pour prendre le train de Suisse — On dînera donc à <u>6 h 1/2 précises</u>

Je vous aime tout plein ! c'est pour moi une joie de vous voir

Oui La Charmeuse, oui, [illegible]; mais si vous saviez quelle [illegible] [illegible] — à [illegible] esprit, — [illegible] [illegible] vous le français ? Nous ne [illegible] que la [illegible] [illegible] [illegible] [illegible] vous avec [illegible] que [illegible] [illegible] [illegible] [illegible] [illegible] [illegible] [illegible] blanche [illegible] [illegible] elle pas donc [illegible] de bien faire [illegible]

La Charmeuse

Continuez donc si vous pouvez : C'est un [illegible] qui s'impose à votre cœur. Qui vous dit que ce n'est pas une [illegible] souffle de l'abîme qui nous sépare mais les [illegible] [illegible] devant les [illegible]

Puisqu'elle [illegible] des Plaisances, je vais la [illegible] de Parme

Vos petits propos blancs — dernière page du livre — retournez à elle et lui dites — par dans les [illegible] langues qui [illegible] — que je l'ai aimée à en mourir et que pour ne pas mourir il m'a fallu un peu de [illegible] de ces "Idylles" — mensonges, mensonges. Je n'aimerai plus une autre qui ne m'aime plus ! —

Je vous crois trop duc de Parme pour refuser quelque chose à une femme.

L. de [illegible] [illegible]

Deux hommes chez moi qui veulent parler, d'abord de vous, [illegible] [illegible] [illegible] [illegible] [illegible] [illegible] alors [illegible] [illegible], mais je ne vous oublie pas et j'ai regretté en ce temps [illegible] [illegible]

Marie de [illegible]

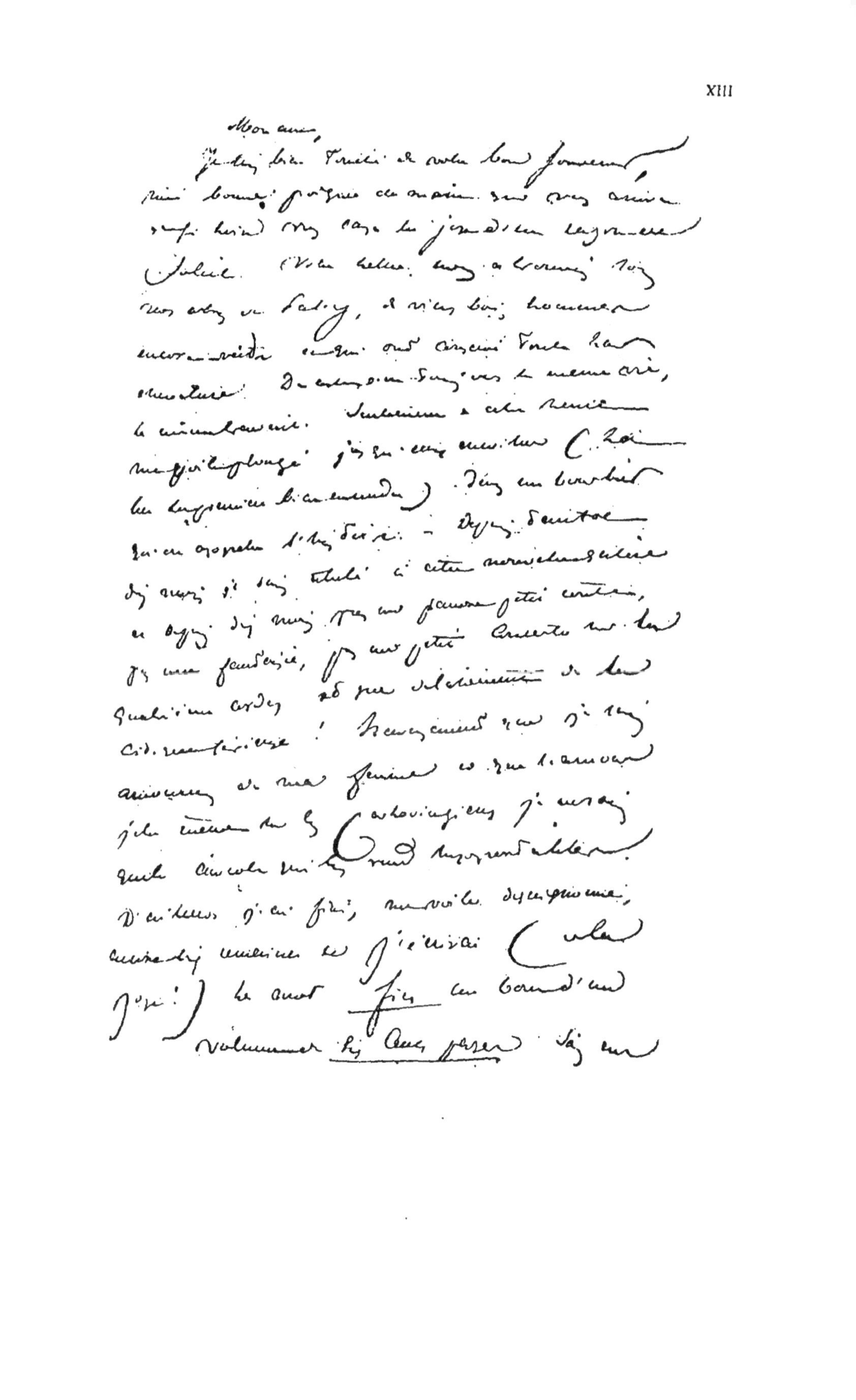

[illegible] blanc. Pas de Blanc ! le Blanc —
[illegible] et l'homme qui écrit ; le blanc [illegible]
toujours [illegible]. [illegible]
[illegible] que j'ai [illegible]
[illegible] fois j'ai [illegible] la romance

Petite blanche mon bon frère ..
Je viens ici en cachette
D'écouter [illegible] que vous.

[illegible] ce que je [illegible] vous [illegible],
[illegible] vous allez,
vous [illegible], vous [illegible], vous [illegible], et vous [illegible]
vous [illegible] d'un [illegible], [illegible]
petit livre qui [illegible] comme une [illegible]
[illegible] — [illegible]
[illegible] de la Demoiselle de [illegible] — et ce
touchant petit drame de Marie et Joseph
[illegible] vos [illegible] du talent [illegible]
l'esprit. Bonjour, encore une fois merci —
[illegible] votre aimable femme [illegible]
[illegible]
[illegible] mon cher frère,

[illegible]

4 8bre 43.

J. Janin

[illegible]

[illegible]

Cordialement à vous
Alphonse Daudet

[illegible]
Tony Révillon

[illegible] James de Rothschild

J'ai fait de grandes exécutions et je crois que la pièce y gagne. Je la porte demain à Mme Arnould pour qu'elle se mette en course. J'aurais voulu qu'elle la lût aux acteurs qui la joueront, avant la copie des rôles. C'eût été une dernière épreuve. Est-ce que ce n'est pas possible ? — Le rôle du duc a tellement fondu que je n'oserais plus l'offrir à M. Mirecourt. J'ai [illegible] Mr Bache qui l'accepte tel qu'il est et qui consent à se faire le plus désagréable possible en peu de mots.

Il me tarde d'être débarrassée de ces griffonnages pour m'enfoncer dans votre excellent fauteuil.

Mille compliments

G Sand

[illegible]

[illegible]

[illegible]

Hommage voilà une babiole que j'ai faite ce matin.

bonsoir

Rythme Decasyllabique dont césure au milieu

1 2 3 4 5 | 6 7 8 9 10 pendant la Tempête

prière

la barque est petite et la mer immense
la vague nous jette au ciel en courroux
le ciel nous renvoie au flot en démence
près du mât rompu prions à genoux

De nous à la ~~mort~~ tombe il n'est qu'une planche,
peut être ce soir dans un lit amer,
sous un froid linceul fait d'écume blanche,
~~nous~~ nous irons dormir veillés par l'éclair!

Fleur du paradis, Sainte notre Dame,
si bonne aux marins en péril de mort,
apaise le vent, fais tomber la lame,
et pousses du doigt notre esquif au port

nous te donnerons, si tu nous délivres,
une belle robe en papier d'argent,
un cierge à festons pesant quatre livres,
et pour ton Jésus un petit St Jean.

Théophile Gautier

Mon cher Houssaye,

Vous me faites, mon cher maître, honneur et plaisir — vous savez de quel prix a toujours été pour moi votre bienveillante sympathie et je ne manquerai certainement pas une si aimable occasion de vous en remercier une fois de plus.

— Je ne prétends pas être joué 4 fois par semaine, mais je pourrais l'être moins que 2 fois en quinze jours. Si au contraire, vous gardez contre moi et ma pièce le ressentiment de quelques difficultés survenues au mois de janvier dernier (et dans lesquelles j'ai reconnu avoir tort) vous concevez que je dois m'abstenir — mais vous me permettrez d'ajouter que c'est vous souvenir bien long-temps d'un tort convenu, et en témoigner une rancune un peu forte à mon nom, et à ma bourse.

Tout à vous

Alfd de Musset

Mon cher Houssaye

J'ai été ainsi que tout le théâtre désolé d'apprendre que vous nous quittez.

Laissez-moi vous remercier du fond du cœur de la bonté que vous m'avez toujours témoignée. C'est à vous, à vous seul que je dois la position que j'ai aujourd'hui, et je ne l'oublierai jamais!

Madeleine

Louise Abbéma 1875.

Mon bon Arsène

Tu as bien la jolie canaille de mes rêves — Cette tirade d'affaire avec de l'esprit? cela s'est trop faite mon bon ami — Or il me faut une autre sorte de réparation: Il faut que tu saches d'abord que les dames en état ou moi cherchons en vain depuis un mois un trou dans la Babylone moderne — Or ce qu'il n'y en a pas un de vacant dans l'un de tes murs pour trois pauvres hirondelles? —

à toi

Th. Barrière

Un beau laurier sur votre front d'ivoire
Remplacera la rose des buissons,
— Je le disais, et mon rêve de gloire
A, comme tout, fini par des chansons.

Hégésippe Moreau

Quelle artiste que la nature!
Que son paysage est vrai!
Rien ne vaut dans la peinture
Meudon ou Ville-d'Avray!

Méry

[illegible]

Ton camarade [illegible]

Voici mon cher Arsène
les stations de la croix
Je te destine les joies
de mon mari
Cécile

Mon cher Houssaye,

Vous qui, avec l'air inoccupé, savez si bien
remplir une journée, trouvez quelques ins-
tants pour parcourir ce spécimen de
poëmes en prose que je vous envoie.
Je fais une longue tentative de cette
espèce, et j'ai l'intention de vous les
dédier. A la fin du mois je vous
rendrai ~~tout~~ ce qu'il y aura de faire
(sous titre commun : le promeneur solitaire,
ou le Rodeur Parisien vaudrait [mieux] peut-
être). Vous serez indulgent, car vous avez
fait aussi quelques tentatives de ce genre,
et vous savez combien c'est difficile,
particulièrement pour éviter d'avoir
l'air de montrer le plan d'une chose
à mettre en vers.

J'ai osé, à propos de ~~Comm~~ Commettre une
lourde folie, je veux parler de ma
Candidature à l'Académie. Vous qui
avez, m'a-t-on dit, passé par là,
vous savez quelle odyssée horrible
c'est, l'odyssée sans Sirènes et

sans lotus. Vous me seriez très agréable
si vous pouviez annoncer cette Candidature
inouïe dans votre Courrier de l'Artiste
et dans votre Pierre de l'Estoile.
Vous êtes peut-être Candidat. Mais je
vous jure que vous pouvez être pour
moi généreux sans danger. D'ailleurs,
vous le seriez avec danger. — Vous

un Compromettant fastueux d'ailleurs. Je vous dis qu'étant, personnellement, sans espérances, j'ai pris plaisir à me faire bouc pour tous les infortunés hommes de lettres.

Tout à Vous. — Ch. Baudelaire.

Cher Président, Maître et Ami,

Je suis fier d'avoir débuté par un acte de reconnaissance qui honore la Société !
La proposition a été acclamée. Quelques bravos l'ont même interrompue et devancée, puis les applaudissements ont salué votre nom glorieux et aimé !
Cette petite note vous dira l'accueil fait aussi à votre beau livre.

A vous d'un profond dévouement et au lundi 27 la joie de boire à votre santé.

Jules Claretie

Mon cher Arsène,

Je vous adresse la lettre au ministre prenez-en connaissance
et si elle vous paraît convenable faites-en usage à la
première occasion. Si vous êtes extrêmement familier avec
le ministre, montrez vous content de la chose. Je crois
qu'elle ne vous démentira pas. Excusez le ministre à mes ouvrages.
Je crois véritablement que je vaux la peine. [illegible]
qui a plus de talent que de bonheur. Mais à part
mon métier je ne sais pas faire autre chose. Fanny
vous ~~a~~ avoir bonne réponse. La situation est tendue.
Et nous sommes deux à danser dessus. Si ça ne
réussit pas je me jette dans l'art à 13 sous.

Remerciement et reconnaissance, quoi qu'il
arrive.

Votre tout dévoué

Henry Murger

Victor Hugo

TABLE

LIVRE IV

TEMS PERDU

LIVRE V

L'OLYMPE ROMANTIQUE

Chateaubriand. — Lamartine. — Victor Hugo.
Alexandre Dumas. — Alfred de Musset.

LIVRE VI

LA BOHÈME ROMANTIQUE

LIVRE VII

LE MONDE ET LES MONDAINES

GRAVURES DU TOME Ier

LIVRE I

Bal masqué chez le comte de Morny, dessin de Mariani, gravure de Gillot.

Cul-de-lampe. — La Charmeuse, dessin de Mariani.

LIVRE II

Le bal du duc d'Orléans offert au roi de Naples.

LIVRE III

Les Bohémiens, dessin de Giraldon.

Cul-de-lampe. — Les trois Anglaises, dessin d'Arsène Houssaye.

LIVRE IV

Les comédiens de campagne. — Arsène Houssaye à la fontaine, dessin de Roybet.

Cul-de-lampe. — Monsieur de Cupidon et Madame Vénus, dessin de Mariani.

LIVRE V

Portraits de Chateaubriand, Lamartine, Victor Hugo, Alfred de Musset, Dumas — 1832.

Cul-de-lampe. — Alfred de Vigny, dessin de Gigoux.

LIVRE VI

Un déjeuner dans le salon de la rue du Doyenné, dessin de Camille Rogier.

Cul-de-lampe. — Lasailly, Édouard Ourliac, Petrus Borel, Camille Rogier.

LIVRE VII

Madame Récamier, dessin de Hanriot d'après Gérard.

Cul-de-lampe. — Les Belles Femmes de Paris en 1836, neuf médaillons, par Hanriot d'après les portraits du tems.

www.ingramcontent.com/pod-product-compliance
Lightning Source LLC
LaVergne TN
LVHW010531100826
845148LV00001B/151

* 9 7 8 2 0 1 2 6 9 3 0 9 8 *